노 프러블럼 인디아

노 프러블럼 인디아

초판 1쇄 발행 | 2024년 8월 19일

지은이 | 김영언
펴낸이 | 황규관

펴낸곳 | (주)삶창
출판등록 | 2010년 11월 30일 제2010-000168호
주소 | 04149 서울시 마포구 대흥로 84-6, 302호
전화 | 02-848-3097
팩스 | 02-848-3094

ISBN 978-89-6655-181-1 03910

No

problem

India

노
프러블럼
인디아

시인
김영언의
인도
기행

김영언 지음

삶창

이 글은 배낭을 메고 분신 같은 카메라를 목에 건 채 여러 차례
에 걸쳐 인도를 떠돌며 보고 느낀 기록이다. 그런데 그 넓고 깊
은 인도 대륙의 사연을 한 권에 다 담는다는 것은 애초에 불가능
한 일이기도 하거니와 시시각각으로 빠른 변모를 거듭하는 인
도의 표정을 고정해 놓고 담는 것도 불가능한 일이다. 따라서 그
중에서도 개인적으로 인상 깊었던 중북부의 주요 도시들을 골
라 편집해 실었다. 또한 지나간 풍경은 지나간 것대로, 새로운
풍경은 새로운 것대로 의미가 있을 것으로 생각해서 책을 묶기
로 했다.

인도는 과연 어떤 나라인가? 누군가 묻는다면 나는 서슴지 않고
대답할 것이다. 거대한 나라! 이것은 크거나 많거나 넓거나 깊
다는 의미를 두루 내포하고 있는 개념이다. 이런 맥락에서 인도
는 국토, 인구, 역사, 문화, 종교, 신神, 언어, 자연환경 등등 그 어
느 것 하나도 결코 빠지는 것이 없는 땅이다. 그런데 무엇보다도
주목할 점은 서구 열강 세력의 침탈과 같은 파란만장한 역사의

부침 속에서도 인도인들은 개성 넘치는 불굴의 문화를 이룩해 냈다는 점이다. 인도를 인도답게 하는 것은 역시 그들만의 독특한 문화이다. 결론적으로 인도는 전 국토가 박물관이요, 삶 자체가 문화유산이라고 해도 결코 지나친 말이 아닐 것이다.

인도는 현재 하루가 다르게 변화를 거듭하고 있다. 한동안 인도의 대표적인 표정인 것처럼 거론되었던 빈곤도 점차 해결되고 있으며, 낙후된 사회 기반 시설은 획기적이라 할 만큼 개선되고 있다. 아직도 일부의 배낭여행자들 사이에서 인도는 저가 여행의 성지라는 인식이 퍼져 있다. 그러나 고속 성장에 따른 인플레이션의 영향으로 앞으로 얼마간의 세월이 흐른 뒤에는 오히려 고물가가 부담스러워서 여행을 떠나기가 망설여지는 땅으로 변화될 수도 있다. 반면에 미처 행정력이 미치지 못해 곳곳에 방치된 수많은 유물과 유적이 정비를 마치고 제자리에 놓이게 된다면 아마도 세계 최대, 최고의 문화 대국이라는 찬사를 받는 땅이 될지도 모른다.

인도를 여행하면서 가장 많이 듣게 되는 말은 "노 프러블럼No problem"이다. 인도인들은 어디서나 어떤 상황에서나 이 말을 입에 달고 사는 듯하다. 얼핏 남루한 현실과 괴리가 느껴지는 이 말은 반어적이거나 역설적으로 들리기도 한다. 도대체 이런 의식의 기저가 낙천성인지 무개념인지도 의아스럽기 그지없다. 그래서 처음에는 이 말 자체가 '문제'라고 여겨지지만, 결국에는 말 그대로 '문제가 없다'는 생각에 동의하게 되는 과정이 인도 여행이다. 결론적으로 그렇게 되었다면 인도 여행에 성공한 것이다.

인도를 여행하는 가장 좋은 방법은 정해진 일정 없이 마음 가는 대로 떠도는 것이라고 말하고 싶다. 그런데 무엇보다도 가장 중요한 것은 떠나는 것이다. 특히 일상의 속박에서 벗어나 익명의 무한 자유를 꿈꾸는 여행자라면, 미지의 세계를 향한 열정과 도전 의지가 뜨겁게 자리 잡고 있다면 주저 말고 길을 나서라. 이것이 여행의 시작이요, 끝이며, 모든 것이다. 여행에 관해 묻는 이들에게 나는 그렇게 결론을 내려주곤 한다.

아무쪼록 앞으로 이 책자가 인도로 떠나고자 하는 여행자를 비롯하여 인도에 관심을 지니고 살아가는 대중들에게 소박하나마 하나의 길잡이가 되기를 소망할 따름이다.

—2024. 녹음이 짙어지는 세월의 기슭에서
김영언

김예빈, 「마주치다 - India 1」
장지에 채색, 목탄 / 230×165cm) / 2015.

차
례

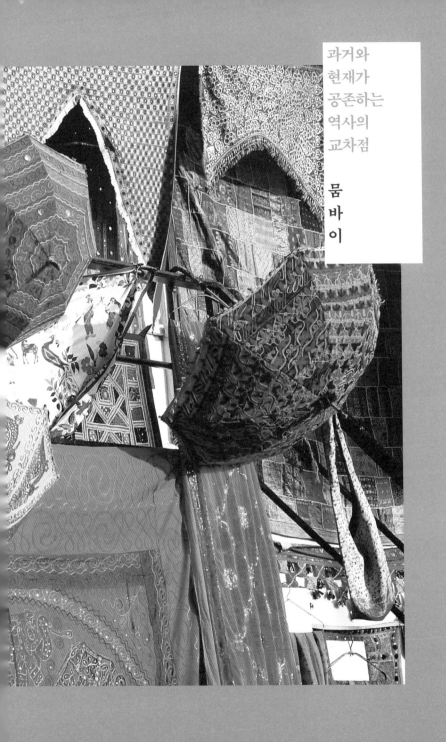

과거와
현재가
공존하는
역사의
교차점

뭄
바
이

인도로
가는 길

내 생애에 있어서 참으로 역사적이라고 할 첫 인도 여행(차라리 탐험이나 고행이라고 하는 편이 더 적절할 것이다)은 에어인디아(인도항공) 여객기의 누렇게 색 바랜 의자에 기대앉아 무려 열 시간에 육박하도록 갖가지 상념으로 지루하게 뒤척인 끝에 도착한 뭄바이의 어두운 거리에서부터 시작되었다.

그런데 인천공항에서 항공기를 타는 순간부터 이미 분위기는 심상치 않았다. 한국인 여행객들이 꽤 상당수 섞여 있긴 했으나 좌석의 대부분은 갖가지 색상의 천을 머리에 둘러쓴 여자들과 거무스름한 낯빛에 굵은 콧수염을 기른 남자들이 낯선 풍경을 연출하며 점령하고 있었다. 그들은 한결같이 무거운 침묵 속에 검고 커다란 눈동자를 고정하고 당황스러울 정도로 강렬한 눈빛을 쏘아대며 이방인들을 응시하고 있었다. 적대감? 경계심?

호기심? 그들이 뿜어내고 있는 범상치 않은 시선의 정체가 도대체 무엇일까 하는 의구심과 함께 사실상 인도 여행은 시작된 것이다. 내가 처음 만난 인도인들의 인상은 우선 친근감보다는 그렇게 거리감을 자아내는 모습으로 다가왔다.

저렴한 항공료 때문에 젊은 배낭여행자들로부터 가장 많은 인기를 누리고 있어서 일찍 예약이 끝나버린다는 에어인디아의 항공권을 여기저기 수소문 끝에 어렵게 손에 넣을 수 있었던 것은 일단 행운이었다. 그러나 그것은 곧 후회로 이어졌다. 자리에 앉자마자 누군가가 일행과 함께 비아냥거리듯 내뱉는 말이 들려왔다. 이미 수명이 다한, 세계에서 가장 낡은 기체를 헐값에 사들여 운행하기 때문에 2년에 한 대는 꼭 추락한다는 에어인디아 항공기. 그러나 작년에 한 대가 이미 추락했으므로 올해는 안심해도 된단다. 협박과 복음이 교차하는 급박한 상황이 그렇게 어이없이 흘러가고 있었다. 솔직히 확인된 것도 아니고 경제적으로 빈곤한 인도의 이미지를 빗대어 얽어 그저 농담 삼아 한 이야기이겠지만, 낡은 티가 역력한 기내를 대략 둘러보는 순간 그런 소문들이 어쩌면 전혀 근거가 없지는 않을지도 모른다는 불안감이 피어올랐다. 그렇지 않아도 집 떠나 먼 여행길에 오를 때마다 뚜렷한 까닭 없이도 은근히 불안을 느끼곤 하는 것이 인지상정일 터인데, 이쯤 되면 너무나도 노골적인 협박이 아닌가. 나

과거와 현재가 공존하는 역사의 교차점
뭄바이

는 항공기가 이륙하기 위해 속도를 높이면서 활주로를 질주하는 동안 유난히 민감하게 전달되어 오던 진동과 기체 곳곳에서 나는 듯한 정체 모를 각종 소음에 신경을 곤두세운 채 눈을 감았다. 여행심리학에 의하면 여행자가 가장 큰 불안을 느끼는 순간이 비행기를 타기 위해 공항에 도착했을 때라고 한다. 심지어 어떤 사람들은 그 불안을 견디지 못하고 그곳에서 여행을 포기한다고 한다. 그렇지만 나는 이미 그 선을 넘어섰으니, 다행이라면 다행인 셈이었다.

신神의 나라. 여행의 사전 준비 삼아 읽은 힌두교에 관한 어떤 책에 세계에서 가장 신이 많은 나라가 인도라고 쓰여 있었다. 그렇다. 나는 지금 신의 나라로 그들을 만나러 가는 중이다. 그런데 어찌 그들이 내게 무심할 수 있겠는가. 항공기가 이륙하고 어느 정도 안정된 궤도에 도달하고 나서야 내 마음도 비로소 진정이 되었다.

지금은 항공기도 최신 고급 기종으로 바뀌는 등 과거 같지 않지만, 십수 년 전 처음으로 뭄바이 여행길에 나섰을 때는 에어인디아 객실 승무원이 딱 두 명이었다. 몸집이 크고 뚱뚱한 중년 여자 한 명과 기골이 장대하다고나 할 중년 남자 한 명이 거의 변화가 없이 무겁게 굳어 있는 표정으로 승객들을 접대하고 있었다. 친절을 넘어 나긋나긋한 유혹을 서슴없이 연출하는 첨단

자본주의적 상술을 일컫는 이른바 '서비스'에 익숙해져 있는 승객들이 침울하게 주눅 들기에 전혀 모자람이 없는 태도였다. 그러나 처음에는 이 낯선 분위기가 얼핏 불편한 듯했지만, 이상하게도 점점 마음이 편해졌었다. 진심이 아닌 줄을 뻔히 알면서도, 그 가식에 길들어 있는 우리네 타성을 질타하는 듯한 담백한 분위기가 오히려 부담이 없었던 것이다. 지나친 친절은 오히려 간섭처럼 불편할 때가 있는 법이다. 전에 지인으로부터 항공료가 비싼 것은 객실 승무원들의 인건비가 차지하는 비중이 크기 때문이라고 비꼬는 말을 들은 것이 생각났다. 역시 확인은 안 해봤지만, 어쩌면 그것도 약간은 이해가 갈 듯한 말이었다.

뭄바이의
첫인상

서쪽으로 아름다운 노을을 따라 날던 항공기가 지친 날개를 접고 인도의 경제 중심 도시라는 뭄바이 공항에 착륙한 것은 거의 한밤중이 다 되어서였다. 인도! 상상 속에서 그려보던 신비의 나라! 곳곳에 명상에 잠긴 수행자들의 거룩한 모습이 널려 있고,

과거와 현재가 공존하는 역사의 교차점
뭄바이

이 세상에서 가장 순박하고 여유 넘치는 사람들이 세속적 욕망을 벗어던지고 자유롭게 유유자적 생을 관조적으로 영위해가는 거리! 나라 전체가 무슨 거대한 철학의 정원인 양 심오한 깨달음이 발길마다 듬뿍듬뿍 묻어날 것만 같은 분위기! 인도에서 다년간 살다시피 했다는 어떤 시인이 쓴 유명 인도 기행 같은 종류의 책을 읽었다면 막연하나마 이런 설렘에 사로잡혀 여행을 꿈꾸게 될 가능성이 크다.

대부분의 여행자들은 이렇게 환상을 가지고 이 땅에 첫발을 내딛을지도 모른다. 그러나 그것은 착각이다. 감히 단언하건대 특수 목적을 가지고 특수한 곳을 방문하는 것이 아닌 일반 여행자들에게 그것은 환상에 불과하다. 환상이 환상이었다는 걸 깨닫는 데는 그리 많은 시간이 필요하지도 않았다. 국제공항이라고는 믿어지지 않으리만치 허름하기 그지없는 공항 문을 나서서, 아수라장이라고밖에 달리 표현할 길이 없어 보이는 황당하고 이질적인 거리에 단 한 발짝을 내딛는 순간이면 그저 그걸로 충분했다. 그것이 바로 여행자가 접하게 될 인도의 생생한 현실이자 진실이었다. 불빛도 없는 한밤중의 낯설고 괴이한 어둠 속에 갑자기 혼자 고립된 듯한 막막함과 불안!

남루한 옷을 걸치고, 검게 그을린 얼굴을 하고, 유난히 강렬한 눈동자를 빛내며 어디선가 삽시간에 모여들어 낯선 이방인을

도난당한 모든 물건이 팔리고 있어
일명 '도둑 시장'이라는 별명을 지닌 초르 바자르 골목.
신성시하는 소에게 먹일 풀을 파는 노파 주위에
소들이 몰려들어 어슬렁거리고 있다.

에워싸고 호객 행위를 하듯 무언가 알아듣기 힘든 언어를 의심
스럽게 내뱉는 사람들(그들은 대부분 오토릭샤 운전사들이거나 숙소나 식
당이나 기념품점을 알선하는 삐끼들이다). 곳곳에 방치된 쓰레기 더미들
(대부분의 장소에 쓰레기통 같은 시설이 없어서 아무 데나 무단 투기하는 것이 일
상화되어 있는 듯했다). 여기저기 어슬렁거리는 거리의 개떼들(그들

과거와 현재가 공존하는 역사의 교차점
뭄바이

가운데 상당수는 피부병에 걸려 몸의 털이 빠져서 맨살이 드러나 있기도 하고, 심지어는 배에서 삐져나온 창자를 덜렁덜렁 매달고 활보하기도 했다). 도로 한가운데든 철길 위든 집 앞이든 아무 곳이나 가리지 않고 누워 있는 소들(이 소들은 신성한 대상이므로 절대로 사람들에게 제지를 받지 않았다). 마음대로 발을 내딛기가 힘든 거리(좀 뭐한 얘기지만, 거리 곳곳에는 사람과 소와 개들의 배설물들이 널려 있었다).

이처럼 뭄바이에 첫발을 내디뎠던 순간의 충격은 잊을 수가 없다. 뭄바이 공항의 정식 이름은 '짜트라빠띠 쉬바지 국제공항'이다. 현재는 델리 국제공항 다음으로 큰 규모를 갖추고 있으며, 그 시설도 국제적인 수준에 조금도 손색이 없게 바뀌었다. 여기가 정말 인도가 맞나 할 만큼 오히려 당황스러울 정도이다.

대부분의 여행 안내서에는 공항에 늦은 밤에 도착한 경우에는 가급적 공항 안 대합실에서 밤을 보낸 뒤 아침에 움직이라고 강력하게 충고한다. 밤 문화가 발달하지 않은 인도에서 낯선 곳을 밤에 이동하는 것은 극히 위험한 일이기 때문이란다. 우리와는 달리 인도에서는 항공권이 없는 사람은 공항 대합실 안에 아예 들어갈 수가 없다. 따라서 공항 대합실은 비교적 안전한 장소로 볼 수 있다.

그러나 이 황당한 상황을 인지하고 마음의 혼란을 대략 수습한 뒤에 여행자 거리라고 알려진 '꼴라바Colava'로 가기 위해 택시를 잡았다. 안전하다고는 해도 공항 대합실의 분위기가 썩 안락하지 않을 뿐만 아니라, 장시간의 비행에 지친 몸으로 딱딱한 의자에 기대 밤을 지새운다는 것도 쉬운 일은 아닐 듯싶었다. 인도의 공항 로비에는 선불 택시인 프리페이드 택시Prepaid Taxi라는 것이 있어 이용하기가 편하다. 사무실에서 목적지를 말하고 정해진 요금을 지불하면 탑승할 택시 번호가 적혀 있는 영수증 같은 것을 끊어준다.

낯선 여행자에게 이른바 바가지를 씌우는 것이 일상화되어 있고, 더구나 길도 모르는 상태에서 아무 차나 탔다가는 봉변을 당하기가 십상인 인도에서 공영성을 지닌 등록제 택시가 있다는 것은 참으로 반가운 일이다. 대부분 낡고 아담한 소형차이지만 지붕을 노랗게 칠한 뭄바이의 택시는 제법 고풍스러운 외양을 지니고 있다. 깊은 밤이라서인지 도로가 붐비지는 않았지만 어두침침한 거리를 꽤나 오랫동안 달렸다. 이 순간, 설령 운전사가 딴마음을 먹고 나를 엉뚱한 곳으로 데려간다고 해도 전혀 길을 모르는 처지로서는 사실 어쩔 수 없을 것 같았다. 간혹 어떤 운전사는 목적지에 도착하기 전에 미리 그 영수증을 요구하는 경우도 있다고 한다. 그런데 만약 그렇게 하면, 엉뚱한 곳에 내려놓고 가는 일도 벌어질 수 있다고 한다. 나는 그저 목줄이 팽팽하도록 긴장감을 삼키면서 지푸라기라도 잡는 심정으로 손아

과거와 현재가 공존하는 역사의 교차점
뭄바이

귀에 땀이 나도록 그 영수증을 꼭 움켜쥐고 또 움켜쥐었다. 그 순간, 망망대해와도 같은 이 낯선 땅에서 생명을 담보해줄 유일한 뗏목은 그것밖에 없을 듯했다.

무거운 배낭을 짊어지고 수소문 끝에 찾은 곳은 저렴하다는 구세군 게스트하우스였다. 다행히도 음습하나마 구석방 하나가 비어 있었다. 늦은 밤 낯선 거리에서 찬밥 더운밥 따질 상황이 아니었다. 구세군에서 운영하는 이 낡은 숙소는 인근에서는 가장 저렴하다고 알려진 곳이지만, 다른 도시의 동급 숙소에 비해서는 비싼 편이라고 한다. 뭄바이의 숙소는 인플레이션 영향으로 인도 전역에서 가장 비싸기로 소문이 나 있다. 허름하고 눅눅한 철제 침대 위 천장에서는 큰 날개가 달린 고풍스러운 선풍기가 둔탁한 소리를 내며 돌아가고 있었다.

다음 날 아침, 문득 잠에서 깨어 주위를 두리번거리며 전등 스위치를 찾았다. 깊은 잠에 빠져 많은 시간을 잔 것 같기도 하고 잠깐 사이 선잠을 잔 것 같기도 한 몽롱한 상황이었다. 어젯밤에는 너무 늦고 피곤한 상황에서 잠을 청하느라고 경황이 없었는데, 자세히 헤아려보니 방 안은 덥고 습한 기운이 곰팡이 냄새와 뒤섞여 퀴퀴하기 이를 데 없었다. 거기다가 이상하게도 몸 곳곳이 가려워 살펴보니 곳곳에 붉은 반점 같은 것이 돋아 있었다. 그 범인은 빈대라고 했다. 바퀴벌레는 그렇다 쳐도, 이역만리까지 와서 말로만 듣던 빈대 체험을 하다니, 이 여행은 시작부터 순탄하지는 않을 듯싶었다. 뭄바이의 숙소는 배낭여행자들 사이에서 열악하기로 악명이 높다. 물론 인도 경제의 중심지라 불릴 만큼 대도시의 면모를 갖추고 있는 이곳에 값비싼 고급 호텔들이 없을 리 만무하지만, 주머니 사정이 넉넉지 못한 저가 배낭여행자들에게는 모두 그림의 떡일 터이다.

꼴라바의
두 건물

꼴라바 구역의 대표적 건축물로 꼽히는 두 가지가 있다. 그것은 묘하게도 그 내력이 대조적이어서 흥미를 끈다. 우선 널리 알려진 하나는 아라비아해의 아득한 수평선을 향해 누군가를 기다리듯 단정하게 서 있는 '게이트웨이 오브 인디아Gateway of India'라는 이슬람 양식의 아치형 문이다. 1911년 영국의 왕 조지 5세와 그의 부인이 뭄바이를 방문한 것을 기념하기 위해 황색의 화강암으로 1924년 완공한 건축물이다. 주로 배를 이용하던 당시에는 이름 그대로 유럽과 인도의 실질적인 관문 역할을 담당했다

고 한다. 그러나 역사의 변화무쌍한 부침을 증언하듯 현재는 인
근의 엘레판트섬을 오가는 유람선의 선착장으로만 사용되고 있
으며, 밤에는 화려한 조명을 밝히고 뭄바이 시민들의 휴식처로
서 각광을 받고 있다. 그리고 근처 광장에는 인도 힌두인들의 영
웅 차뜨라빠띠 쉬바지의 동상이 그들의 변치 않는 자부심처럼

뭄바이의 상징이 되어버린
게이트웨이 오브 인디아와 타지마할 호텔.
아라비아해의 관문에 세워져 있는
아치형의 게이트웨이 오브 인디아
왼편으로는 그를 압도하듯
타지마할 호텔의 구관과 신관이
웅장한 모습으로 당당히 버티고 서서
과거와 현재의 관문 역할을 하고 있다.

우뚝 서 있어 묘한 대비를 이루고 있다.

한편 이 기념비적인 식민지 건축물의 오른쪽 해안 도로변에
는 아름답고 거대한 건물이 아라비아해의 너른 품새를 굽어보
며 그 위용을 과시하듯 우뚝 서 있다. 한마디로 장엄하다는 표현
이 딱 어울릴 만한 이 건물이 바로 인도 전역에서 가장 유명하다

과거와 현재가 공존하는 역사의 교차점
뭄바이

는 타지마할 호텔이다. 그런데 인도-사라센 건축 양식으로 지어졌다는 이 건물은 그 아름다운 외양보다도 건축에 얽힌 유명한 일화 때문에 사람들에게 더욱 인상 깊게 다가온다. 식민지 시절, 대기업가인 잠세뜨지 나세르완지 타타는 당시 최고 수준을 자랑하던 유럽인 소유의 호텔에 저녁 식사를 하러 갔다가 인도인이라는 이유 하나만으로 출입을 저지당했다고 한다. 이에 격분한 그는 유럽인들의 오만함을 꺾을 수 있는 당시 최고의 호텔을 짓기로 결심하고, 결국 1903년에 이 기념비적인 건물을 완공했다고 한다.

그러고 보면, 공교롭게도 유럽인들의 인도 침탈 상징인 '게이트웨이 오브 인디아'의 바로 옆에서 마치 그를 제압하고 있는 듯한 위용으로 당당하게 서 있는 이 건물은 단순한 건축물이 아니다. 부도덕한 외세 자본의 횡포에 당당히 맞선 민족자본의 저항 의식의 상징이자, 나아가서는 유구한 역사를 영위해온 인도 대륙인들의 자존심 선언이었던 것이다. 얼핏 이 타지마할 호텔의 위용 때문에 상대적으로 게이트웨이 오브 인디아의 모습이 일면 초라하게 위축되어 보이는 것은 비단 나만의 우연한 생각일까?

솔직히 나는 처음에 이 위대한 건물에 들어가 보겠다는 생각은 감히 하지도 못했다. 이런저런 경로로 들은 바로는 회원이 아

거대하고 아름다운 위용을 자랑하는 타지마할 호텔.
이곳의 2층 카페 창가에 세월을 내려놓고 앉아
아라비아해의 굼실대는 물결과 그 위로 은은하게 떨어져 내리는
석양을 바라보는 일은 평생 잊을 수 없는 감동으로
나그네의 마음을 물들일 것이다.

닌 사람의 출입이 통제된다는 것이었고, 얼핏 생각해도 가난한
여행자의 처지로서는 여러 가지 면에서 엄두가 나지 않았기 때
문이다. 그러나 역설적이게도 이 호텔의 건축 취지가 차별에 대
한 저항 의식에서부터 비롯되었다는 것을 곱씹어 보면서 끝내

과거와 현재가 공존하는 역사의 교차점
뭄바이

미련을 버릴 수가 없었다.

우선은 팔자수염을 멋지게 기르고 정문과 양 옆문에 딱 버티고 서 있는 엄청난 체구의 근엄한 문지기 모습에 주눅이 들었지만, 의외로 그들은 낯선 이방인에게 친절했다. 중앙 계단 로비에는 꽃목걸이를 한 건축주 타타의 흉상이 놓여 있었다. 안내를 받아 2층에 꾸며져 있는 카페의 전망 좋은 창가 자리에 앉는 행운을 얻었다. 고풍스럽고 우아하게 잘 꾸며져 있는 실내는 인도 최고의 호텔이라는 찬사가 헛된 것이 아님을 증명하고 있었고, 종업원들의 태도는 정중하고도 친절했으며, 음료값이 감당하기 어려울 만큼 비싸지도 않았다. 물론 생각하기 나름이겠지만, 인도의 평균 물가에 비한다면 엄청난 고가인 것은 분명하다. 마살라 짜이 한 잔의 가격이 보통의 식당에 비해 약 10배 정도 비쌌다. 탁자 위에는 싱싱하고 고운 생화가 꽂혀 있었고, 창밖으로는 말 그대로 일망무제의 아라비아해가 밀려들어와 안길 듯이 지척에서 굼실거리고 있었다. 가난한 나그네가 인도에서는 좀처럼 누려보기 힘든 호사다. 제법 고소한 맛에 여행자들이 금방 친숙해진다는 인도의 가장 대중적인 차인 짜이 한 잔을 없는 여유까지 부려가며 홀짝이다 보니, 어느덧 비스듬하게 내다뵈는 게이트웨이 오브 인디아의 화강암 벽면이 진한 황금색으로 물들기 시작한다. 아라비아해의 망망한 수평선을 붉게 물들이며 은은하게 타오르고 있는 저녁놀이 숨죽일 정도로 엄숙하게 정갈하다. 바다에 떠 있던 몇 척의 크고 작은 배들이 검붉은 수면 위에 그림자를 점점 짙게 드리우더니 머지않아 어둠 속으로 속절없이 가라앉아 버린다. 그리고 게이트웨이 오브 인디아에는 아름다운 조명이 켜지고 낮보다도 더 많은 군중들이 그 주위에 운집해 출렁거린다. 이 모든 광경은 연출 없는 자연의 파노라마였지만, 마치 잘 짜인 각본에 따라 펼쳐지듯 조금의 지루함도 느낄 수 없었다.

상처도 아름다운
엘레판트섬

다음 날은 게이트웨이 오브 인디아 바로 앞에서 엘레판트섬으로 가는 유람선을 탔다. 배를 타고 북동쪽으로 약 한 시간 남짓한 거리에 떠 있는 작은 섬이었다. 선착장에서 걸어 나와 양편에 기념품 노점상들이 즐비하게 늘어선 계단을 오르면 유네스코 세계문화유산으로 지정된 유명한 석굴사원들을 만나게 된다.

거대한 바위 절벽을 깎아 만든 이곳 힌두교 사원들은 대략

엘레판트섬 석굴사원.
거대한 바위 절벽을 파내어 조성한 많은 힌두교 석굴사원들은
유네스코 세계문화유산으로 지정되어 있다.

450년에서 750년 사이에 만들어진 것으로 추정된다고 한다. 여러 개의 석굴사원 안은 정교함을 자랑하는 많은 조각들로 꾸며져 있는데, 주로 힌두교에서 숭배하는 브리흐마와 비쉬누, 쉬바와 그의 아내인 빠르빠띠 등의 신상이다.

그런데 이곳의 많은 조각상들은 심하게 훼손되어 있다. 그 이유는 1534년 이곳에 상륙한 포르투갈 군인들이 사격 훈련 표적

엘레판트섬 석굴사원 벽면의 조각상.
비록 거친 세파를 견디지 못하고
신상의 팔다리는 떨어져 나갔으나,
설령 우주가 소멸하는 그날이 온다 해도
인도 힌두인들의 마음속에서 신에 대한
외경심만은 소멸하지 않을 것이다.

으로 이용했기 때문이라고 하니, 그들의 무지몽매함에 아연실
색하여 씁쓸한 기분을 감출 길이 없었다. 세계사를 대략 살펴보
건대, 지금 유럽의 강대국들이 자랑하는 내로라하는 박물관을
가득 채우고 있는 약탈 문화재들은 가진 자들의 횡포가 얼마나
일방적이고 후안무치한 것인가를 증명해 주는 것이란 점에서도
아주 귀중한 유물이 아니던가. 그런 측면에서 본다면 이곳의 파

과거와 현재가 공존하는 역사의 교차점
뭄바이

괴된 조각상들 또한 불행하게도 너무나 귀중한 유적이 되는 셈이다.

포트 거리와
마린 드라이브

여행자들이 많이 몰리는 꼴라바의 북쪽에는 옛 식민지 시절 영국의 요새가 있었다고 해서 포트Fort라고 불리는 번화한 상업 지역이 있다. 중세 시대 영국을 떠올리게 한다는 이곳에는 약 300여 년 전에 지어진 성 토마스 성당을 비롯해서 대표적인 고딕 양식의 화려함을 자랑하는 뭄바이 C.S.T.역사 등 고풍스런 유럽풍 건축물들이 즐비하게 들어서 있다. 특히 뭄바이 C.S.T.역은 단순한 철도역 이상의 아름다운 매력과 의미가 서린 곳이다. 원래 이 역사는 1887년 영국의 대인도 철도 회사 본부로 지어진 건물로서 식민지의 색채가 노골적으로 반영된 '빅토리아 터미너스'라는 이름으로 불리다가 1998년 '차뜨라빠띠 쉬바지 터미너스Chatrapati Shivaji Terminus'로 이름을 바꾼 것이다. 차뜨라빠띠 쉬바지는 17세기에 인도 중서부의 마하라쉬트라 주 힌두교인들의 세력인 마라타를 일으킨 인물로서, 이후 아우랑제브 황제가 이끄는 막강한 무굴 제국과도 당당히 맞서 독립을 유지함으로써 오늘날까지 인도 힌두인들의 자부심으로 추앙받고 있는 영웅이다. 물론 치욕적인 식민지의 유물이라는 측면에서 달리 볼 여지도 있을 수 있겠으나, 오히려 과거가 과거인 채로 남아 더 많은 교훈을 주는 경우도 많다. 이미 일제강점기의 조선총독부 건물을 과거 청산이라는 명분하에 폭파, 철거한 자리에 민족정기 회복이라는 현수막을 내걸고 복원이라는 이름으로 전각을 신축한 우리의 예와 사뭇 비교되어 묘한 여운을 남기고 있었다.

여하튼 고풍스럽고 세련된 옛 건물들과 현대식 빌딩들이 즐비한 이곳 포트 구역을 비롯하여 지역 부호들의 고급 저택들이 늘어서 있는 낭만적인 해변 도로 마린 드라이브Marine Drive 주변을 어슬렁거려 본 여행자들은 뭄바이가 인도에서 상당히 윤택한 도시라는 인상을 받게 될지도 모른다. 나날이 고도성장을 거듭하고 있는 현실을 반영하듯 뭄바이의 숙박 요금은 다른 지역에 비해 상대적으로 비싸다는 소문이 나 있는 상태다. 따라서 대부분의 저가 여행자들은 이곳에서는 숙박하지 않고 남인도 등으로 가는 경유지로 이용하고 있다.

과거와 현재가 공존하는 역사의 교차점
뭄바이

뭄바이 C.S.T. 역사 전경. 마치 거대한 궁전을 연상케 하는 이 건축물의 고풍스럽고 우아한 모습은 매연 자욱한 시내 한복판을 팍팍하게 활보하는 행인들에게 나름대로 큰 위로를 선사하고 있는지도 모른다.

과거와 현재가 공존하는 뭄바이.
영국 식민지의 아픈 기억을 간직하고 있는
포트 지역에는 고풍스런 고딕 양식의 건물이
남아 있어 마치 유럽의 거리를 연상케 한다.
반면에 마린 드라이브 지역에는
인도의 경제 성장을 상징하듯 현대식 건물들이
즐비하다.

서러움을 세탁하는
도비 가트

여행자들은 뭄바이라는 거대 도시의 중심지를 벗어나자마자 곧
맞닥뜨리게 되는 빈민굴의 모습 앞에서 그만 할 말을 잃게 될지
도 모른다. 매연과 먼지와 쓰레기가 뒤덮인 도로변의 시커멓게
썩은 하수구 옆을 따라 겨우 알몸 하나 드나들기도 힘들어 보이
는 비좁은 가건물을 비닐 조각이나 판자 조각 따위로 엮어 세워
놓고 들짐승과 다름없는 삶을 영위해 가고 있는 수많은 민중들
의 모습을 목격하는 일은 그 자체만으로도 감당하기 힘든 고통
이었다.

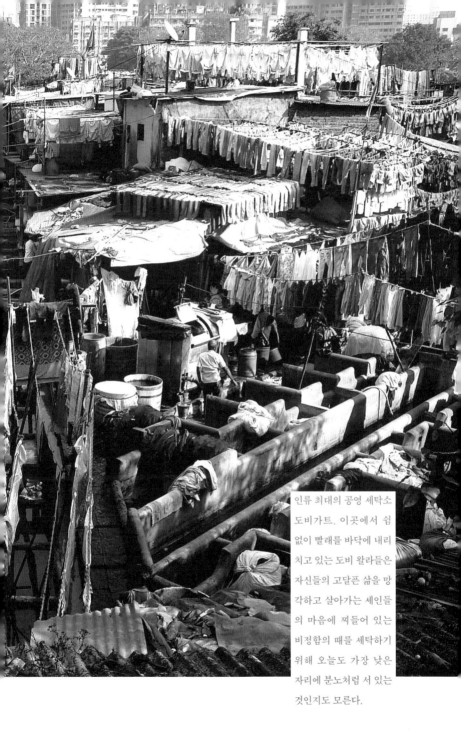

인류 최대의 공영 세탁소 도비가트. 이곳에서 쉼없이 빨래를 바닥에 내리치고 있는 도비 왈라들은 자신들의 고달픈 삶을 망각하고 살아가는 세인들의 마음에 찌들어 있는 비정함의 때를 세탁하기 위해 오늘도 가장 낮은 자리에 분노처럼 서 있는 것인지도 모른다.

그런 처참한 광경이 도로변을 따라 얼마나 이어졌는지 모른다. 그리고 도착한 곳은 뭄바이의 대표적 볼거리로 널리 알려진 도비 가트Dhobi Ghat라는 곳이다. 교외 철도 마하락쉬미역 근처에 펼쳐져 있는 이 불가사의한 장소는 한마디로 뭄바이 시영 세탁소라고나 할까. 어쨌든 인류 최대의 공영 세탁소로 알려져 있는 곳이다. 힌두의 특수한 하류 계층인 '도비'라는 카스트에 속한 약 5천여 명의 남자 인부들이 방처럼 칸칸이 나누어져 있는 노천 빨래통에서 쉴 새 없이 빨랫감을 바닥에 내리치면서 때를 빼고 있었다. 그들은 자신들을 구경거리로 삼기 위해 어슬렁거리며 사진기를 들이대는 이방인들에게 거친 반감을 서슴없이 드러내고 있었다. 그래서 그들에게 가까이 다가가는 일은 삼갈 수밖에 없었으며, 멀리서 바라보는 정도로 만족해야 했다. 사실은 그것조차도 인간에 대한 예의 차원에서는 미안한 일이다. 우리에게는 구경거리일지 모르지만, 그들에게는 생존권이 걸려 있는 치열한 삶 자체인 것이다. 삶은 구경거리가 아니라 존중의 대상이어야 한다. 인도를 방문하려는 여행자들은 이 점을 생각하고 또 생각해볼 필요가 있다.

도비 가트가 내려다보이는 도로변에는 관광객들에게 구걸을 하는 인도 어린이들이 꽤 많이 진을 치고 있었다. 우리로 말하면 겨우 초등학교 저학년이나 될까 할 정도의 어린아이들은 대부분 발가벗고 있었으며, 어떤 여자아이는 자신의 동생인 듯한 아주 어린 아기를 한 손으로 목을 감아 옆구리에 대롱대롱 매단 듯 안은 채 다른 손을 내밀고 서 있었다. 그리고 일부의 아이들은 어디서 주워 왔는지 쓰레기가 담긴 봉투를 헤집으며 무언가를 집어 입에 넣고 있었다. 보는 것만으로도 가슴이 답답해지는 광경이었다. 그러나 이들에게 돈이나 물품을 주는 사람은 거의 없었다.

인도판 설국 열차를
타다

이밖에도 뭄바이에는 둘러볼 만한 곳이 꽤 많다. 꼴라바 북쪽 웰링턴 광장에는 훗날 조지 5세가 되는 영국 왕세자의 1905년 인도 방문을 기념하기 위해 지어졌다는 '웨일즈 왕자 박물관'이 인도-사라센 양식의 화려한 모습으로 자리 잡고 있다. 또한 근처에는 식민지 시절 영국 국가가 연주됐던 '라자 바이 시계탑'이 교정에 있어서 유명해진 봄베이대학의 고풍스러운 모습도 자리 잡고 있다. 인도의 위대한 지도자 마하트마 간디가 1917년부터

1934년까지 머물렀다는 중류층 가정집 '마니 바반'이 현재 간디 기념박물관으로 운영되고 있으며, 바다 가운데로 500여 미터나 뻗은 둑길 끝에 자리 잡고 있는 이슬람의 성자 하지 알리의 무덤도 제법 알려진 곳이다.

거대한 도시에도 한낮의 분주함과 소음을 덮으며 어둠이 깔리고 있었다. 예약된 밤기차를 타고 다음 여행지로 가기 위해 역으로 향하는 발길이 좀 무겁게 느껴졌다. 내 인도 여행의 첫 도시 뭄바이를 짧은 일정 속에 새기고 떠나는 아쉬움과 앞으로 남은 긴 일정에 대한 막연한 불안감이 교차하고 있기 때문이었다.

기차역 주변은 꽤 깊은 밤인데도 불구하고 거대한 시장판처럼 인산인해였다. 그리고 대합실에 처음 들어서는 순간 대략 세 가지 정도의 풍경이 나를 놀라게 만들었다. 우선 거대한 규모에 놀라지 않을 수 없었다. 넓은 대합실도 그렇지만, 수도 헤아리기 힘들 정도로 많은 플랫폼마다 하품을 하듯 김을 내뿜으며 끝도 보이지 않는 긴 몸체를 희미한 불빛에 번득이고 있는 기차들의 모습은 상상을 초월하는 장관을 연출하고 있었다. 또한 큰 보따리나 가방을 이거나 지고 분주하게 움직이고 있는 여객들과 엄청난 짐이 실려 있는 수레를 끄는 짐꾼들이 한데 뒤엉켜 연출해 내고 있는, 형언하기 어려운 극도의 복잡함이 놀라움을 넘어 당황스러움으로 다가왔다. 그리고 맨바닥에 눕거나 앉아서 그 넓

기차역 대합실 밤 풍경.
일부분 의자가 설치되어 있긴 하지만, 많은 승객이
맨바닥에 앉아 기차를 기다리며 대합실을 점령하고 있다.
타지마할 호텔 등과 함께 2008년 비극적인
테러의 상흔이 남아 있는 곳이다.

은 대합실을 촘촘히 점령하고 있는 여객들과 노숙자들의 모습
이 그냥 무심코 지나치기에는 너무나 의아스러운 풍경으로 내
시선을 사로잡았다. 그러고 보니 우리네와는 달리 대합실에 의
자가 거의 없었다.

인도는 기차의 나라라고 할 만큼 식민지 시대부터 닦아 놓은

철도망이 전국 각지에 거미줄처럼 잘 발달되어 있다. 또한 도시 간 이동 거리가 워낙 먼 나라라서인지 숙소를 겸한 밤기차가 많이 이용되고 있다. 그런데 인도 기차의 특징 중 하나는 단일 열차 내에 객실 등급이 6개 정도로 다양하게 나뉘어져 있다는 것이다. 이를 두고 혹자는 기차에도 카스트가 있다고 농담을 하기도 하는데, 한 등급마다 요금이 거의 두 배 정도나 차이가 난다. 그리고 그 객차들 사이의 통로는 아예 철문으로 봉쇄되어 있어서 이동이 불가능하다. 인도판 '설국열차'(2013년 개봉한 영화 제목)라고나 할까. 따라서 정확하게 자신이 선택한 등급의 객차에 타지 못하면 큰 낭패를 볼 수 있다. 그러나 규모가 크고 복잡한 역 내에서 초보 여행자가 자신이 탈 기차의 플랫폼과 객차를 찾는 것이 결코 쉬운 일은 아니다.

나는 비교적 저렴하면서도 침대에 누워 잠을 청할 수 있어 대부분의 장거리 배낭여행자들이 선호한다는 SL$^{Sleeper\ Class}$ 등급을 선택하였다. 무거운 배낭을 짊어지고 내가 타야 할 객차를 찾느라고 진땀을 흘리고 있을 때 중년의 낯선 인도 남자가 다가와 표를 보여 달라고 했다. 다급한 상황에서 이게 웬 행운인가 싶어 그를 따라 한참을 이동한 끝에 무사히 기차를 탈 수가 있었다. 인도에는 참으로 이렇게 친절한 사람도 있구나 싶어 서툰 영어로 감사를 표시하는 내 얼굴 앞으로 그는 손바닥을 내밀고 무어라고 말을 건네고 있었다. 텐 루피! 그 상황을 이해하기까지는 그리 많은 시간이 필요하지는 않았다. 그리고 그것은 인도를 여행하는 내내 귀가 따갑도록 들어야 하고 피곤하도록 겪어야 하는 통과의례와도 같은 것이었지만, 그때 나는 겨우 그 첫 관문에 들어선 초보 여행자에 불과했다.

표에 지정된 내 자리를 찾아보니 각 칸마다 매끈한 청회색의 인조 비닐 가죽으로 덮여 있는 침대가 양쪽으로 3개, 복도 쪽으로 2개씩 층층이 설치되어 있었고, 따로 담요나 시트 같은 것은 없었다. 그리고 천장에 박혀 있는 누런 전구 불빛을 휘저어 분산시키기라도 하듯 옆에 매달린 낡은 선풍기가 힘겹게 요동을 치며 돌아가고 있었다.

기차가 떠날 시각이 가까워 오자 객실에는 나 말고도 다섯 명의 낯선 승객이 더 탔다. 정확히 금발의 서양인 여자 둘과 인도인으로 추정되는 남자 셋이었다. 그들은 자리를 확인하자마자 곧장 자신들의 짐을 침대 밑의 바닥에 밀어 넣었다. 그러고는 쇠사슬을 꺼내어 침대 지지대에 마련되어 있는 고정 고리에 묶은 다음 자물쇠를 채웠다. 나도 기차를 타기 전 대합실 매점에서 산 쇠사슬을 꺼내어 그들처럼 배낭에 도난 방지 장치를 했다. 이것도 인도의 밤기차를 탈 때마다 반드시 치러내야만 하는 의례 중 하나였다.

과거와 현재가 공존하는 역사의 교차점
뭄바이

몇 시간은 기본이고 심지어는 하루를 넘기기도 한다는 인도 기차의 악명 높은 연착 소문과는 달리 내가 탄 기차는 예정된 시간에 거의 정확히 뭄바이 C.S.T.역을 출발하였다. 원래 학생 시절부터 유난히 기차 여행을 좋아했던 터라 걱정보다는 처음 타 보는 침대 기차에 대한 호기심이 덜컹거리게 될 출발 기적은 드디어 그렇게 울린 것이다. 낯선 어둠 속으로! 미지의 세계로!

천년 석굴의
성지
엘로라
와

고성의
검은 노을
다울라따바드

합법의
부끄러움

새벽이 가까워졌나 보다. 문득 머리맡에 느껴지는 일말의 웅성
거림 같은 기척에 눈을 떴다. 창밖에는 칠흑 같은 어둠이 몇 발
짝 물러나고 희뿌연 여명이 몇 그루의 나무를 듬성듬성 앞세우
고 다가와 안개처럼 번져가고 있었다. 기차의 진동에 따라 침대
에 누운 내 몸이 덩달아 덜컹거렸다. 새벽 공기가 제법 으스스한
한기를 머금고 꺼칠한 내 얼굴을 쓰다듬고 지나갔다. 몸과 머리
가 무거웠다. 지난밤 내내 몇 번이나 선잠을 깨곤 했던지 말 그
대로 비몽사몽이다. 난생처음 타보는 침대 기차에 걸맞게 신고
식을 호되게 치른 셈이다.

　몸을 반대쪽으로 뒤척여 돌아누우려는 순간 무언가가 옆구리
에 밀착된 듯한 압박이 느껴졌다. 이럴 수가. 하마터면 나도 모
르게 소리를 지르며 자리를 박차고 일어날 뻔했다. 아예 그는 나

와 나란히 비좁은 내 침대에 누워 있었다. 아니 오히려 나를 옆으로 바싹 밀쳐 놓고 침대를 절반도 넘게 차지한 채 태연히 코를 골고 있었다. 순간, 기차에서 일어났던 간밤의 작은 소란이 떠올랐다.

정말 전혀 예기치도 않았던 황당한 일이 일어난 것은 어제저녁 기차가 막 뭄바이역을 출발한 직후였다. 갑자기 한 무리의 인도인들이 우리 칸으로 밀려 들어왔다. 그들은 일말의 망설임도 없이, 마치 미리 승낙이라도 받은 것처럼 막 자리를 잡고 누운 우리의 침대 곁으로 검고 커다란 눈동자를 두리번거리며 다가왔다. 그러고는 너무나도 태연스럽게 침대 귀퉁이에 엉덩이를 들이밀었다. 아이를 안은 중년 여성은 지니고 있던 모포를 침대와 침대 사이의 바닥에 깔고는 육중한 몸을 누이고 자리를 잡았다. 기차 안의 빈 공간이 삽시간에 그들에게 촘촘히 점령당하고만 것이다. 일순, 여기저기서 작은 웅성거림이 일기 시작하더니 급기야는 한 바탕의 소란으로 발전하고 말았다. 우리가 어리둥절해 그저 서로의 시선만 황당하게 바라보고 있을 때 바로 옆 칸에서 거의 비명에 가까운, 어딘지 좀 낯익다 싶은 여자들의 고함 소리가 들려온 것이다. 여행자들의 시선이 일제히 그쪽으로 쏠린 가운데 소란은 점점 확대되어 갔다. 얼마 후, 마침내 기차의 공안원이 출동하고 나서야 그 소란은 겨우 진정되었다. 나중에

천년 석굴의 성지 엘로라와
고성의 검은 노을 다울라따바드

보니 그녀들은 우리나라의 젊은 여행자들이었다. 그녀들은 침대 번호가 적혀 있는 기차표를 내보이며 부당하게 자리를 공유하려고 하는 인도인들의 비합법적이고 몰지각한 행태에 대해 격렬하게 항의하고 있었다. 사정을 눈치챈 공안원은 무엇인가 주의를 주는 듯 언성을 높이며 인도 현지인들을 내몰았다. 그런데 그들은 쫓겨나면서 오히려 공안원과 그 여자들에게 아주 거칠게 무언가 항의를 하고 있었다. 상황으로 보아 자신들을 내쫓는 그녀들의 행동을 비난하는 듯했다. 합법과 비합법, 지각과 몰지각의 구분이 점점 모호해지는 가운데 우리네의 얄팍한 자본주의적 상식으로는 얼핏 이해가 가지 않는 상황이 전개되고 있었다.

그러나 잠시 후 나는 이 세상에는 합법을 뛰어넘는 더 큰 법 같은 무언가가 존재한다는 놀라운 사실을 알게 되었다. 합법만이 합법이 아니며, 비합법이라고 반드시 비합법이 아니라는, 지극히 인도다운 관습의 논리라고나 할까. 쫓겨나던 인도인들이 남기고 간 분노에 찬 눈빛이 자꾸만 마음속에 따갑게 들어와 박혀 무언의 외침으로 우리를 일깨우고 있었다. 비합법적인 것이 몰지각한 것이 아니라 비인간적인 것이 몰지각한 것이라는 것을.

소란이 어느 정도 진정되고 난 뒤, 바로 옆 침대의 인도인이 말을 건네 왔다. 코리안들은 좀 특이하다는 것이다. 서구 유럽이나 여타 지역 여행자들은 그런 상황이 불편하더라도 웬만하면 참고 넘어가는데 유독 한국 여행자들, 특히 젊은 여성 여행자들은 대부분 이해를 하지 않으려 한다는 것이다. 가난 때문에, 혹은 매진이 되어 침대 표를 구하지 못한 현지 인도인들은 그 기나긴 장거리 밤기차의 고단함을 암묵적으로 그렇게 극복하며 살아간다는 것이다. 그리고 대부분의 인도인들은 그것을 당연한 일로 받아들이고 이해한다는 것이다. 듣고 보니, 그것은 융통성 없는 합법을 뛰어넘는 지극히 인간적인 비합법적 공생의 관습이었다. 나는 사실 부끄러워해야 할 비합법적인 짓을 하지 않았음에도 불구하고 솔직히 부끄러웠다. 합법의 부끄러움이라니. 경험치고는 정말 특이한 경험이었다.

그런데 이런저런 이유로 해서 잠을 설치다시피 뒤척거리다 맞이한 혼몽의 새벽에 또 하나의 깨달음을 얻게 되었으니, 역시 나는 도저히 그들의 적수가 될 수 없다는 좌절감에 한동안 멍한 머리를 흔들다 말 수밖에 없었다. 쫓겨 갔던 인도인들은 끝내 포기하지 않고 어느 결엔가 스멀스멀 견고한 어둠처럼 다시 다가와 우리의 메마르고 비좁은 가슴을 압박하며 부끄러움을 재확인시켜주고 있었던 것이다.

천년 석굴의 성지 엘로라와
고성의 검은 노을 다울라따바드

아우랑가바드의
단상들

어쨌든, 범상치 않았던 밤을 그렇게 보내고 목적지인 아우랑가
바드역에 무사히 도착하여 내린 것으로 위안을 삼아야 했다. 인
도 기차는 도착역을 알리는 안내 방송을 하지 않기 때문에 누적
된 피로로 깊은 잠에 빠지기 일쑤인 배낭여행자들은 자칫 목적
지를 지나칠 위험이 있다. 다소 어수선하지만 그렇게 복잡해 보
이지도 않는 도시 아우랑가바드의 첫 새벽을 오토릭샤의 털털
거리는 의자에 앉히고 달리는 기분은 꽤 상쾌했다. 간밤의 피로
도 낯선 곳에 대한 호기심을 잠재우지는 못했다.

　인도 서부 마하라쉬트라 주의 행정 중심 도시인 아우랑가바
드는 1610년 말리크 암바르가 건설했을 당시 이름은 카드키였

천년 석굴의 성지 엘로라와
고성의 검은 노을 다울라따바드

으나, 1653년 이곳에 수도를 세운 무굴 제국의 마지막 황제 아우랑가바드의 이름을 따서 나중에 도시 이름을 바꾸었다. 북쪽으로는 아잔타 구릉 지대와 남쪽으로는 발라가트 산맥과 접해 있으며, 고다바리강과 그 지류인 두드나강 및 푸르나강이 흐른다. 땅이 기름져 목화 재배에 안성맞춤인 이 도시의 주된 산업은 섬유 공업이지만, 주변에 엘로라아잔타 석굴사원, 쿨다바드에 있는 아우랑제브의 무덤, 다울라타바드 고성 등의 이름난 곳이 가까이 있어 근래에는 관광 거점 도시로도 각광을 받고 있다.

기차역으로부터 꽤 멀리 벗어나 도착한 공영버스 스탠드 근처의 저렴한 숙소에 여장을 풀고 수척한 표정으로 아침 요깃거리를 찾아 나섰다. 그러나 낯설고 물설고, 모든 것이 생소한 땅에서 선뜻 입맛에 맞는 음식을 찾아낸다는 것은 사실상 힘든 일이었다. 여기저기 기웃거린 끝에 찾아들어 간 어떤 식당에서 처음 맞닥뜨린 것은 '치킨커리'라는 요리였다. 아무리 차림표를 훑어봐도 도무지 낯익은 요리가 없던 차에 '치킨'이라는 단어가 눈을 사로잡은 것이다. 그거라면 우리와도 익히 친숙한 음식인 터이고, 누군가가 '인도에는 카레가 없다'라고 했다지만 바로 이 '커리'가 카레의 원조쯤 되리라는 기대감이 희망을 증폭시킨 것이다. 그러나 결과는 참담했다. 현지 음식에 잘 적응해야 진정한 여행이 가능하다고 하지만, 아닌 건 아니었다. 여기가 인도라는 점을 감안하여 그리 큰 기대는 하지 않았지만, 그래도 정말 그건 아니었다. 누르스름하고 텁텁해 보이는 국물 속에 동그마니 비어져 나온 닭다리 하나. 꺼림칙한 식당의 청결 상태는 차치하고라도 우리네의 여름과 비견할 만한 느끼한 공기와 함께 버무려진 비릿하고 애매한 그 향내라니. 별로 몸 상태가 좋지 않았던 그 순간에 느낀 부정적인 인상 때문에 나는 그 후로도 꽤 오랫동안 인도 음식에 친숙해지지 못하고 풍요 속의 기아에 허덕이게 되었다. 말 그대로 입으로 불면 날아갈 듯한 길쭉한 밥알들을 모래알 헤아리듯 깔깔하게 씹으며, 그 흔하디흔한 단무지 조각이라도 하나 있었으면 하고 속을 태우던 맨밥의 추억은 잊기 어려울 것이다. 기본적으로 인도 음식에는 우리네의 반찬이라는 것이 없다. 그냥 밥이면 밥, 커리면 커리, 그 모두가 하나의 단독 요리일 뿐이다. 사정 끝에 발그레하고 알이 작은 생양파 썬 것을 한 접시 얻어 따끔거리는 눈가를 훔쳐가며 씹어 삼키던 그 아침은 세상이 통째로 흐려 보였을 것이리라. 솔직히 그런 점에서 애초부터 나는 인도 여행의 부적격자였는지도 모른다.

그러나 어쨌든 낯선 곳으로 떠난다는 것은 너무나 행복한 일이다. 특히 작은 것으로도 제법 큰 즐거움을 주는 인도 같은 곳이라면 더더욱 그렇다. 재래시장 근처를 어슬렁거리며 노점에

천년 석굴의 성지 엘로라와
고성의 검은 노을 다울라따바드

서 파는 파인애플 한 조각을 입에 넣으니 그 달콤한 향내가 세상을 다시 맑게 닦아낸다.

엘로라라는
이상 세계

오토릭샤는 몇 군데 작은 마을과 구릉과 들판을 지나고, 사람이 지붕 위까지 매달리다시피 한 몇 대의 만원 버스를 비켜 지나쳐 드디어 사원 입구 마을에 도착했다. 워낙 명소인지라 그런지 음식점을 비롯하여 상가들이 꽤 많이 늘어서 있는 전형적인 사하촌의 풍경이었다. 그런데 그중 유독 내 시선을 끄는 하나의 간판이 보였다. 이럴 수가. 얼핏 웃음을 자아내는 그 간판엔 참으로 독창적인 서체의 한글로 음식 이름이 적혀 있었다. 그것은 한글을 쓴 것이 아니라 글자의 의미도 모른 채 그냥 흉내 내어 그린 것이라고나 해야 할 것이었다. 그러나 설령 그렇더라도 어쩌면 그것은 외국인의 눈에 비친 한글의 원형적 심상 발견이라는 우리 국어사의 획기적 사건으로 기록되어야 할지도 모른다는 엉뚱한 생각 속에 빠져 사진기의 셔터를 눌러댔다.

엘로라 입구 어느 식당의 한글 간판.
이 독창적인 글자체가 혹시 외국인의 눈에 비친
한글의 원형적 심상은 아닐까 하는 엉뚱한 생각만큼이나
음식 맛도 엉뚱했다.

그런데 그때 문득 또 다른 풍경이 내 시선을 끌었다. 도로 옆 민가의 마당에서 모녀인 듯한 두 여인이 무언가를 만들고 있었다. 어머니인 듯한 중년 여인은 흙바닥에서 무슨 반죽을 해서는 마치 납작한 빈대떡 모양으로 빚어 연신 벽에 붙인다. 가까이 다가가 자세히 보니 그것은 소똥이었다. 동행했던 일행 중 몇이 코를 감싸 쥐고 표정을 일그러뜨린다. 그러나 연료로 사용하기 위

해 소똥을 말리는 이런 풍경은 인도는 물론 티베트 등지를 여행할 때도 심심치 않게 볼 수 있는 것이었다. 어디 그뿐이랴. 결코 그리 멀지만도 않은 우리네의 어린 시절로 잠시나마 마음을 돌리기만 하면 들판을 누비며 소똥을 주워 모으던 풍경이 아직도 선연하지 않은가. 때로는 낯설지 않아서 더 신기해 보이는 풍경도 있는 법이다.

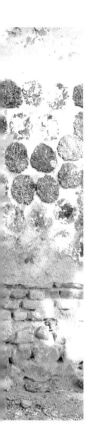

소똥을 반죽하여 연료를 만드는 모녀.
맨발의 모녀가 반죽하여 빈대떡 모양으로 빚은 소똥을
땔감으로 쓰기 위해 벽에 붙여 말리고 있다.

유네스코 세계 문화유산에 등재된 엘로라 석굴사원
들은 아우랑가바드에서 북서쪽으로 약 30km 정도 떨
어져 있다. 가파른 돌 절벽을 파낸 형태로 길이가 2.5km
에 이르는 산비탈을 따라 모두 34개의 사원이 서기
600년에서 1000년 사이에 건설되었다 한다. 편의상 번
호순에 따른다면 1번부터 12번 석굴은 불교 사원이고,
13번부터 29번 석굴은 힌두교 사원이며, 30번부터 마
지막 34번 석굴은 자이나교 사원이라 한다.

　가장 먼저 조성된 불교 사원들은 남쪽 절벽 끝에서
부터 차례대로 배열되어 있는데, 대부분이 수도승들의
수행 공간인 비하르vihara이고, 10번 동굴은 예불 공간
인 짜이띠야chaitya이다. 이 중 5번 석굴은 이곳에서 가
장 큰 규모의 비하르인데 너비가 18m, 길이가 36m에
이르며, 바닥은 돌의자들이 줄지어 배치된 형태로 조각
되어 있다. 특히, 10번 석굴은 천장 구조가 마치 목재

엘로라 카일라쉬 석굴사원 정면과
위에서 내려다본 전경.
엘로라 석굴사원을 대표하는 불후의 명작이며,
힌두교 석굴사원의 금자탑이자,
건축 역사상 가장 위대한 업적 중 하나라는
최고의 찬사를 한 몸에 받고 있는 석굴사원이다.

엘로라 불교 석굴사원.
법당 안에 거대한 불탑과
부처를 모셔 놓은
단일 홀 형태의 전형적인
짜이띠야이다.
천장을 목재 대들보와
서까래를 댄 것과 같은
특이한 형태로 장식하여
'목수의 동굴'이란 별칭이
붙어 있는 석굴이다.

대들보와 서까래를 댄 것과 같은 특이한 형태를 하고 있어 '목수의 동굴'이란 별칭이 붙어 있다. 또한 법당 안에는 9m 높이의 웅대한 사리탑과 5m 높이의 불상이 안치되어 있어 전형적인 짜이따야 양식의 특징을 보여주고 있다. 초기 불교에서는 신성한 나무인 보리수나 탑 등이 종교적 상징물로 만들어졌으며, 현재와 같은 인간 형상의 부처상이 만들어진 것은 그리스의 영향을 받은 후부터라고 한다. 이곳 엘로라의 불교 석굴사원에서는 이와 같은 상징물과 부처의 조각품을 함께 볼 수가 있다.

다음으로 산비탈의 중간 지점에 조성된 힌두 사원 중에서 가장 많은 눈길을 끄는 것은 단연 카일라쉬 사원이다. 100여 년에 걸친 장기간의 공사는 인도 남중부의 데칸고원 대부분을 통치했던 라슈뜨라꾸따 왕조의 크리쉬나 1세(757~783) 때 완공되었다고 한다. 일단 그 규모부터 범상치 않은 이곳은 엘로라 석굴사원을 대표하는 불후의 명작이며, 힌두 석굴사원의 금자탑이자 일명 '석굴사원의 어머니'라는 칭송을 한 몸에 받고 있다. 건축 역사상 위대한 업적 중 하나라는 것이다. 특이한 것은 거대한 도랑을 만들 듯 산비탈 바위 중턱을 바닥까지 수직으로 파 내려가 깊이 86m, 너비 46m, 높이 35m나 되는 거대한 하나의 돌덩이를 만들어 놓고, 위에서부터 외부와 내부를 다듬어 나가는 방식으로 만들었다는 점이다. 조성 과정에서 파낸 돌의 무게만도 20여만 톤이나 되며, 높이와 면적이 아테네 파르테논 신전의 1.5배 내지는 2배 정도 남짓이나 된다고 한다. 순수한 인간 공력의 극한마저도 초월해 낸 듯한 그 비장한 의지 앞에 아연실색 머리를 조아리지 않을 도리가 없다. 이 사원에 대한 동시대의 동판 명문에는 성명 미상의 건축가가 사원을 완성한 후 그 앞에 서서 "이것이 실로 내가 지은 사원이란 말인가?"라고 경탄을 금치 못했으며, 신들마저도 인간의 작품으로 믿기 어렵다고 말했다는 내용이 기록되어 있다고 한다. 이 사원의 오른쪽 비탈에 조성된 돌계단을 따라 산을 오르면 웅대하고 매력적인 전경을 한눈에 내려다볼 수 있다.

그러나 이러한 조성 과정의 경이로움과 규모의 웅장함에만 취해 사원 내부를 장식하고 있는 수많은 조각 작품들의 아름다움과 세밀함을 간과해서는 결코 안 될 것이다. 인도의 대서사시인 「라마야나」와 「마하바라타」의 장면을 새긴 세밀한 벽면 조각에서부터 안마당에 서 있는 실물 크기로 조각된 코끼리상과 두 개의 기념비적인 석주, 수많은 신상과 난디(소), 링가(남근), 미투나상(성행위 조각) 등등 한나절을 기웃거려도 이루 다 보기가 힘들 정도다.

이 카일라쉬 사원은 위에서 내려다보면 세 개의 독립된 구역으로 구성되어 있음을 쉽게 알 수 있다. 즉, 입구의 문지기 집과

천년 석굴의 성지 엘로라와
고성의 검은 노을 다울라따바드

시바신의 난디를 안치한 누각, 그리고 링가가 있는 십자형의 사당 구역으로 나눌 수 있다. 특히, 우주의 중심을 상징한다는 사원의 평평한 지붕 위에는 연화 무늬가 새겨져 있으며, 네 마리의 사자상이 사방을 향해 서 있어 눈길을 끈다. 일설에 의하면 이 사원은 히말라야산맥의 성산 카일라스의 모양을 본떠 만든 것이라고 한다. 카일라스산은 티베트 남서부의 마나싸로바 호수(세계에서 가장 높은 곳에 있는 담수호) 북쪽에 솟아 있는 해발 6,714m의 봉우리다. 티베트 불교도(라마교도)들은 이 산을 우주의 중심이자 지구의 배꼽인 수메르산(수미산)이라고 믿어 성지로 숭배하며, 힌두교도들은 힌두교의 3대 신 가운데 하나인 시바 신의 거처로 믿어 숭배한다.

가장 나중에 조성되었다는 자이나교 석굴사원들은 힌두교 사원들의 북쪽에 모두 다섯 개가 조성되어 있다. 이들도 나름대로 아름다움과 특징을 간직하고 있어 충분히 볼 만한 것들이다. 다만, 이들을 모두 다 돌아보자면 아무리 주마간산 격으로 서둘러도 최소한 한나절 이상은 족히 걸리고도 남을 것이다.

예정된
기념품

여행이 즐겁기만 한 것은 아니다. 그 즐거움에는 항상 그림자처럼 피곤이 따라다니게 마련이다. 엘로라 석굴사원군을 대략 둘러보고 내려오는 길은 벌써 해가 반 넘어 기울어 있었고 계속 걸음을 많이 걸었던 탓인지 발길이 꽤 무거웠다. 매표소 입구를 막 벗어나기 직전 한숨도 돌릴 겸 피로도 풀 겸 의자에 앉으려는 순간 누군가가 다가와 어깨를 톡톡 친다. 세상에, 나는 몸이 저절로 무너져 내릴 것만 같은 체념 상태가 되어 털썩 주저앉고 말았다.

그는 아침에 입장을 할 때, 이 자리에서 한 번, 불교 사원군 앞에서 다시 한 번, 그리고 힌두교 사원군 앞에서 또 한 번 만났던 사람이다. 그는 누런 이가 다 드러나도록 소리 없는 웃음을 활짝 피워 물고 다가와 있었다. 그 웃음을 처음에는 그냥 호기심으로 마주쳤고, 다음에는 다소 귀찮은 느낌으로 지나쳤고, 그다음에는 짜증으로 돌아섰었다. 그런데 이번에는 그 모든 것을 넘어 너무나도 징그럽게 나를 휘감고 서 있는 것이다. 나를 계속 감시하듯 따라온 것이란 말인가. 처음에는 그냥 구경만 하라고 했고, 다음에는 싸게 팔 테니 사라고 했고, 그다음에는 밑지고 팔 테니 사라고 했다. 이제는 과연 무어라고 할 터인가? 나는 막다른 골목에 몰린 처지처럼 모든 걸 단념하고 그에게 항복이라도 해야 할 것만 같은 체념 상태에 빠져들었다. 그러한 내 마음을 알아차리기라도 했다는 듯 그는 다시 전에 보여주었던 화보집과 사진엽서 한 뭉치를 내밀었다. 그가 제시하는 가격은 처음에 비해 무려 다섯 배 정도 이상이나 내려가 있었다. 사진에 욕심이 많은 터라 처음에 그가 내민 화보집을 잠시나마 관심 있게 넘겨본 것이 화근이라면 화근이었을 것이다. 나중에는 사진기를 들어 보이며 화보집이 필요 없다고 단호한 어조로 거절했는데도 불구하고, 한 번 발견한 먹잇감을 놓치지 않으려는 거미처럼 내가 지나칠 길목마다 거미줄을 쳐놓고 그 긴 한나절을 인고하며 끈질기게 추적을 계속했던 것이다. 결국 나는 더 이상 저항하지 못하고 그가 내미는 책을 순순히 받아 쥐었다. 돈을 받아 들자 그는 손을 내밀어 악수까지 청했다. 그러고는 "아 유 해피? 아임 베리 해피."라고 다소 상기된 표정으로 싱글거렸다. 나는 그냥 그가 원하는 대로 무조건 그렇다고 했다. 그런데 그는 돌아서 몇 발짝을 가다 말고 다시 돌아왔다. 결국 그는 볼펜 한 자루를 더 얻어 쥔 뒤에야 발길을 돌렸다. "당신이 틀림없이 이 책을 살 것이라고 나는 처음부터 알고 있었다."라는 한 마디를 남긴 채.

　그냥 웃을 수밖에 없었다. 발길을 돌려 쿨다바드로 향하는 오토릭샤에 앉아서 나는 갑자기 참았던 웃음을 쏟아내고 말았다. 그러고는 자꾸만 그 책을 어루만지고 또 어루만졌다. 이 광대무변한 우주의 한 모퉁이에서 모래알 같이 많고 많은 인연 중에 오늘 예정된 그 하나를 만난 듯.

쿨다바드의
쓸쓸함

엘로라에서 약 3km 거리에 있어 그리 멀지 않은 쿨다바드는 퇴락한 성벽으로 둘러싸인 작은 마을이다. '거룩한 거처', 혹은 '천상의 도시'라는 뜻이 담긴 유서 깊은 이곳은 왕, 지역 총독, 성자 등 많은 역사적 인물들의 무덤이 몰려 있어 데칸 이슬람교도들의 성지로 불리는 곳이다. 그럼에도 불구하고 근처에 있는 엘로라 유적의 유명세에 밀려 상대적인 소외를 당하고 있다. 대부분의 여행자들이 그냥 지나쳐버리기 쉬운 곳이지만, 촉박한 일정과 피로를 무릅쓰고 굳이 이곳을 찾은 것은 나름대로 호기심을 끄는 유적이 있기 때문이었다.

무굴 제국의 마지막 대황제 아우랑제브의 무덤은 그의 명성

아우랑제브 황제의 무덤.
쿨다바드에 있는 무굴 제국 마지막 황제 아우랑제브의 무덤은
그의 유언대로 소박하게 꾸며져 있다. 흰 대리석 관의 옆면은
흰 천으로 덮여 있고, 윗면은 흙으로 덮여 있다.

에 견주어 볼 때 소문대로 너무나 소박했다. 일설에 따르면, 죽은 뒤 무덤을 만드는 비용은 자신이 직접 필사한 코란을 판매한 돈으로만 충당하라는 유언을 남겼기 때문에 초기에는 무덤이 지금보다도 더 초라했다고 한다. 마을 한가운데에 제법 높이 솟아 있는 '알람기르 다르가Alamgir Dargah'의 출입구 벽에는 'TOMB

OF MUGAL EMPEROR AURANGZEB'라고 쓰여 있는 조잡한 간판이 퇴색한 채 걸려 있고, 안으로 들어가니 뜰 왼쪽에 흰 대리석 관이 놓여 있는 곳으로 관리인이 안내한다. 두근거리는 가슴을 억누르며 바로 관 앞에까지 바싹 다가가 자세히 보니 관 윗부분은 흙으로 덮여 있고 들풀 같은 장미 두어 그루가 어딘지 어울리지 않는 모양으로 심어져 있었다. 드넓은 데칸고원을 호령하며 무굴 제국의 전성기를 이끌었던 대황제의 무덤이라고 믿기에는 너무나 초라해서였을까, 새삼 엄습해오는 권력과 역사의 무상함에 가슴이 답답해 오고 다리가 풀려버린 듯해서 한동안 그렇게 멍하니 서 있었던 것 같다.

얼마나 지났을까. 되돌아 나오려는 순간, 관리인이 다가와 무언가를 요구한다. 자세히 보니 이슬람교도 복장을 한 그는 시각 장애인이었다. 나는 그의 손에 볼펜 한 자루를 쥐어 주었다. 황제와 볼펜 한 자루. 내가 준 그 기부 물품을 들고 더듬거리며 사무실로 걸어가던 그의 뒷모습이 뚝뚝 떨구어 대던 쓸쓸함과 씁쓸함은 그곳을 떠나오던 내내 꽤 오랫동안 나를 침묵에 잠기게 했다.

천년 석굴의 성지 엘로라와
고성의 검은 노을 다울라따바드

다울라따바드의
노을

다시 마음을 달래며 이미 많이 기울어버린 오후 햇살 속을 달려 다음 목적지인 다울라따바드^{Daulatabad}로 향했다. 엘로라와 아우랑가바드의 중간쯤에 자리를 잡은 이곳은 원래 '신들의 언덕'이란 뜻의 데바기리^{Devagiri}였는데, 델리의 투클라크 왕조가 호이살라 왕조를 멸망시키고 정복한 뒤 1327년 수도를 델리에서 이곳으로 옮기고, '행운의 도시'란 뜻의 다울라따바드로 이름을 바꾸었다 한다. 특히, 인도 역사상 제일의 폭군으로 알려진 술탄 무하마드 기야스 우드 딘은 원래의 수도였던 델리에서 무려 1,100km나 떨어진 이곳으로 10만여 명에 달하는 백성들 모두를 강제로 이끌고 수도를 옮기는 무리수를 두었다가 많은 희생을 불러왔고, 생존자들만을 데리고 17년 뒤 다시 델리로 돌아갔다

고 한다.

　이곳에서 가장 유명한 유적은 단연 다울라따바드성이다. 수
직으로 쌓은 6km의 성벽 안으로 들어가노라면 굶주린 악어를
풀어 놓았다는 성곽 둘레의 해자와 코끼리 부대의 침입을 막기
위해 큰 쇠못을 촘촘히 박아 놓은 성문을 지나게 된다. 성문 앞
에서 멀리 산꼭대기를 바라보는 풍경은 검게 퇴락한 성벽의 빛
깔과 눈이 시리도록 짙푸른 하늘이 절묘하게 대비를 이루며 자
아내는 고색창연함의 극치를 보여준다. 나는 흔하게 경험하기
어려운 고성의 고색창연함을 이토록 절절하게 느껴본 적이 일
찍이 없었노라고 감히 단언하고 싶은 흥분에 사로잡혀 가파른
오르막길을 힘든 줄도 모르고 걸었다. 그 중간에는 높이 60m의
'찬드 미나르'가 하늘을 찌를 듯한 기상을 과시하며 서 있다.
1435년에 알라 우드 딘이 다울라따바드를 점령한 것을 기념하
기 위해 세운 승전탑이다.

　정상 근처에 다다르니 불을 비추지 않고서는 걷기 힘들 정도
로 캄캄한 나선형 터널이 나타났다. 난감한 표정으로 머뭇거리
고 있는 우리의 앞으로 누가 시키지 않았는데도 한 무리의 인도
소년들이 앞장서 길을 안내한다. 그들도 한 자루의 볼펜이나 한
조각의 초콜릿을 염두에 두고 있었을지 모른다. 아니 어쩌면 멸
시와 값싼 동정을 보내는 이방인들을 향해 현실의 가난처럼 그

들의 앞날을 가로막고 있는 어둠을 익숙하게 헤쳐나갈 수 있음을 과시하려는 당찬 자부심의 발로였는지도 모른다. 그들이 돌멩이를 집어 들어 동굴 저편 깊은 어둠 속에 던지자 박쥐 몇 마리가 아득한 과거로부터 날아온 듯 그림자처럼 나타났다 사라진다. 정상에 거의 다다르면 하이데라바드 왕국 골콘다의 마지막 왕 압둘 하산 타다 샤가 전투에서 패배한 후 끌려 와 죽을 때까지 감금되었던 치니마할의 푸른 타일 건물을 만나게 된다. 그리고 성의 맨 꼭대기에는 아우랑제브 황제의 이름이 새겨져 있는 길이 6m의 거대한 대포가 위풍당당하게 놓여 있다. 이 모든 것이 어찌 보면 한낱 세월의 부스러기처럼 낡은 폐허의 잔상 같았지만, 아직도 그 폐허의 영혼이 살아 있을 것만 같아 숨이 멎을 정도로 엄숙했다.

제법 숨이 찼다. 그러나 저 아래 아득하게 펼쳐진 데칸고원의 너른 품새가 마음을 탁 트이게 한다. 될 수만 있다면 그 여유로움 속에 세월을 망각하고 한없이 주저앉아 있고 싶었다. 서서히 해가 식어갈수록 하늘이 붉게 달궈진다. 마침내 천지가 거대한 불길에 휩싸이더니 태고의 고요 속으로 침잠한다. 노을은 핏빛이다 못해 차라리 검다. 고원마저도 끝난 아득한 지평선 너머로 그 옛날처럼 또 하루가 저물고 있는 것이다. 객수客愁가 어둠처럼 밀려들고, 불현듯 마음이 허허롭다.

다울라따바드 고성의
노을. 이 고성에 오르
면 평생 잊을 수 없는
황홀한 노을에 온통
마음을 데인 채 하산
하게 된다.

내 생에서 평생 잊을 수 없는 황홀한 노을에 온통 마음을 데인 채 하산하던 그 태고의 어둠 속에는 동굴 속에서 날아오른 박쥐의 영혼 몇이 초저녁 맑은 별로 맺혀 파닥거리고 있었다.

데칸고원에
피어난
미완의
연화세계

아
잔
타

이 세상에서 가장 맛있는
탈리

인근에서 마땅한 숙소를 찾을 수 없었던 엘로라에서 다시 아우랑가바드로 돌아와 허기를 달래기 위해 식당을 찾아 나섰다.

인도 여행에서는 여러 가지 특색 있는 음식을 맛보고 적응하는 것도 재미라면 재미다. 우선 인도 음식이라 하면 떠오르는 대표적인 것이 커리이다. 대표적인 것으로는 감자와 콜리플라워를 이용해 만든 알루 고비, 인도식 코티지 치즈와 완두콩을 넣어 만든 빠니르 마쌀라, 시금치와 인도식 코티지 치즈를 넣어서 만든 빨락 빠니르, 여러 가지 채소를 넣어서 만든 베지 커리, 삶은 계란을 넣어 만든 에그 커리, 닭고기를 넣어 만든 치킨 커리 등도 있다. 또한 강황, 후추 등의 소스를 발라 탄두리라는 항아리 가마 화덕에 구운 탄두리 치킨도 인기 있는 음식이다. 그 밖에도 삶은 렌틸콩과 양파와 토마토에 여러 종류의 향신료를 넣어 끓인 후 버터와 고수를 얹어서 먹는 '달'이라는 수프는 인도 가정식인데, 쌀밥에 얹어 먹으면 우리 입맛에도 잘 어울린다. 그런데 남인도 지방으로 가면 더 특색 있는 정식을 체험할 수 있다. 우선 음식을 담은 그릇이 너무나 이채롭다. 그것은 바로 바나나잎이기 때문이다. 넓게 자른 잎 위에 커리와 난, 밥, 달, 튀긴 생선 등을 푸짐하게 놓아준다. 일단 맛은 차치한다 하더라도, 재미로만 먹어도 그 즐거움은 단연 최고다.

그런데 처음 인도에 온 여행자들은 이런 음식에 잘 적응을 못하고, 한국에서 가져온 음식으로 버티거나 한국 음식점을 이용하는 경우가 많다. 나의 외국 여행 철학 중 하나는 절대로 한국음식을 가져오지 않는다는 것이다. 배낭에 그런 음식을 꾸려 넣는 순간, 이미 그 여행은 절반 이상 실패한 것이나 다름없다. 솔직히 나도 인도 여행 초기에는 그리 썩 적응을 잘하지 못했던 우울한 추억이 있다. 여행지에서 한번 우리 음식을 맛본 순간부터는 한국 음식점을 찾아다니는 것이 주요한 여행 일정이 되다시피 한 것이다. 여행의 성공 여부를 판가름하는 중요한 관건 중의 하나는 바로 현지의 생활 방식에 얼마나 빨리 적응하느냐이다.

이왕이면 어디 한번 제대로 된 인도 정식을 맛보자는 속셈으로 탐색에 나섰다. 여행길에서 만난 누군가가 이곳에는 아주 괜찮은 탈리집이 있다고 귀띔해 주었다. 탈리는 큰 접시라는 뜻인

데칸고원에 피어난 미완의 연화세계
아잔타

아우랑가바드에서 맛본 탈리.
음식이 담긴 접시부터 상당히 고급스러웠고,
종업원들의 옷차림도 단정했으며,
식당 안도 잘 꾸며져 있고 청결했다.
그러나 무엇보다도 감탄스러운 것은
탈리의 강한 자존심이었다.

데, 서너 가지의 커리와 로띠, 난, 쌀밥, 샐러드, 소스 등이 커다란 쟁반 같은 접시에 함께 담겨 나오는 인도의 전통 정식이다. 수소문 끝에 찾아간 탈리 음식점은 여러 가지 면에서 첫인상이 좋았다. 종업원들의 옷차림도 여느 곳과 다르게 단정했고, 내부

인테리어도 운치가 있었으며, 무엇보다도 음식이 담겨 나온 황동 접시가 고급스러웠다. 물론 음식도 정갈하고 푸짐하고 맛있었다.

그런데 이 음식점에는 나름의 규정이 있었다. 무조건 1인 1식을 주문해야 한다는 것이다. 옆자리의 여행객들이 그런 문제로 종업원과 시비를 하고 있었다. 일행 중 몇 명이 나중에 합류하자 더 주문을 안 하고 나눠 먹겠다는 것이었다. 자기들은 원래 소식을 하는 스타일이어서 인원수대로 주문하면 너무 양이 많아 다 못 먹을 것 같다, 그러니 양해해 달라는 것이었다. 그런데 잠시 후 지배인이 나오더니 단호하게 거절을 한다. 우리 식당의 규정을 어길 수는 없다는 것이었다. 결국 합의가 안 되자 지배인은 극약 처방을 내렸다. 규정을 지킬 수 없다면 나가달라는 것이었다. 그래도 이미 나온 음식은 어떻게 하느냐고, 미안해서 그럴 수 있냐고 일행 중 누군가 걱정 투로 말하자, 걱정하지 말고 나가달라는 것이었다. 이미 나온 음식값도 받지 않겠다는 것이었다. 그는 그것이 우리의 자존심이고 규정이라고 강조해 말했다.

나는 은근히 감탄하지 않을 수 없었다. 아, 내가 지금까지 미처 보지 못한 것이 있었구나. 온 세상을 지배하고 있는 자본의 압력으로도 굴복시킬 수 없는 가난한 나라 인도의 자존심이라니. 역시 인도는 겉으로 보이는 것처럼 그 내면마저도 가난한 대륙이 아니었구나. 나는 이 세상에서 가장 맛있는 탈리를 먹었다는 자부심이 뿌듯하게 차오르는 것을 느꼈다.

데칸고원 지나는
길

아침 일찍 아우랑가바드의 허름한 숙소를 떠나 유네스코 지정 세계문화유산인 아잔타 석굴로 향했다. 덜컹거리는 버스에 기대앉아 스쳐 지나가는 여러 마을의 메마른 풍경과 그 속에서 낮은 삶을 영위해 가고 있는 인도 민중들을 바라보노라니 까닭 모를 한숨이 저절로 나오곤 한다. 인도 여행 내내 집요하게 나를 물고 늘어지던 그 평범하고도 우울한 명제가 다시 뇌리 한구석을 엄습해온 것이다. 삶이란 무엇인가? 산다는 것은 무엇인가? 오히려 너무나 평범해서 답이 없을 것만 같은 그 의문. 그러나 결코 간과할 수도 망각할 수도 없는 그 무거운 고뇌. 지금 저 스쳐 지나가는 풍경들과 사람들이 해답이라면 해답일지도 모른다는 막연한 생각이 떠올랐을 뿐이다. 무엇을 위해 사는 것이 아니라, 살기 위해서 사는 것인지도 모를 사람들. 그런 삶들이 곳곳에 너무나 많이 산재해 있는 인도의 현실을 떠올리면서 다시 한 번 얕은 한숨을 내쉬었다. 그러나 도대체 어떻다는 말인가? 무슨 상관이란 말인가? 단지 나는 이방인인 것을. 다음 순간, 그 답답함에서 벗어나기 위해 어쩌면 그렇게 지극히 영악하고 이기적인 변명을 약삭빠르게 준비하고 있었는지도 모른다. 사실, 한편으로 내게 아직도 인도는 그렇게 먼 풍경이었을 것이기도 했겠지만.

아득한 잿빛 화폭 위에 노오란 해바라기밭들이 군데군데 강렬하게 채색되어 있는 어느 평원으로 접어드는가 싶을 무렵, 돌연 눈앞으로는 어찌 보면 높은 설산 같기도 하고, 뭉게뭉게 부풀어 오르는 거대한 흰 구름 같기도 한 무엇인가가 의아스럽게 다가온다. 잠시 후, 나는 이곳이 그 유명한 면화의 생산지인 데칸고원이라는 사실을 떠올렸다. 끝도 보이지 않는 넓은 목화밭들이 수없이 스쳐 지나가고, 수확한 목화송이들을 자신의 키보다도 몇 배나 큰 자루에 넘치도록 담아 머리에 이거나 등에 지고 집산지로 모여드는 농부들의 모습이 물먹은 솜처럼 무겁게 다가왔다가는 이내 신기루처럼 멀어져 갔다.

아잔타 가는 길.
데칸고원의 메마른 풍경
속으로 간간이 출현하는
소떼들이 한가로움을 선
사하며 어슬렁거린다.

아잔타의
멀고 깊은 꿈

이따금 도로 한가운데를 무리 지어 어슬렁거리는 소떼들을 피해가며 어느덧 한나절을 달린 차가 야트막한 구릉을 넘는가 싶더니, 허허벌판 가운데 모여 있는 몇 개의 단층 건물들을 향해 내리막길을 좌회전한다. 바로 아잔타 석굴 관리실과 상가와 주차장이 있는 관광위락시설 지구다. 표를 사고 북적이는 인파 속에 섞여 그리 급하지 않은 비탈길을 걷다 보니, 다시 제법 높아 보이는 검은 바위 언덕이 막아선다. 그리고 탐욕스럽게 달려온 지난 생처럼 가쁜 숨결을 토해내며 그 언덕에 막 올라서는 지점, 바로 그곳에 예기치 못한 또 다른 세계의 문이 비밀스럽게 열려 있었다.

아잔타는 마을 이름인 동시에 석굴 이름인데, 어원을 분석하면 '사람이 없다'는 의미라고 한다. 아마도 발견 당시 사람이 살고 있지 않았기 때문에 그렇게 부른 것이 아닌가 하는 추측도 있다. 무려 기원전 200년경부터 서기 650년 사이에 수도승들에 의해 조성되었다는 이곳 아잔타 석굴은 뭄바이의 엘레판트섬 석굴사원이나 엘로라 석굴사원과 마찬가지로 자연적인 바위 절벽을 파내어 석굴 형태로 만든 불교 사원군이다. 석굴은 전기의 소승불교 영향을 받아 안에 불상이 없는 사원군과 후기의 대승불교 영향을 받아 불상이 있는 사원군으로 나눌 수 있다. 인도 불교 예술의 정점이라는 평가를 받는 이곳의 불상과 벽화는 간다라 양식과는 달리 인도적인 색깔이 두드러지는 굽타 양식으로 제작되었다.

그런데 부침이 끊이지 않았던 인도 역사의 소용돌이에서 결코 자유로울 수 없었을 이 유적도 불교의 쇠퇴와 더불어 오랫동안 정글 속에 묻혀 있다가 1819년 호랑이 사냥을 하던 영국군 장교 존 스미스에 의해 발견되어 널리 알려지게 되었다고 한다. 그런데 천여 년 세월 동안이나 유폐되었던 대가로 많은 부분이 이토록 원형에 가깝게 보존될 수 있었다고 하니, 역설적인 세상사의 한 단면을 새삼 절감하지 않을 수 없었다.

니르바나^{nirvana}! 얼마나 간절하고도 애절하게 염원해 온 세계였을까? 번뇌의 불길이 완전히 사그라지고 일체의 고뇌가 소멸하여 마침내 생사윤회의 고통마저도 단절되는 적멸^{寂滅}의 순간에야 비로소 도달한다는 열반^{涅槃}의 세계. 그 멀고 먼 이상향을 꿈꾸어 온 인류의 비원^{悲願}처럼 아득한 세월을 흘러왔을 와고레강이 초승달처럼 휘어져 돌아나가며 깎아 세웠을 높은 바위 절벽에는 크고 작은 30여 개의 석굴이 검게 시들어버린 연꽃 그림자처럼 점점이 매달려 있었다.

아잔타 석굴 전경.
검은 바위 절벽을 점점이
파고 들어앉은 석굴들 앞
자락으로는 와고레강이
바닥을 드러낸 채 초승달
처럼 휘돌아 나가고 있다.

1번 석굴 벽화.
아잔타 석굴군 벽화 중
최고의 걸작으로 꼽히는
'연꽃을 든 보살'이다.
부분적으로 훼손이
되었지만 여전히
그 오랜 세월을 견뎌온
아름다움이 경탄을
자아낸다.

저것이 돌[石]인가 육[肉]인가? 대부분의 관광객들은 아잔타 석굴의 최고 걸작으로 꼽히는 연화수보살 빠드마빠니와 흑인 공주 벽화가 있는 1번 석굴에서부터 인도 최대의 아름다운 열반 상이 있는 26번 석굴에 이르기까지 경탄에 경탄을 연발하며 입을 다물지 못한다. 그 오랜 세월의 흐름이 믿어지지 않으리만치 다양하면서도 섬세하고 살아 움직이는 듯 생동감 넘치는, 천장과 벽면과 기둥을 장식하고 있는 조각들과 채색 벽화들은 말 그대로 신성한 아름다움과 엄숙함의 극치를 자아낸다.

그러나 석굴 안 신전을 지배하고 있는 불상이나 벽화보다도 더 나를 경건하게 한 것은 도저히 불가능할 것만 같은 대역사를 이루어내고자 했던 사람들의 눈물겨운 열망과 그로부터 비롯되었을 신앙심의 위대한 힘이었다. 이미 그토록 오래전부터 이곳 민중들이 온 생을 송두리째 바쳐 이루고자 한 것은 무엇이었을까? 분명, 자학하듯 저렇게 신 앞에 모든 것을 다 바치지 않고서는 견뎌내기 힘든 그 무엇이 있었을 것이다. 그것은 백팔번뇌의 고통이었을까? 아니면 광대무변한 우주 공간 속에서 뜬구름처럼 정처 없고 영겁의 세월 속에서 찰나처럼 유한한 생의 공허감이었을까?

꿈은 아직도 이루어지지 않은 듯 보인다. 연약하기 그지없는 인간의 한계를 초월해보고자 하는 염원 하나로, 그들의 삶처럼 척박하고 메마른 구릉의 심장부에 찬란하게 피워내고자 했던 연화세계는 과연 얼마나 멀고 먼 곳이란 말인가?

정과 망치에 불과했을 동시대 민중들의 순수한 공력만으로 이루려 했다는 것이 도무지 믿어지지 않을 만큼 간절하고도 애절했던 그 꿈이 이제는 도굴과 약탈, 풍화와 부식의 업보를 생로병사의 번뇌처럼 고스란히 짊어진 채 주저앉아 관광객들에게 입장료를 시주 받으며 힘겹게 연명하고 있는 것을 보노라니 무언가 정체 모를 허전함과 아쉬움이 마음을 무겁게 짓누른다. 인

석굴 열반상.
팔베개를 하고 누운 저 평화로운 부처의 표정과
혼탁한 인도의 현실은 좀 이질적으로 다가온다.

도의 여느 유적지와 마찬가지로 입구에 길게 늘어서서 검게 찌든 표정으로 바싹 마른 손바닥을 내미는 구걸 인파를 이곳의 부처들도 어쩌지 못하고 있는 현실이 그저 안쓰러운 듯 강도 거친 바닥을 드러내고 있었다.

이곳은 인도 전역에서도 손꼽히는 유적지이자 불교 성지라서인지 주말에는 말할 것도 없고 평일에도 수많은 인파로 붐빈다.

그런데 큰 비중을 차지하는 무리 중 하나가 바로 우리나라 관광객들이라고 한다. 인도 여행이 크게 유행하기 시작한 언제부터인가 어느 유적지를 가나 사방에서 귀에 익은 음성이 들려오지 않는 곳이 없게 되었다고 불평하는 소리를 들은 적이 있다. 반가움보다는 낯선 곳에 대한 신비감이 소멸되어버린 아쉬움이 더 컸기 때문일까. 혹자는 익명성이 철저히 보장되어야만 진정한 여행이 가능하다고도 한다. 그동안 자신을 집요하게 짓누르던 일상에서 잠시라도 벗어나 보고자 하는 그 절박한 심정을 모르는 바 아니나, 너무 과민하게 반응하는 것도 어쩌면 또 다른 집착이고 이기심일 수도 있다. 노자께서 '상선약수上善若水'라 하지 않았던가. 때로는 그냥 순리대로 내맡기면서 흐르는 아량이 나 그네에게는 필요할 듯하다.

그런데 현지 인도인들마저도 놀랄 정도로 그렇게 많이 몰려드는 한국 관광객들의 이곳에 대한 반응은 흥미롭게도 크게 두 가지로 나뉜단다. 그것은 우리가 자랑하는 대표적 불교 문화유산인 경주 석굴암과의 비교 논쟁에서 비롯된다고 한다. 시쳇말로 이 어마어마한 아잔타 석굴의 위용에 비하면 석굴암은 그 작은 부분에 불과하다는 현실적 자조론이 그 하나일 터이고, 그렇더라도 그 미적인 섬세함에 있어서는 석굴암이 단연 일당백이라는 민족주의적 옹호론이 다른 하나일 터이다. 그러나 굳이 여

데칸고원에 피어난 미완의 연화세계
아잔타

자연 현무암 절벽을 파내어 조성한 석굴사원 안에는 육감적으로 느껴지는 불상과
화려한 색감의 벽화들이 있다. 이들은 불교 미술의 정수라는 평가를 받고 있다.

기까지 와서 그런 결론 없는 논쟁을 떠올리는 것은 유쾌한 일도, 마음을 비우러 떠난 겸허한 여행자의 자세도 아닐 것이다. 여기는 여기대로 우리는 우리대로의 미학이 있는 것이다. 그것은 사리와 한복 중 어느 것이 더 아름다운 옷인지 따지려는 어리석음과도 같은 것이다. 눈은 다 각자의 것이고 각자의 마음속에 있는 것이므로, 남의 눈을 구속하려 하지 말고 마음으로 보아야 한다. 우리는 있지도 않은 사실만을 보려는 집착에 빠져 있는지도 모른다. 그 어리석음을 버리지 못하면 진리는 끝내 보이지 않을 것이다.

신발을 버리고
얻은 발

천여 년의 세월을 거슬러 오르는 내내 경탄과 탄식을 연발하며 마지막 27번 석굴 구경을 마치고 밖으로 나오니 있어야 할 내 신발이 보이지 않았다. 아뿔싸, 그 아름다운 부처 나라의 황홀경에 매혹되어 잠시 마음을 풀어헤친 사이에 그 누군가가 여기가 인도라는 준엄한 진리를, 부처의 계율보다도 더 엄중한 현실을 다시 일깨워 준 것이다. 그렇다. 인도에 오면 항상 여기가 인도라는 그 엄중한 현실을 한순간이라도 망각해서는 안 된다. 다시 그것을 깨닫기 위해서는 항상 이렇듯 무언가 대가를 치러야만 할 것이기 때문이다.

비로소 무언가 수상쩍다 싶게 입구에서부터 자꾸만 내 뒤를 따라오던 한 무리의 인도 소년들이 생각났다. 거무스름한 얼굴과 깡마른 맨발 차림새가 왠지 불량스러워 보이던 그들은 이미 목표물을 정한 뒤에 기회를 노리며 처음부터 나를 쫓아왔을 것이란다. 분노와 당혹감에 어쩔 줄 몰라 하는 나를 에워싸고 있던 많은 사람들 속에서 누군가가 다가와 말을 걸었다. 그녀는 마치 그것이 자신이 저지른 일인 양 착잡한 표정으로 두 손을 모아 쥐고 연신 미안하다고 했다.

품위 있게 고상한 색감의 사리를 걸친, 브라만 계층다운 지적 풍모가 넘치는 중년 여인은 이것이 인도의 현실이며 문제점이라며 제법 유창한 영어로 나를 위로하는 듯 자조했다. 어쨌든 그것도 인연이라면 인연이었을 것이다. 그녀의 말씨와 인상은 갈수록 아름답게 느껴졌다. 신기하게도 분노는 어느덧 사라져 버렸다. 오히려 그 남루한 신발 한 켤레를 박시시(기부)한 대가로 그곳을 되돌아 나오는 제법 긴 길을 이름도 모를 이국의 신선한 미인과 동행하는 행운까지 얻었다. 그뿐만 아니라, 거친 듯 보드라운 인도의 피부 위를 맨발로 걸으며 그 신비한 속살의 감촉을 적나라하게 느껴볼 기회를 얻었으니, 이 또한 대자대비하신 부처님의 뜻이 아니었을까.

인도에 오기 전에 어느 책에서인가 유명 상표의 신발 도난을 주의해야 한다는 구절을 읽은 것이 생각나서, 반드시 신을 벗어야만 들어갈 수 있는 인도의 수많은 사원을 구경할 때마다 마음이 자유롭지 못했다. 심지어 어느 사원에서는 입구에 즐비하게 벗어 놓은 여행자들의 신발을 보면서 그들의 불철저함을 비웃듯 벗은 신을 거추장스럽게도 한 손에 움켜쥔 채 입장하거나, 한사코 아무 문제도 없을 것이라고 어이없어하며 웃는 입구의 관리인에게 굳이 신신당부를 하는 유난을 떨고 나서야 입장하기도 했다.

그것은 잘못된 일이었다. 여유 없는 한국적 일상에서 비롯된 편견을 잔뜩 짊어지고, 불신이 덕지덕지 찌들어 있는 지난 삶의 견고한 굴레처럼이나 긴장감이 감도는 투박한 등산화를 무겁게 이끌고 온 나의 인도 여행은 이미 애초부터 그 본질을 벗어난 것이었는지도 모른다. 인도는 벗어버려야만, 마음을 열어야만 다가오는 땅인 것을 나는 미처 몰랐던 것이다. 답답한 양말도 무거운 신발도 다 벗어던져 버리고, 그 대신 어느 한적한 거리의 전통 바자르(시장)에서 아무도 탐내지 않을 가볍고 허름하고 값싼 샌들 한 켤레를 다시 장만한 뒤로 내 인도 여행은 한결 자유로워지고 여유가 생겼다.

이제부터는 누가 내 발을 훔쳐 가지 않을까 노심초사하느라 자꾸만 뒤를 돌아보며 지나치는 사람들을 의심의 눈초리로 흘끔거릴 필요가 없어졌다. 오히려 그들이 좀 더 가까이 다가오기를 소망하며 아무 거리낌 없는 다정한 눈길을 흩뿌려대면서 그 먼 나그네 길을 설레는 마음으로 여유 있게 덜컹거릴 수 있게 되었다.

비로소 거기까지 이끌고 온 내 일상의 찌든 때를, 그 무거운 편견의 굴레를 벗어버린 셈이다. 그리고 나는 영혼의 자유를 얻었다. 과감하게 버려야만 감히 엄두도 내지 못했던 것을 얻을 수 있다. 여행의 본질은 일상의 굴레를 벗어나기 위한 과감한 도전에서부터 시작되는 것이다.

속(俗)도
성(聖)스러운
오르차
와

성(性)도
성(聖)스러운
카주라호

오르차 가는
길

인간이 살아가는 일 자체가 어쩌면 새로운 길을 내는 과정 같다. 문득, 고개를 돌려 뒤를 보니 차창에 기대 피워 올리는 상념들이 지나온 길 위에 흔들리는 대로 그어지고 있는 것이 보인다. 삶은 그렇게 그어지는 것이다. 지금 내가 이 막막한 고원 어디쯤 긋고 있는 길이 내일이면 또 어디로 이어질 것인지….

그렇게 길은 끝없이 이어지고 있건만, 수없이 바뀌는 낯선 풍경의 꼬리를 물고 따라오던 데칸고원의 따가운 햇살이 그만 지쳤는지 더 이상 따라오지 못하고 저만치 뒤처져 시든다. 그러고 보니, 아잔타를 출발한 후로 이따금씩 나타나는 소떼들과 마차와 오토릭샤와 택시와 버스와 트럭들이 흙탕물 고인 흙길 위를 무성영화처럼 스쳐 지나가길 벌써 한나절 남짓이나 족히 지난 것 같다.

부사발 가는 길.
먼 길을 가다 보면 이따금씩 나타나는 작은 읍내는
이렇게 우마차와 오토릭샤와 자동차들로 북적인다.

어스름 녘의 낯선 길. 내가 가장 좋아하는 길이다. 아스라이
밀려드는 땅거미 속으로 한낮의 현란한 욕망을 반쯤 지워낸 듯
바라보이는 낮고 부드러운 풍경. 반쯤 감은 눈으로 바라보아야

속(俗)도 성(聖)스러운 오르차와
성(性)도 성(聖)스러운 카주라호

만 제대로 보이는 그 무채색 풍경 속을 욕심 없이 흐르는 것처럼 마음이 솔직해지고 차분해지는 일도 없을 것이다.

목적지인 오르차Orchha의 관문 도시 잔시Jhansi로 가기 위해서는 마하라쉬트라주 북부에 있는 도시 부사발Bhusaval역에서 밤기차를 타야 한다. 대합실은 비교적 규모는 작아 보였으나 인파는 제법 복잡하게 붐빈다. 그러나 자세히 보니 대합실 안 대부분을 점령한 채 남루한 모포를 덮고 누워 있는 사람들은 승객이 아니라 노숙자들이었다. 더러는 노인이나 어린아이들까지 섞여 있는 가족들도 눈에 띄었다. 비참한 인도 빈민들의 참상을 또 한 번 적나라하게 목격하는 순간이었다. 그런데 정작 더욱 놀라운 일은 다음에 일어났다. 어디선가 누런 갈색의 제복을 입은 공안(경찰)이 나타나더니 손에 든 긴 대나무 몽둥이로 그들을 사정없이 후려갈기기 시작하는 것이 아닌가. 그들은 아무런 저항도 못하고 어기적어기적 굼뜬 동작으로 몽둥이세례를 받으며 쫓겨난다. 그러고는 대합실 밖 광장에 다시 모포를 덮고 눕는다. 그들이 갈 곳은 겨우 그곳뿐인 것 같았다. 공권력은 민중을 통제하기 위해 존재하는 것이 아니라, 그들의 인간다운 삶을 수호해주기 위해 존재해야 한다는 생각이 들었다. 아무리 서슬 퍼런 폭력이 위협한다고 해도 누군가 길을 인도해주지 않는 이상 그들이 갈 수 있는 곳은 겨우 그뿐일 터인데. 넓은 국토와 많은 인구와 무한한 자원을 바탕으로 괄목상대할 만큼 경제 성장에 가속도를 내고 있다고 알려졌지만, 아직도 인도의 현실은 한숨이 나올 정도로 그늘이 깊고도 깊어만 보인다.

그렇게 깊고도 깊은 밤이었다. 어쩌면 밤하늘에 빛나던 그 많은 별빛마저도 지워버릴 것만 같은 우울한 미몽 속이었을 것이다. 그러나 적응력에 있어서는 인간도 참으로 영악한 존재다. 벌써 밤기차가 익숙해진 것일까. 전보다는 그래도 잠을 많이 잔 듯했다.

새벽에 도착한 잔시의 공기는 제법 서늘했다. 추위를 못 견디겠다는 듯 허름한 모포 같은 것을 어깨에 두르고 구부정하게 움츠리고 서 있는 맨발의 인도인들 모습이 또 하나의 이채로운 풍경을 연출하고 있었다. 나도 긴소매 옷으로 갈아입고 낯선 한기를 달랬다. 뭄바이만 해도 한여름 날씨였는데, 북부로 얼마간 이동했다고 기온이 서늘해지는 것을 보면 하나의 거대한 대륙이라는 말이 실감 날 정도로 확실히 인도가 넓기는 넓은 나라임을 느낄 수 있었다.

잔시의 구시가지 근처에는 17세기 무렵에 건축한 성과 궁전 등 나름대로 소박한 볼거리가 있지만, 대부분의 여행자들은 이곳을 인근의 오르차나 카주라호로 가기 위한 길목으로만 이용하면서 그냥 지나친다. 어렵사리 처음 발을 내디딘 곳인데도 불

속(俗)도 성(聖)스러운 오르차와
성(性)도 성(聖)스러운 카주라호

구하고, 대략이라도 둘러보지 못하고 역 앞에서 곧장 오토릭샤를 타고 서둘러 목적지인 오르차로 향하는 마음 한구석이 뭔가좀 허전하다. 어디 그뿐인가. 촉박한 일정 탓에 중부 마드야쁘라데쉬주의 주도인 보팔 인근 산치 마을에 있는 기원전 3세기의 대탑을 비롯한 아쇼카왕 시대에 세운 장엄한 불교 유적들을 보지 못하고 그냥 지나쳐 온 것은 두고두고 아쉬움으로 남을 것이다. 간밤 기차에서 마주 앉았던 젊은 인도 대학생은 그곳이 유네스코 세계문화유산으로 지정되어 있으며, 고대 인도 최고의 불교 예술품을 감상할 수 있는 유적지라고 추천을 거듭했다.

한편 보팔이라고 하면 우리에게도 그리 낯설지 않은 이름이다. 1984년 12월, 미국 거대 기업 유니언카바이드 인도 지사의 화학공장에서 치명적인 독가스가 다량 유출되어 수십만 명의 사상자를 발생시킨 금세기 최악의 산업 재해가 일어난 곳으로 더 유명한 도시이다. 당시 회사측에서는 사상자 1인당 미화 약 350달러라는 납득할 수 없는 소액의 보상금만을 지급한 채 책임을 회피하기에 급급했다고 한다. 그들의 이런 부도덕한 처사는 아직도 합병증에 시달리고 있는 시민들을 분노에 떨게 하고 있다고 한다. 만일, 그곳에 간다면 우리는 현대 산업 문명이 남긴 가장 야만적이고 수치스러운 유산 가운데 하나를, 인도의 심장부에 깊이 멍들어 있는 그 비극의 상처를 가슴 아리도록 목격하고 돌아오게 될 것이다.

대개의 여행이 교통이나 시간 등등의 제약으로 인해서 이른바 유명 관광지 중심으로 이루어지는 일이 아쉬울 때가 종종 있다. 이름난 잔치에 먹을 것 없다고, 그런 곳이라고 해서 반드시 인상적인 풍경이 펼쳐져 있는 것은 결코 아니다. 반면에 전혀 기대하지 않았던 곳에서 예기치 못한 감동을 진하게 흡입할 수 있는 때도 있다. 어찌 여행이라고 해서 모든 여정이 다 기대만큼 아름답고 감동적이기만 하겠는가. 그래서 설렘과 실망이, 우울과 환희가 교차하는 여행은 삶의 축소판과도 같은 것이다.

바라만 보아도 아름다운 소도시
오르차

인도가 기차의 나라라고는 하지만, 오르차와 카주라호는 철도가 지나가지 않은 도시다. 따라서 주로 기차에 의지하여 여행하는 배낭족들에게는 이곳을 방문하는 일이 다른 곳에 비해 다소 불편할 수도 있다. 그럼에도 불구하고 많은 사람들이 이곳을 찾는 이유는 아름다운 궁전과 특이한 사원들 등 볼거리가 많이 있

속(俗)도 성(聖)스러운 오르차와
성(性)도 성(聖)스러운 카주라호

기 때문이다.

잔시에서 약 20km 남짓 되는 거리에 있는 오르차는 베트와강을 굽어보며 흰칠한 첨탑과 돔이 솟아 있는 고풍스러운 궁전들과 사원들이 고즈넉하게 여행자를 맞이하는 전원풍의 아름다운 소도시이다. 예전에는 인도 여행자들이 복잡하고 시끄러운 대도시를 피해 한적한 풍경과 순박한 인심에 발을 묶기 위해 찾아들던 곳이었다고 한다. 하지만 현재는 널리 알려져 많은 관광객이 밀어닥치면서 예전의 매력이 많이 사라졌다고 탄식하는 이들도 적지 않다. 새삼 이 세상에서 제일 무서운 것은 사람인 것 같다. 의도와 무관하게 사람의 발길에 파괴되는 것이 적지 않다. 그것은 풍경만 훼손시키는 것이 아니라, 그 속에서 살아가는 생명들의 마음까지 변질시켜버리는 가공할 마력을 지니고 있다. 각박해진 인심을 탓하기에 앞서 우리들의 일그러진 마음부터 우선 되돌아보아야 한다. 혹여나 그들의 순박함을 존중하지 않고 영악하게 이용하려고만 하지는 않았는지, 그 약삭빠른 자본주의적 셈법으로 그들 마음에 치유 불능의 상처를 입히지는 않았는지 곰곰이 생각해보고 또 생각해볼 일이다.

16세기 무렵, 지방 소국 분델라 왕조의 수도로 조성된 이곳은 한때 무굴 제국의 제후국으로서 전성기를 구가하기도 했던 도시라고 한다. 그 직접적인 계기가 된 사건은 무굴 제국 악바르 황제 말기인 1602년에 일어난 살림 왕자의 난이다. 황제의 자리를 넘보며 아버지를 제거하려던 반란이 실패하자 살림 왕자는 오르차로 피신을 했고, 당시 이곳의 마하라자였던 비르 싱 데오는 모든 운명을 걸고 그를 숨겨주는 도박과도 같은 모험을 감행한다. 그런데 역사란 참으로 알 수 없는 것이다. 묘하게도 그로부터 불과 3년 뒤에 악바르 황제가 죽자 살림 왕자가 권력을 계승하게 되었으니, 그가 바로 무굴 제국의 4대 황제인 제항기르였던 것이다. 도박의 보상으로 막강한 권력의 지원을 등에 업은 비르 싱 데오는 현재 남아 있는 거의 모든 유적지를 포함하여 당시 이 일대에 무려 50여 개가 넘는 궁전과 성을 짓는 등 왕조 최고의 전성기를 구가하였다고 한다. 그러나 화무십일홍花無十日紅이요, 권불십년權不十年이라 했던가. 제항기르의 뒤를 이은 샤 자한 황제와 그의 아들 아우랑제브 황제에 이르러 왕조의 운명도 막을 내리게 되었으니 권력은 참으로 뜬 구름과 같은 것이다.

마을 한복판에서 오르차 바자르와 직선으로 이어져 있는 베트와강 다리를 건너 양쪽으로 갈라져 흐르는 강줄기 사이에 형성되어 있는 섬으로 들어가면 17세기에 지어진 몇 개의 고색창연한 궁전들을 만날 수 있다.

다리를 건너자마자, 날카롭고 큰 쇠못을 촘촘히 박아 놓은 육중한 성문을 들어서면 가장 먼저 눈앞을 가로막는 건축물이 내

속(俗)도 성(聖)스러운 오르차와
성(性)도 성(聖)스러운 카주라호

오르차 제항기르마할.
아기자기하면서도 웅장한 모습의 이 궁전은
오르차 유적지 중 가장 거대한 건물로 꼽힌다.

부의 벽화가 뛰어난 라즈마할Raj Mahal이다. 이곳을 지나 조금 더
위쪽으로 올라가면 지금은 호텔로 사용하고 있는 쉬즈마할Sheesh
Mahal이 나타난다. 이 호텔 부설 식당 창가에 앉아 차를 마시며
궁전 뜰의 고풍스런 풍경을 내다보는 여유를 만끽하다 보면 꽤
나 오랫동안 붙잡혀 마음을 내려놓게 될 것이다.

제항기르마할의 높은 성루 난간에 기대어 바라보는 오르차 시내의 풍경.
가까이 정원 앞으로 라즈마할과 쉬즈마할이 보이고,
그 너머로는 높은 첨탑이 돋보이는 차뚜르부즈 사원이 보인다.

다시 제법 높은 계단을 올라서면 제항기르마할Jehangir Mahal의
아기자기하면서도 웅장한 건물 안으로 들어서게 된다. 이 궁전
은 마하라자 비르 싱 데오가 제항기르 황제가 이 도시를 방문한
것을 기념하기 위해 지어 준 거대한 건물이다. 다른 건물들에 비
해 가장 높은 곳에 자리 잡고 있어서 문루에 올라가 다채로운 격

속(俗)도 성(聖)스러운 오르차와
성(性)도 성(聖)스러운 카주라호

자나 꽃 등의 문양이 투각되어 있는 아름다운 돌창살 사이로 내다보는 사방의 풍경이 압권이다.

오르차 여행의 백미는 단연 고색창연한 옛 성루 난간에 기대앉아 소박하고 정겨운 풍경을 멀리, 조용히, 마음을 비우고 그저

고성 난간에 기대어 고색창연한 사원들과
유유히 흘러가는 베트와강과 들판을 바라보거나
격자 문양이 투각되어 있는 돌창살 사이로 내다보는 풍경에
가슴을 적시는 시간은 마음을 가볍고도 평화롭게 만든다.

속(俗)도 성(聖)스러운 오르차와
성(性)도 성(聖)스러운 카주라호

망연히 바라보는 것이다. 그것만으로도 부산하고 탐욕스러웠던 일상의 묵은 때를 멀리 날려 보내고 잔잔한 평화를 충만하게 느낄 수 있는 흔치 않은 경험을 하게 될 것이다. 그러나 엄밀히 말하면 오르차의 풍경 자체는 빼어나지도 신비하지도 않으며 지극히 평범하고 속되다. 그런데 그것이 주는 느낌은 묘하게도 일면 성스럽다. 속俗도 성聖스러운 오르차에 가면, 반드시 기묘한 그 섭리를 느껴야만 한다. 그렇지 않다면 아직도 그곳은 당신에게 마음을 열지 않은 것이다.

멀리 흘러가는 강줄기와 그 너머 여기저기에 솟아 있는 궁전들과 사원들의 높은 첨탑과 그를 치마폭처럼 에워싸고 있는 사방의 너른 벌판과 그 끝으로 울타리처럼 둘러쳐져 있는 숲의 풍경에 가슴이 다 젖을 때까지 한나절을 눌러앉아 있노라니, 지쳤던 심신이 정처 없이 흘러가는 흰 구름에 얹힐 듯 한층 가벼워져 있었다.

다시 다리를 건너 반대편 구시가지로 접어들면 왁자한 전통 바자르 거리를 지나게 된다. 그리 규모가 크지는 않지만 청동제 골동품들과 옷과 과일들을 파는 작은 가게들과 노점상들이 줄지어 선 풍경 속을 거니노라면, 민중들의 소박하고 낮은 삶을 직접 만나는 적나라한 경험을 할 수 있다. 시장 주변으로는 몇 개의 사원들이 자리 잡고 있는데, 그중 가장 돋보이는 것은 차뚜르부즈 만디르Chaturbhuj Mandir이다. 시내 어디서도 다 보일 정도로 높은 첨탑이 우뚝 솟아 있어 마치 유럽풍의 웅장한 고딕 건축물 같은 느낌을 주는 이 사원은 옥상에서 내려다보는 조망이 무척 시원한 곳이다. 내부가 상당히 어둡고 돌층계가 비좁고 가팔라서 좀 으스스한 기분으로 꼭대기를 오르고 있는데, 어디선가 몇 명의 소년들이 나타나 친절한 표정을 건네며 앞장을 서서 손짓을 해댄다. 의당 반갑고 고마워야 할 터이지만, 이제 나도 인도가 제법 익숙해져 가고 있는 탓일까, 오히려 경계심이 앞선다. 예상대로 사원 꼭대기 옥상에 다다르자 그들은 당연한 듯 손을 내민다. 그런데 자세히 보니 다른 곳에서 만났던 소년들과는 달리 그들은 상당히 외모가 깔끔하고 나름대로 지적인 인상을 풍긴다.

자신들은 걸인이 아니라 이곳을 찾는 여행객들을 위해 봉사를 하고 있는 중이며, 내키지 않으면 답례를 하지 않아도 문제가 없다고 자못 당당한 표정으로 빙글거린다. 도대체 이럴 땐 어찌해야 좋단 말인가. 아무려면 저 초롱초롱하기 그지없는 눈망울과 해맑은 미소를 의심해야 한단 말인가. 그러나 여기는 인도가 아니던가. 어쩌면 어수룩한 초보 여행자의 상식을 뛰어넘는 고단수는 아닐까? 잠시의 망설임 끝에 결국 나는 속기로 했다. 그래서 속지 않기로 했다. 속으려고 해야 속지 않을 수 있을 것 같은 이 역설적인 갈등은 역시 인도적으로 접근해야만 풀릴 것

속(俗)도 성(聖)스러운 오르차와
성(性)도 성(聖)스러운 카주라호

높은 첨탑이 인상적인 차뚜르부즈 사원 앞마당에서는
노점상들이 소박하게 난전을 벌여놓고 있다.

같았다. 만일 저들이 진실인데도 불구하고 내가 속지 않으려고
한다면 결국은 내가 나에게 속는 우를 범하게 될 것이고, 반면
에 저들이 거짓이라고 할지라도 내가 속으려고 한다면 최소한
내가 나에게 속는 일만은 일어나지 않을 것이다. 이 심오하고도
기기묘묘한 해법을 터득하고 나니, 아 비로소 사방 천지가 탄탄
대로요, 인도가 내 마음속에 손바닥처럼 열리는 것 같다고나 해
야 할지….

에로틱 시티
카주라호

다음 여행지인 카주라호^{Khajuraho}는 오르차에서 자동차로 거의 4시간 남짓이나 걸리는 제법 먼 거리였다. 카주라호라는 이름은 이 지역에서 많이 나는 대추야인 카주르에서 유래되었다고 한다. 지금은 겨우 인구 몇 만 명도 채 안 되는 작은 시골 마을 같은 분위기지만, 약 천여 년 전에는 라지푸트족이 세운 찬델라^{Chandela} 왕조의 수도로서 번영을 누렸던 땅이다. 이 왕조의 시조는 달의 신 찬드라와 헤마바띠 공주 사이에서 태어난 찬드라 뜨레야라고 전해진다. 그때의 영화를 말해주듯 950~1050년경으로 추정되는 당시에 무려 85개의 힌두교와 자이나교 사원이 이곳에 건축되었다고 하지만, 14세기 무렵에 이슬람 세력의 침입으로 파괴되어 지금은 22개의 사원만이 남아 있다. 그러나 남아 있는 사원만으로도 이미 이곳은 특별한 볼거리가 있는 곳으로 정평이 나 있다.

사암으로 지어진 외벽을 한 치도 남김없이 장식하고 있는, 너무나 생동감이 넘쳐 차마 무어라 단정 지어 말하기 어려운, 소문을 듣고 몰려드는 여행자들의 입을 다물지 못하게 하는, 그 아름답고 기묘한 조각 작품만으로도 이보다 더 유명해질 수는

속(俗)도 성(聖)스러운 오르차와
성(性)도 성(聖)스러운 카주라호

카주라호 락쉬마나 사원 기단부의 미투나상.
말과 성행위를 하는 남자의 옆에서
두 손으로 얼굴을 가린 여자의 모습이
일견 해학적이기까지 하다.

없는 곳이기 때문이다. 그 대표적인 것이 바로 이른바 에로틱

한 조각상의 대명사처럼 세간에 회자되는 미투나mithuna상이다.

사원들은 크게 세 군데로 나뉘어 자리 잡고 있는데, 가장 많

이 모여 있는 곳이 서부 사원군이다. 매표소를 지나 입구를 들

어서면 우선 거대한 멧돼지 석상이 안치되어 있는 바라하Varaha

사원을 만나게 된다. 멧돼지의 온몸 전체에는 수많은 신상이 세밀하게 조각되어 있다. 이곳은 멧돼지 모양으로 나타난 비쉬누 신의 세 번째 화신인 바라하에게 바쳐진 사원이다. 그 옆으로는 서부 사원군 중에서 보존 상태가 가장 좋은 락쉬마나^{Lakshmana} 사원이 서 있다. 초기에 건축된 이 사원은 다섯 부분으로 구획되어 있는 본전과 네 개의 부속 신전으로 이루어져 있는데, 그곳에는 춤추는 요정 압사라와 성행위를 하는 남녀와 동물들의 행렬 등이 두 줄로 둘러쳐져 조각되어 있다. 기단부에도 전투와 사냥 행렬 등을 묘사한 섬세한 조각들이 띠처럼 둘러쳐져 새겨져 있는데, 자세히 보면 그 가운데에는 남녀가 무리를 지어 성행위를 하는 장면들이 노골적으로 묘사되어 있어 일순 어찌할 바를 모를 정도의 당혹감을 자아낸다. 특히, 말과 성행위를 하는 남자와 그것을 차마 바라볼 수 없다는 듯 두 손으로 얼굴을 가린 여자를 표현한 조각상은 그 중 단연 압권이라 할 만하다.

그러나 규모 면으로나 건축학적으로나 찬델라 예술의 최고봉으로 평가받으며 카주라호 사원군을 대표하는 것은 깐다리야 마하데브^{Kandariya Mahadev} 사원이다. 특히, 많은 여행자들의 호기심을 자극하며 최고의 볼거리로 각광을 받고 있는 미투나상이 가장 많이 밀집되어 있다는 점에서도 단연 타의 추종을 불허하는 대표 사원으로 불린다. 역시 5분할 구조로 이루어진 높이

카주라호 서부 사원군의 벽면에
조각되어 있는 적나라한 미투나상들.
단연 여행자들의 관심을 많이 끌고는 있지만,
신성한 사원에 이런 관능적인 장식물들이
조각되어 있다는 것은 일단 의아스러운 일이다.

31m의 중심 첨탑 하단에는 세 줄로 수많은 조각상들이 섬세하
고 생동감 넘치게 돋을새김 되어 있어 감탄에 감탄을 자아낸다.
영국의 고고학자가 조사한 바에 따르면 약 1m 높이의 조각상들

이 내부에 226개, 외부에 646개 등 총 872개나 새겨져 있다고 한다. 신성한 여러 신들과 탄력 넘치는 관능미를 한껏 과시하는 미녀들, 다양하고 적나라한 체위의 성행위를 하는 남녀의 모습 등이 빽빽이 새겨져 한데 어울려 있는 이 사원은 말 그대로 카주라호 조각 예술의 보고라고 해도 지나치지 않을 것이다. 일설에 의하면 이슬람교의 영향을 받기 전인 중세까지도 힌두교에서는 성을 터부시하지 않았다고 한다. 오히려 삶의 목표 중 하나인 감각의 충족은 이승에서의 본연의 임무이며, 사랑은 신의 현현이라고 인식했다는 것이다. 그렇다면 이 거침없는 조각상들은 외설이 아니라, 신성한 종교적 산물인 셈이다. 즉, 카주라호는 성性도 성聖스러운 곳이다.

일각에서는 인도의 도시들을 그 특색에 맞춰 여러 가지 별칭으로 부른다. 건물의 외관이 분홍색으로 칠해져 있는 자이푸르는 핑크 시티Pink City, 건물 외관이 푸른색으로 칠해져 있는 조드푸르는 블루 시티Blue City, 진흙으로 지어진 건물들이 저녁 햇살을 받으면 황금빛으로 물드는 자이살메르는 골든 시티Golden City라고 한다. 그렇다면 가장 인도다운 정신이 깃들어 있는 바라나시는 영혼의 도시Soul City, 성애 조각상이 많은 카주라호는 에로틱 시티Erotic city 정도로 부르면 적합할 것 같다.

속(俗)도 성(聖)스러운 오르차와
성(性)도 성(聖)스러운 카주라호

마하데바 사원 현관의 사자상은
찬델라 왕조의 상징인 사르둘라(Sardula)이다.
관능적인 여인과 어울려 노는 듯한 모습이
익살스러워 보인다.

이밖에도 카주라호 최고의 걸작 중 하나로 평가받고 있는 사
자상이 있는 마하데바Mahadeva 사원, 카주라호에서 유일하게 태
양신 수르야Surya에게 헌정된 데비 자가담바Devi Jagadamba 사원
등 군락을 이루고 있는 많은 건물들을 기웃거리다 보니, 어느덧
해가 기울기 시작한다.

그런데 이 서부 사원군의 출구를 막 나서자마자 수많은 호객꾼이 기다렸다는 듯이 몰려들었다. 그들이 손에 들고 있는 것은 대부분 책이었다. 바로 『카마수트라』인 것이다. 인도 성애 지침서로 널리 알려진 그 유명한 책을 직접 보게 되는 것도 카주라호 여행에서 지나칠 수 없는 일정 아닌 일정일 것이다. 물론 그들이 팔고 있는 책은 인쇄 상태가 조잡하기 이를 데 없는 해적판일 테지만, 저 사원 벽면을 장식하고 있는 미투나상들이 어쩌면 이 카마수트라의 내용을 바탕으로 한 것이 아닌가 하는 생각이 들 정도로 그림의 내용은 노골적이고도 자극적이다. 아무리 호기심이 강하다 해도 주변 여행자들의 눈치를 보지 않고 선뜻 사기가 망설여질 수밖에 없다.

끈덕지게 쫓아오는 그들을 겨우 뿌리치고 피곤한 발길을 이끌고 숙소로 돌아오는 길목에 몇 개의 기념품 노점상이 눈에 띄었다. 흙바닥에 너덜너덜한 보자기를 펼쳐 놓고 몇 개의 조잡한 상품을 진열해놓고 있는 게 전부였다. 그러나 그런 중에도 문득 내 눈길을 끄는 것이 있었다. 청동으로 주조된 손바닥만 한 크기의 낙타 램프였다. 그런데 그게 문제의 발단이었다. 가던 걸음을 멈추고 그것을 손에 집어 들고 가격을 물어본 순간부터 상상도 하지 못했던 또 하나의 지루한 싸움이 시작된 것이다. 분명 그것은 싸움이었다. 아마도 내 입장에서는 인도라는 낯선 문

속(俗)도 성(聖)스러운 오르차와
성(性)도 성(聖)스러운 카주라호

화적 관습을 돌파하기 위한 다소 낭만적인 실랑이였다면, 상대의 입장에서는 모든 것을 걸고 필사적으로 이겨야만 하는 생존권 투쟁이었을 것이다. 아무튼 이겨야 하는 것이 싸움의 법칙이다. 즉, 승자와 패자가 존재하는 것이 그 숙명이다. 그래서 싸움은 함부로 시작하기가 부담스러운 것이다. 그러나 만일 패자가 없고 승자만 있는 싸움이 있다면 조금도 망설일 필요가 없을 것이다.

중년의 노점 상인은 처음에 너무나 훌륭한 인도의 전통 공예품이라며 자기의 손바닥에 볼펜으로 1000이라는 숫자를 써서 내밀었다. 나는 고개를 저었다. 인도에서는 무조건 적어도 3배 내지는 5배를 깎아야 한다고 한 누군가의 말이 생각났기 때문이다. 그러자 그는 이미 예상하고 있었다는 듯이 다시 손바닥에 700이라는 숫자를 썼다. 나는 또 고개를 저었다. 그는 다시 600을 썼다. 그리고 내가 고개를 저을 때마다 다시 차례로 550, 500, 470, 460, 450, 440, 430… 이라는 숫자를 새로 썼다. 나는 손바닥을 그렇게 국경을 뛰어넘는 흥정의 도구로, 만국 공용 수제 계산기쯤으로 이용하는 그 기발함에 감탄을 금치 못했다. 또한 그가 적어 내려가는 숫자의 흐트러짐 없는 법칙성에 적이 당황하지 않을 수 없었다. 계속해서 그의 손바닥에는 정확하게 10씩 줄어드는 숫자가 여백 없이 채워지고 있었다. 그런데 어느 순간

짜증이 났다. 어쩌면 저 인도인이 어수룩한 이방인을 지금 희롱하고 있는 것인지도 모른다고 생각했다. 그러나 화가 난 표정으로 돌아서는 나를 그는 끝내 놓아주지 않았다.

앞을 가로막다시피 하고 그의 숫자는 계속해서 일정한 간격으로 감소하며 유혹의 메시지처럼 새롭게 새겨지고 있었다. 나는 멍하니 그냥 바라만 보고 있는 수밖에 없었다. 얼마 후, 그가 서툰 영어로 라스트라고 말했다. 그의 손바닥 미터기 숫자는 310에서 멈춰 있었다. 나는 잠시 머뭇거리다가 돌아섰다. 이건 흥정이 아니라 이전투구泥田鬪狗라는 생각이 들었다. 부끄러움과 후회스러움과 자존심이 뒤엉켜 몹시 기분이 불쾌해졌다. 그러나 그것도 잠시, 다시 나를 막아선 그에게 곧 백기를 들고 말았다. 다소 비장해 보이기까지 한 표정으로 그가 다시 내민 손바닥에는 300이라는 숫자가 쓰여 있었다. 나는 꼼짝없이 포로가 된 듯한 묘한 허탈감에 빠졌다. 그러나 그의 손에 300루피라는 많지 않은 돈을 쥐여 주는 순간, 그의 표정은 순식간에 돌변하여 만면에 웃음을 머금고 있었다. 그리고 양손을 교차하여 가슴에 얹고 외쳤다. 아임 베리 해피. 아 유 해피? 나는 그때 그의 얼굴에 넘쳐나던 그 행복한 눈빛을, 승자의 그 여유로운 미소를 얼떨떨하게 그저 바라만 보았을 뿐이다. 잠시 후, 그는 보자기 좌판을 싸서 들고 일어섰다. 오늘 쓸 돈을 벌었으니 장사를 그만하겠

속(俗)도 성(聖)스러운 오르차와
성(性)도 성(聖)스러운 카주라호

다는 거였다. 무욕인지 나태인지를 구분하기는 힘들었지만, 잠시 어리둥절한 감정에 사로잡혔다.

그리고 내가 패자가 아니라는 것을 깨달은 것은 숙소로 돌아와 고요 속에서 그 기묘한 모양의 청동 낙타 램프를 바라보며 어느 정도 마음을 가라앉힌 뒤였다. 나는 그때 서로가 다 이기는 싸움이 있다는 것을 비로소 알게 되었다. 왜 그가 그토록 심혈을 기울여 그것을 내게 가르쳐 주려고 한 것이라고, 어렴풋이나마 이해할 수 있을 것 같았다.

다음 날은 동부 사원군과 남부 사원군을 둘러보기로 했다. 동부 사원군은 마을 어귀에 있는 자이나교 사원들과 한적한 들판 가운데 흩어져 있는 힌두교 사원들을 이른다. 신발과 양말을 벗어야만 입장할 수 있는 자이나교 사원에는 완전히 깨달은 자를 의미하는 티르탕카라^{Tirthankara}가 모셔져 있다. 샨띠나뜨$^{Shanti-nath}$ 사원에는 키가 4.5m에 달하는 티르탕카라상이 있는데, 나신상인 걸로 보아 양대 종파 중 디감바라파$^{Digambara : 空衣派}$로 추정된다.

한편, 옆에 있는 빠르스바나뜨^{Paravanath} 사원으로 발길을 옮기면 황금빛 사암 외벽을 한 치의 틈도 없이 뒤덮고 있는 아름다운 조각상들이 참을 수 없는 경탄을 자아내게 한다. 자이나교 사원이지만 외부 조각상들은 힌두교의 신상들이 대부분이고, 중앙

자이나교 사원의 티르탕카라상.
몸에 흰옷을 걸치는 것을 허용하는
백의파(白衣派)와 달리 나행파(裸行派),
나형파(裸形派)라고도 하는
공의파(空衣派)는 철저한 무소유의
계율에 의해 몸에 실오라기 하나
걸치지 않고 수행을 한다.

에 있는 나신상이 티르탕카라이다. 그런데 특히 이곳이 여행자
들의 발길을 끄는 이유는 눈화장을 하는 여인상과 발바닥의 가
시를 뽑는 여인상 때문이다. 이 외벽 조각상은 전문가들로부터
완벽한 조형미를 구현한 작품이라는 찬사를 받고 있는 것이라
한다.

속(俗)도 성(聖)스러운 오르차와
성(性)도 성(聖)스러운 카주라호

카주라호 빠르스바나뜨 사원의 조각.
눈 화장을 하는 여인상과 발바닥의 가시를 뽑는 여인상은
완벽한 조형미를 갖춘 최고의 걸작으로 평가받고 있다.

규모는 작지만 역시 아름다운 조각이 장식되어 아디나뜨^{Adi-}
nath 사원 마당에서는 무너진 사원을 보수하기 위해 망치와 정으
로 돌을 쪼고 있는 남루한 차림의 석공들을 볼 수 있었다. 그런
데 이들이 바로 일찍이 인도 대륙 곳곳마다 산재해 있는 저 찬란
하고 위대한 인류 최고의 석조 예술품을 창조해낸 장인들의 후

예라고 생각하니, 전통 깊은 긍지와 자부심만은 결코 남루하지 않을 것이라는 외경심마저 느껴졌다.

한적한 벌판으로 나서니 간간이 자전거를 타고 고불고불한 들길을 달리는 여행자들의 모습이 평화로움을 덧칠하며 한적한 풍경 속을 굴러가곤 한다. 남부 사원군은 시내로부터 제법 멀리 떨어져 있는 곳에 띄엄띄엄 흩어져 있었다. 어떤 곳에서는 너무 오랜 세월을 견디느라 사원의 온몸에 시커멓게 낀 물때를 닦아내느라 분주한 사람들의 모습도 보인다. 문화재 유지, 보수 작업도 참으로 인도답다. 남자들은 사원 벽면에 설치해놓은 버팀목에 올라서서 무엇인가로 열심히 더러운 사원 벽면을 문지르고 나서 여인들이 길어온 동이의 물을 끼얹는다. 가까이 가서 보니, 그들이 손에 들고 있는 것은 대나무 한끝을 잘게 갈라 솔처럼 만든, 굳이 우리식으로 표현한다면 친환경 문화재 보수 도구인 셈이다. 유구하고 찬란한 문화유산을 지금까지 보전해 온 비법이 바로 저 대나무 솔과 물동이였단 말인가? 나는 인도인들의 그 순박함과 낙천성에 다시 한번 경의를 표하지 않을 수가 없었다.

먼 외곽의 들판 가운데 홀로 떨어져 있는 비자 마뜨^Bija Math 사원은 발굴 작업 중이라는 작은 알림판이 하나 서 있긴 했지만, 거

속(俗)도 성(聖)스러운 오르차와
성(性)도 성(聖)스러운 카주라호

의 무너진 채 방치되고 있는 듯 보였다. 현재로서는 정확히 알 수 없지만, 어림잡아본 규모나 모양으로 미루어 볼 때 복원되면 카주라호의 여느 사원보다도 주목받는 유적지가 될 것 같다. 거대한 진흙 더미 속에 다양한 조각이 되어 있는 석재들이 일부만을 드러낸 채 묻혀 있어 마치 거대한 무덤 같은 쓸쓸함마저 자아낸다. 그래도 폐허는 그 나름의 아름다움이 있다. 사실, 따지고 보면 폐허라는 것도 자연이 오랜 세월에 걸쳐 만든 작품이 아니겠는가.

사원 주위를 한 바퀴 둘러보고 나오려는 순간, 저만치서 지켜보던 인도인이 손짓을 한다. 누런 제복을 착용한 것으로 보아 유적을 감시하는 경비원인 듯했다. 혹시 무슨 잘못한 일이라도 있나 싶어 긴장하고 있는 내게 그는 발밑을 가리켰다. 거기에는 신상의 얼굴이나 부조 돌조각 등 무너진 유적 잔해 속에서 찾아내 모아 놓은 듯한 작은 석재 조각들이 쌓여 있었다. 처음에는 구경을 하라는 호의로만 생각했으나, 나중에서야 그것을 사라고 하는 것임을 알게 되었다. 유적 경비원이 파는 유적이라니. 이것도 인도다운 사회적 유물이란 말인가? 결론적으로 덧붙여 말하자면, 만일 멋모르고 그 유물을 탐했다가는 아마도 공항 출국장에서 문화재 밀반출 혐의로 큰 곤욕을 치르게 될 것이다. 인도에 와서는 무엇보다도 절대로 탐욕을 부려서는 안 된다.

사원 쪽을 나와 비포장 마을 길을 걷다 보니 고등학교가 눈에 띄었다. 교육은 그 나라의 현재와 미래를 재는 척도라 했거늘, 그냥 지나칠 수는 없었다. 그런데 양해를 구하고 들여다본 교실은 너무도 참담했다. 정면에는 시멘트벽에 검정 페인트를 칠해서 사용하는 작은 칠판 위로 힌두신의 초상화가 걸려 있고, 교사용 책상 한 개와 의자 한 개가 덩그러니 놓여 있었다. 그리고 학생들이 앉아 공부하는 자리는 책걸상 대신 맨바닥에 기다란 천이 두세 줄 깔려 있었다. 단지 그게 전부였다. 가슴 한구석이 꽉 막힌 듯 착잡했다. 다만, 주저앉아 있는 현실이 아무리 낮다고 해도, 꿈만은 제발 주저앉지 말기를 빌고 또 빌어주고 싶었다.

　다시 해가 저문다. 오토릭샤에 앉아 흔들거리며 돌아오는 길에 바라보는 인도 대륙의 석양이 은은하다. 비록 지금은 져버렸지만, 오래전 이 땅 위에는 저보다 더 눈부신 태양이 은은했을 것이다. 비록 현실은 남루할지라도, 해는 분명 다시 떠오를 것이고, 과거가 그랬던 것처럼 그들의 미래도 결코 가난하지 않을 것이다.

속(俗)도 성(聖)스러운 오르차와
성(性)도 성(聖)스러운 카주라호

영혼의 연기
하늘로 피어
오르는

바
라
나
시

사트나를
지나며

인도 여행은 대부분 밤기차에서 끝나고 밤기차에서 시작된다. 미처 가시지도 않은 앞 여행지에서의 흥분을 억누르며 깊이도 없을 듯한 낯선 어둠 속으로 침잠했다가는, 다가올 여행지에 대한 호기심을 부풀리며 어둠 속을 빠져나와 부상하는 순환의 과정처럼. 그 윤회의 궤도 위에서 반복되는 침잠沈潛과 부상浮上이 바로 여행자의 운명이다. 언제부터인가 여행이란 어쩌면 미리 정해진 운명의 궤도를 더듬어가는 일일지도 모른다는 생각이 든다. 분명 처음 와본 곳인데도 불구하고, 마치 전에 와본 적이 있는 것처럼 낯익게 느껴지는 환각 같은 착각을 여러 번 체험한 후부터이다.

어제 오후, 아쉬운 발길을 돌려 카주라호를 출발한 뒤 승용차로 대여섯 시간을 달린 끝에 사트나Satna역에 도착했다. 바라나시^{Varanasi}로 가는 밤기차를 타기 위해 지나치는 작은 도시지만, 기차역은 주변에 밀집해 있는 노점상들과 노숙자들과 걸인들과 여행자들이 뒤엉켜 아수라장을 방불케 했다. 반달이 높이 떠 있는 역 광장의 사원에서는 여행의 무사를 비는 힌두들이 줄을 서서 야자 열매나 꽃 따위의 작은 예물들을 신전에 바치고 큰 소리로 종을 쉴 새 없이 울려대고 있어서 복잡한 분위기를 한층 고조시키고 있었다. 이들에게는 종교가 일상이고 일상이 종교인 듯했다.

아직 기차를 탈 시간이 좀 남아서 거리를 둘러볼 요량으로 역 광장을 잠시 벗어나 보았다. 좁지만 길게 뻗어 있는 도로 양편으로는 각종 상점들이 늘어서 있어 제법 흥미로운 광경을 연출하고 있었다. 그런데 초저녁인데도 불구하고 많은 상점들이 철시를 시작하자 거리가 순식간에 어두워지기 시작했다. 아직도 인도에서는 열악한 전기 사정과 밤 문화의 미발달이 정비례 관계에 놓여 있음을 보여주고 있었다. 낯섦은 호기심이지만, 어둠 속에서는 그것이 순식간에 두려움으로 뒤바뀔 수도 있다. 남은 시간을 보내기 위해 역 광장 주변의 허름한 식당에 자리를 잡고 앉았다. 주로 기름에 튀겨낸 과자나 빵 등을 파는 작은 가게였다. 낯선 이방인에 대한 노골적인 호기심을 감추지 못하고 강렬한 눈빛을 쏘아대는 종업원들의 태도만큼은 참으로 친절했다. 그

영혼의 연기 하늘로 피어오르는
바라나시

러나 주문한 '질레비'라는 과자를 한 접시 들고 온 종업원이 내 탁자를 문지르는 걸레를 본 것이 탈이라면 탈이었을 것이다. 그 것은 아무리 보아도 분명 걸레였다. 때가 너무 찌들어 있어서 원 래의 색깔을 도무지 짐작할 수 없을 정도였다. 나는 식욕을 상실 하고 종업원의 행동을 은밀하게 추적하기 시작했다. 그는 내 눈 치 따위는 아랑곳하지 않고 주방으로 가서 설거지를 끝낸 식기 들에 묻어 있는 물기를 아주 자연스럽게 그 걸레로 정성스럽게 도 닦아내었다. 나는 앞에 놓인 과자보다도 그것을 담은 접시에 온 신경을 집중하여 뚫어져라 살펴보고 또 살펴보았다.

얼마나 지났을까. 문득 누군가가 어깨를 툭툭 치는 것 같은 느 낌이 들어 고개를 들어보니 어느 틈에 그 종업원이 다가와 나를 의아한 눈빛으로 바라보고 서 있었다. 이 음식은 아주 맛있는 것 이다. 그런데 왜 먹지 않느냐? 아주 서툴기 그지없는 영어였지 만, 아마도 그가 한 말의 내용은 대강 그러했을 것이다. 내키지 는 않았지만, 남의 호의를 너무 무시하는 것도 도리는 아니다 싶 어 과자 한 개를 집어 조심스럽게 입에 넣었다. 달았다. 아무리 단맛을 좋아하는 사람일지라도 거부감을 느낄 만큼 지나치게 달았다. 혀에는 달았지만, 당연히 진정한 맛을 느낄 수는 없었 다. 그럼에도 불구하고 예의상 엄지손가락을 치켜세워 보여준 것이 기뻐서 그랬는지, 그는 남은 과자를 봉지에 싸서 가게 문

밖까지 따라 나와 거듭 사양하는 내 손에 기어코 들려주고서야 돌아섰다.

여하튼 일단은 즐거웠다. 보이는 것만을 보려고 하다가는 자칫 마음이 상하기 쉬운 곳에서 쉽지 않게 느낀 푸근함이었다. 비록 주머니에 넣은 그 과자 봉지를 다시 열어보지 않고 적당히 처리하는 무례를 범하고 말았지만, 왠지 모르게 인도가 한층 더 다정하고 편안하게 느껴지기 시작했다.

기차는 거의 자정이 다 되어서야 기적을 울리며 거대한 몸체를 플랫폼에 들이밀었다. 이제 더 이상 밤기차의 덜컹거리는 침대도 불편하지만은 않을 듯싶었다. 비로소 푸근한 어둠이 만져지고 맑은 별빛이 보이기 시작할 것도 같은 설렘이 피로에 지친 마음 한구석에 고이기 시작했다.

바라나시라는 불가사의

이곳을 보지 않았다면 인도를 본 것이 아니다. 진정 인도의 영혼을 느껴보려면 이곳에 가야만 한다. 바라나시! 인도에서 가장 성

영혼의 연기 하늘로 피어오르는
바라나시

스러운 곳. 가장 인도적인 도시. 현재 사람이 살고 있는, 세계에서 가장 오래된 도시 중의 하나. 이렇듯 많은 찬사를 받는 곳이 바로 다음 여행의 목적지라는 사실만으로도 이미 여행은 한층 즐겁고도 진지해지는 것 같았다. 우리에게 『톰 소여의 모험』으로 널리 알려진 미국의 유명한 소설가 마크 트웨인은 60살이 되던 1895년 증기선을 타고 강연 여행을 떠났다. 프랑스에서 출발해 남아프리카, 인도, 스리랑카, 뉴질랜드, 피지, 오스트레일리아, 하와이 등을 거치는 1년 동안의 여정이었다. 그의 『19세기 세계 일주』라는 책에는 "바라나시는 역사보다도, 전통보다도, 심지어는 전설보다도 오래되었으며, 이 모두를 합쳐 놓은 것보다도 2배는 더 오래되어 보이는 도시다"라고 이곳의 인상을 명쾌하게 피력해 놓고 있다.

그곳에 가면 왠지 일상에서는 보기 힘든 의미 있고 심오한 철학적 풍경들이 곳곳에 널려 있을 것만 같았다. 상념으로 몇 번 몸을 뒤척인 것 같은데, 어느덧 창밖으로는 부옇게 여명이 밝아오고 있었다. 나무였다. 범상치 않아 보이는, 외양은 메말라 앙상하나 엄숙한 영혼을 소유하고 있을 것만 같은, 마치 수선스러운 육신의 욕망을 최대한 떨쳐 내고 오로지 최소한의 영혼만을 무게 삼고 있는 사두Sadhu, 聖者의 모습처럼 초탈한 이미지의 표상을 지닌 나무였다. 그렇게 바라나시의 첫인상에 황량한 새벽

바라나시 가는 길.
새벽 기차 창밖에 홀로 서 있는 나무의 모습이
마치 속세를 초탈한 성자와 같다.

벌판에 외로이 선 안개 속의 나무가 새겨졌다.

독특한 인도 전통 양식의 건물인 바라나시 정선역에 도착한 것은 이른 아침이었다. 바루나Varuna강과 아씨Assi강이 갠지스강과 만나는 지점에 있는 바라나시는 이 두 강의 머리글자를 따서 지은 이름이다. 무굴 제국 시기에 아우랑제브 황제에 의해

영혼의 연기 하늘로 피어오르는
바라나시

142

바라나시 정선역 건물과 플랫폼.
건물 지붕의 탑에 조성되어 있는 수레바퀴가 주목을 끈다.
수레바퀴는 자이나교, 힌두교, 불교 등에서
중요한 의미를 지닌 상징물이다.

베나레스Benares라는 이름으로 바뀌어 영국 통치 시기까지 그대로 불리다가 인도 정부에 의해 1956년부터 바라나시라는 이름이 사용되기 시작했다 한다. 오토릭샤에 부스스한 몸을 얹고 달린 끝에 도착한 숙소는 시설은 매우 허름했지만, 창밖 안뜰에는 보랏빛 달리아가 반가움을 탐스럽게 피워 물고 서서 지친 나그네의 마음을 다독여 주고 있었다. 그 여유로움 속에서 한나절 남짓 뒹굴며 지친 몸을 대강 추스르고 나서 여행자 거리라고 알려진 고돌리아로 향했다.

그런데 거리는 상상을 초월할 만큼 복잡했다. 철길을 가로질러 구시가지를 향해 직선으로 뻗어 있는 대로는 행인과 자전거와 오토바이와 소떼들과 싸이클릭샤와 오토릭샤와 자동차들이 한데 뒤엉킨 채 거의 오도 가도 못 하고 있는 형국이었다. 거기다가 저마다 울려대는 경적과 안개 같은 매연과 건조하고 후텁지근한 대기가 더해져서 끝이 보이지 않을 것만 같은 극도의 무

영혼의 연기 하늘로 피어오르는
바라나시

질서와 혼잡을 연출하고 있었다. 오토릭샤의 딱딱한 의자에 앉아 기약할 수 없는 그 혼란 속에 갇혀버린 마음에는 조바심이 폭발할 듯 끓어올랐다. 나는 릭샤왈라에게 내려달라고 요구했다. 차라리 걸어서 가는 편이 나을 듯싶었다. 그러나 그는 습관적이다 싶을 정도로 연신 "노 프러블럼No Problem"을 외치며 경적을 울려댔다.

그때, 한껏 짜증스러움에 일그러져 있던 내 시야에 특이한 광경이 잡혔다. 저만치 뒤처진 자동차 지붕 위에 비단과 꽃에 싸인 무엇인가가 줄로 매어 실려 있었다. 놀랍게도 그것은 시신이었다. 지금 강가로 화장을 하러 가는 중이라고 릭샤 운전수가 무거운 어조로 말했다. 나는 참으로 야릇한 느낌에 사로잡혔다. 죽은 자와 함께 가는 길이라니. 지금 등 뒤에서 우리를 지켜보고 있는 망자는 과연 어떤 생각을 하고 있을까. 조금이라도 더 빨리 길을 서두르기 위해 안절부절못하고 있는 산 자들의 모습을 향해 무어라고 외쳐대고 있을까. 그는 그림자였다. 산 자들 누구나가 보이지 않게 등 뒤에 이끌고 다니는 숙명의 그림자였다. 어느 결엔가 마음속에 자욱했던 조바심과 짜증이 소멸되어 버렸다.

고돌리아 거리 주변은 가늠하기 어려울 정도로 복잡한 골목길이 실핏줄처럼 뻗어 있었다. 몇 군데의 상점들을 기웃거리다가 다시 오던 길을 되돌아 나가려고 했으나, 도무지 방향을 가

바라나시의 거리.
차 지붕 위에 시신을 싣고 운구하는 모습이 보인다.
이곳에서는 종종 이런 광경을 볼 수 있다.

늠할 길이 없었다. 그곳에 발을 들여놓은 순간, 이미 공포와 스릴이 넘치는 미로 속으로 빠져들게 된 것이다. 그토록 단아한 영혼의 내면에 이토록 복잡하게 뒤얽힌 골목길을 내장처럼 간직하고 있을 줄이야. 얼핏 보아서는 사람이나 겨우 비켜 지나갈 수 있을 정도로 좁고 구불구불한 그 골목 안에는 말 그대로 없는

영혼의 연기 하늘로 피어오르는
바라나시

게 없었다. 어쩌면 인도 민중들의 적나라한 삶을 가장 가까이에서 만져볼 수 있는 곳일지도 모른다는 생각이 들었다. 골목 어귀에서부터 늘어선 비단 가게가 끝이 없었다. 바라나시의 명물은 단연 비단이다. 그 옛날, 부처가 태자 시절에 입었던 비단옷이 이곳에서 생산된 것이었다고 전해질 만큼 그 명성은 전통 깊다. 그 밖에도 각양각색의 장신구며 기념품을 파는 가게들과 역겨운 향신료 냄새를 진하게 풍겨대는 식당들이 골목을 가득 점령하고 있었다.

그리고 까닭 모르게 이방인을 쫓아 몰려다니는 맨발 소년들의 무리, 바닥에 주저앉아 있다가 무차별적으로 행인의 바짓가랑이를 잡아당기며 어둠 속에서 손을 내미는 걸인들, 쓰레기 더미를 헤치는 소떼들과 개떼들, 요란하게 경적을 울려대며 곡예하듯 질주하는 자전거와 오토릭샤들의 행렬 등이 어두침침한 골목 곳곳을 점령하고 있었다. 어찌 보면, 그 모든 것들이 다 연출 없이 배치된 소품들처럼 아주 자연스럽게 생동감 넘치는 모습을 자아내고 있는 것 같았다. 좁은 골목이 연출해 내는 거대한 풍경. 나는 바라나시의 감추어진 얼굴을 몰래 훔쳐본 것처럼 내내 흥분에 사로잡혔다.

아, 갠지스

얼마나 지났을까? 지친 발길 끝으로 호기심마저 떨어져 내려 밟히고 막연한 공포감이 다리에 휘감길 무렵, 문득 저 어둠 끝으로 네모진 빛줄기가 대문짝처럼 열려 있는 것이 보였다. 출구가 없을 것만 같던 그 어둠의 방에서 드디어 빠져나올 수 있게 된 것이다. 그리고 그 빛의 문턱을 넘는 순간, 눈앞에는 완만하게 굽이쳐 흐르는 거대한 강줄기가 마치 파노라마처럼 펼쳐져 있었다. 명실상부한 인도의 젖줄, 강가^{Ganga}(갠지스의 힌디어 명칭)였다. 히말라야산맥의 강고트리 빙하에서 발원하여 기름지고 광활한 갠지스 평원을 가로지르며 남동쪽 벵골만에 이르기까지 장장 약 2,500km를 흐르면서 그 유역에서 약 5억 명의 인구를 부양하고 있는 거대한 생명의 물줄기. 유서 깊고 찬란한 힌두 문명의 발원지이자 융성의 터전으로서, 장구한 세월 속에서 명멸해간 숱한 왕조들의 부침을 지켜보며 그 세세한 사연을 깊고 넓은 가슴에 묻은 채 말없이 흐르고 있는 인도 역사의 산증인. 태초의 신화 속에서 발원하여 천상계^{天上界}를 흐르던 성스러움이 현재까지도 신앙심 강한 힌두인들의 가슴속에 이어져 흐르며 위대한 어머니로 숭배되는 절대 신성의 대상. 그냥 그 이름만으로도 왠지 성스러운 강, 강가!

영혼의 연기 하늘로 피어오르는 바라나시

갠지스강의 아침 풍경.
종교적인 정화를 위한 목욕 모습이 매일 아침마다 이어진다.
세속적으로는 수질 오염이 극에 달한 죽음의 강이지만,
힌두인들에게는 오염된 영혼을 맑게 씻어 주는
신의 품과 같은 성스러운 장소이다.

그런데 신성보다도 더 강한 것이 문명인지도 모른다. 세월이
흐르는 동안 어쩔 수 없이 서서히 유입되는 문명을 막을 길 없던
이곳 역시 현재는 수질 오염이 극에 달한 죽음의 강으로 전락하
고 말았다. 각종 생활 쓰레기들과 배설물과 타다 만 시체 조각들
이 시커멓게 가라앉아 버린 물빛 위로 악취를 풍기며 부유하고
있다. 이를 목격해야만 하는 여행자들은 일순간 안타까움과 참
담함을 가늠할 길이 없다. 신성불가침의 성역이요, 난공불락의
경지처럼 회자되는 힌두의 신성과 전통, 그 절대적 신비의 원형
을 고스란히 품어 길러내고 있다는 인도의 영혼 바라나시도 언
젠가는 한낱 전설로 막을 내리고 말 것인가. 그러나 문명도 침범
하지 못하는 것이 있다면, 최후의 그것은 영혼일 것이다. 만약
그 진솔한 모습을 적나라하게 보고 싶다면, 떠오르는 태양이 물
빛을 붉그레하게 물들일 무렵 이 강가로 오면 된다. 이곳에는 매

영혼의 연기 하늘로 피어오르는
바라나시

일 아침 어김없이 수만 명의 힌두교 순례자들이 몰려든다. 그들은 죄를 씻고 소원을 빌고 신의 축복을 받기 위해 이 강물에 경건한 자세로 목욕을 하고, 성수聖水로 사용하기 위해 떠가기도 하며, 심지어는 마시기까지 하는 충격적이고도 신비한 광경을 연출한다. 세속적인 눈으로는 감히 무어라 규정하기 어려운, 그저 놀랍고 장엄한 광경이다. 굳이 말하자면, 이것은 바라나시의 불가사의한 맨얼굴쯤 될 것이다.

　이 강기슭에는 종교적인 정화를 위한 일종의 목욕 계단인 가트Ghat가 약 100여 개나 조성되어 있다. 가트란 강이나 바다에 물과 맞닿도록 조성해 놓은 계단식의 친수 공간인 셈이다. 실질적인 바라나시 여행의 중심지는 누가 뭐래도 역시 이곳이다. 좀 과장한다면, 이곳을 어슬렁거리는 것만으로도 바라나시를 거의 다 본 셈이 될 것이다. 그리고 바라나시를 본 것만으로도 인도를 거의 다 본 셈이 될 것이다. 고즈넉한 일출과 목욕 인파의 광경을 꿈결처럼 볼 수 있는 아침의 신비로부터, 곳곳에 자리 잡고 앉은 수행자들의 초연한 모습과 유유히 떠다니는 보트들의 모습을 바라보는 것만으로도 평화가 느껴지는 한낮의 한가로움, 천상 세계를 향해 피어오르는 화장터의 연기가 유독 푸르게 짙어질 무렵이면 세상의 온갖 누추함을 다 지우며 강물과 땅을 온통 한빛으로 물들이는 저녁놀의 경건과 처연함, 어둠 속에서 더

아르띠를 파는 남자.
작은 종이 접시 위에 꽃과 촛불을 담아 강에 띄우고
소원을 비는 예물이 아르띠이다.
사람들이 띄운 아르띠가 저마다의 염원을 안고
강물 위에 떠다니고 있다.

욱 찬란하게 밝혀지는 뿌자의 등불과 강물 위에 꽃잎처럼 띄우
는 소망의 촛불 아르띠의 황홀한 반짝거림에 이르기까지 시시
각각으로 변하는 오묘한 표정이 여행자의 발길을 쉽게 놓지 않

영혼의 연기 하늘로 피어오르는
바라나시

을 것이다.

　강의 하류인 북쪽에는 마라비야 철교가 놓여 있고, 가트들은 주로 구시가지가 자리 잡고 있는 서편 강기슭을 따라 남쪽으로 내려오면서 설치되어 있다. 그 주변에는 힌두 사원들과 이슬람 사원인 모스크들이 자리 잡고 있으며, 항상 많은 인파로 북적이는 골목길이 헝클어진 머리카락처럼 어지럽게 뻗쳐 있다. 특히, 강에서 시작되고 강에서 끝나는 이곳의 골목길은 남다른 의미

갠지스강에 아르띠를 띄우고
소원을 비는 적나라한 모습이
숙연함을 자아낸다.

가 있어 보인다. 시가지와 가트를 이어 주는 통로로서 수많은 사
람들을 강가로 뱉어냈다가는 다시 빨아들이곤 하는 그것은 어
찌 보면 자신에게 의지하여 삶을 영위해가고 있는 민중들에게
수액을 공급해주며 도시를 지탱하고 있는 거목의 잔뿌리와도
같았다.

　빤치강 가 가트는 다섯 줄기의 강이 합류한다는 의미를 가지
고 있는 곳이다. 바로 위에 우뚝 솟아 있는 알람기르 모스크는

무굴 제국의 아우랑제브 황제가 이곳을 점령했을 때 라마 사원을 파괴하고 그 자리에 건설한 것이라 한다. 바라나시는 2000여 년이 넘은 고대 도시임에도 불구하고 300년 이상 된 건물이 거의 없다고 한다. 그것은 이 도시가 겪은 적지 않은 수난을 말해 주는 증거일 것이다. 장구한 세월 동안 철학과 예술과 교육의 중심지로서 부흥기를 구가하던 이 도시는 1194년부터 이슬람 세력인 무굴 제국의 통치하에 놓이게 되면서 암흑기를 맞이하게 된다. 점령자들은 많은 힌두 사원을 파괴하고 학자들을 박해했다. 특히 아우랑제브 황제는 기존의 거의 모든 사원을 파괴하고 이슬람 사원을 세우는 등 가장 혹독한 통치를 자행했다고 한다. 오랜 세월이 지난 뒤에 마라타족에 의해 다시 부흥의 길을 걷게 된 이 도시는 영국 점령 시기에 상업과 종교의 중심지로 자리를 잡게 되었다. 이런 배경 때문에 오늘날까지도 힌두와 이슬람 양대 세력 간의 종교적 갈등이 잠재되어 있어 긴장감이 높은 곳으로 꼽힌다.

갠지스의 심장,
노천 화장터

인도의 심장이 바라나시라면, 바라나시의 심장은 갠지스이고, 갠지스의 심장은 노천 화장터이다. 여행자들 사이에서 인도 하면 떠오르는 대표적인 곳이 바라나시라면, 바라나시 하면 가장 먼저 떠오르는 상징적 장소는 단연 노천 화장터일 것이기 때문이다. 따라서 여행자들의 호기심이 가장 많이 집중되는 곳이 바로 화장터로 이용되고 있는 마니까르니까 가트이다.

　가트 주변에는 화장 때 사용할 나무 장작이 산더미처럼 쌓여 있고, 순서를 기다리는 주검들이 색색의 비단에 싸인 채 줄지어 놓여 있다. 화장은 가트 바로 아래 강기슭 갯벌 위에서 이루어진다. 주변은 고인의 친지들과 구경꾼들이 뒤섞여 복잡하기 그지없고, 거기다가 소나 염소, 개 등의 동물들이 근방을 맴돌며 넘성거리다가 시신에 덮여 있는 꽃을 할짝거리기도 한다. 여행자들이 가까이 다가가 구경하는 것을 특별히 제지하지는 않으나, 사진을 찍는 것은 거의 금기시되어 있다. 그러나 잠시 후면 어디서 나타났는지 낯선 호객꾼이 다가와 사진을 찍게 해주겠다며 돈을 요구한다. 인도에서는 공짜 친절은 거의 없다. 짐을 들어다 주겠다느니, 화장실을 안내해 주겠다느니 등등 원하지도 않았는데 먼저 제의해 오는 친절에는 대개 비용이 매겨져 있다고 보면 될 것이다.

갑자기 바람의 방향이 바뀌어 연기가 군중들 속으로 날아가면 사람들이 저마다 손으로 코를 막고 표정을 일그러뜨리느라고 한바탕 소란이 인다. 그럼에도 불구하고 대부분의 여행자들은 처음 보는 이 기이한 광경에 사로잡혀 시작에서 끝까지 전 과정을 꼬박 서서 구경하게 된다.

가트 입구 골목에서는 연신 비단에 싸인 시신이 실려 있는 대나무로 만든 들것을 네 명의 인부가 둘러메고 "람람 삭떼 행 람람 삭떼 행(신은 알고 계신다)"이라는 힌디어를 외치며 운구해 온다. 그런 다음에는 정화 의식의 하나로 우선 강물에 시신을 담근다. 그리고 장작더미 위에 머리를 서쪽으로 향하게 시신을 올려놓는다. 유족 대표가 시신을 몇 바퀴 돌면서 마지막 이별 의식을 행하는 동안 가까이 접근하는 것이 금지된 여자들은 먼발치에서 눈물을 훔친다. 드디어 장작더미에 불을 붙이면 한 생이 몇 줄기의 연기로 승천하기 시작한다. 세상을 살아가는 동안 언젠가 한 번쯤은 이곳에 와 목욕을 하고 신의 축복을 빌었을 누군가가 마지막으로 다시 이곳에 와서 생을 마감하고 있는 것이다. 힌두교에서 화장은 영혼의 정화 의식이라 한다. 힌두들은 갠지스가 곧 신이라고 믿는다. 따라서 죽은 뒤 화장을 한 재가 강에 뿌려지면 그 정화된 영혼이 신의 품에 안겨 구원을 받게 된다는 것이다. 그런데 정화할 필요가 없는 순수한 영혼의 소유자라 여기는 승려나 아이 등의 시신은 그냥 물에 흘려보내 수장한다고 한다.

긴 대나무 장대를 든 인부가 시신이 빨리 타도록 이리저리 뒤집다가 다 타면 비로 재를 쓸어 담아 강물에 던진다. 장작을 추가로 사지 못한 가난한 시신은 타다 만 채로 강물에 던져지기도 한다. 저승 가는 데에도 빈부 차이가 있는 것이다. 화장이 끝나고 나서 타다 남은 장작은 물을 뿌려 불을 끄고 골라내어 포대에 담아 가져간다. 다시 팔면 돈이 되기 때문이다. 이러한 화장의 전 과정은 대략 2시간여 정도 걸린다. 길든 짧든, 부자든 가난한 자든, 귀족이든 천민이든 그 누구를 막론하고 생을 마지막으로 정리하는 데는 고작 그 시간이면 충분하다. 더 많이 소유하기 위해 집착과 탐욕으로 일관하는 삶이 얼마나 어리석고 허망한 것인가 하는 깨달음으로 휘청거리게 되는 데에도 그 시간이면 충분한 것이다. 현기증 나게 소름 끼치는 각성의 시간이 강물과 더불어 그렇게 흘러가고 있었다.

영혼의 연기 하늘로 피어오르는
바라나시

하시찬드라 가트의 노천 화장터.
한 줄기 푸른 연기로 날아가는 망자
의 육과 영혼이 남은 자들에게 생의
허무와 비의에 대해 적나라한 깨달
음을 주는 흔치 않은 곳이다.

다샤스와메드 가트의
뿌자

한편, 아침부터 저녁까지 가장 많은 인파가 붐비는 곳은 다샤스
와메드 가트이다. 창조의 신 브라흐마가 10만여 마리의 말을 바
쳐 제사를 지낸 곳이라고 전해지는 이곳에서는 저녁에 화려한
뿌자^{Puja}(힌두 예배 의식) 의식이 행해진다. 한낮이라 그런지 아주
많지는 않지만, 사두^{sadhu}(수행자)에서 걸인까지 각양각색의 사람
들이 곳곳에 진을 치고 앉아 행인들을 상대로 무언가 말을 걸고
몸짓을 한다. 가트 아래 강에는 크고 작은 보트들이 손님을 기다
리며 낡은 몸체를 흔들고 있었다. 좀 더 강가의 체취를 적나라하
게 느껴 보기 위해 자그마한 나무 보트를 빌려 타고 강 가운데로
나아갔다. 보트의 노를 젓는 사공은 이곳 바라나시 출신으로서
약관 20세의 모누^{Monu}라는 청년이다. 우리가 오늘의 첫 손님이
라며 맑은 표정으로 반가움을 표시했다. 요즘은 보트가 많아져
서 하루에 손님을 세 번 만나기도 어렵다며 온몸을 움직여 노를
젓는 그의 모습이 일면 고단하고 측은해 보였다. 강물은 검게 죽
은 물빛과 비릿한 물비린내와 각종 부유물들로 몹시 혼탁했다.
탁한 강물을 거슬러 노를 저으며 살면서도 저토록 맑은 마음을
간직하고 있는 비결은 무엇일까?

강 건너편에는 제법 넓고 흰 모래밭이 길게 펼쳐져 있었다. 새로운 땅에 대한 호기심도 충족시키고 힘들어 보이는 그도 쉽게 할 겸 그곳에 가자고 제안했다. 그러나 그는 왠지 썩 좋아하는 것 같지 않은 눈치였다. 대답 대신 그는 얼마 전에 한국인 여행자가 그곳에 있는 외딴 민가에 갔다가 납치되어 재물을 강탈당하고 죽었다는 이야기를 들려주었다. 그의 충고가 일단 고마웠다. 모래밭에는 강에 그물을 던져 고기를 잡는 아이가 있었다. 그가 올린 어획고는 고작 골끼라는 작은 민물고기 두 마리가 전부였다. 그런데도 그의 표정은 그리 불만스러워 보이지 않았다. 아하, 여기가 바로 바라나시, 그중에서도 갠지스가 아닌가. 어느덧 어떤 깨달음이 얼치기 여행자의 가슴까지 적시고 있었다.

어느새 강물 위에도 놀이 물들고 있었다. 각종 사원들의 뾰족탑과 둥근 지붕을 실루엣으로 남겨둔 채 바라나시의 태양이 또 하루를 강물에 빠뜨리고 있다. 건너편 마니까르니까 가트와 하리시찬드라 가트의 화장터에서 피어오르는 연기가 한층 푸르게 물들어간다. 처연하다. 이 모든 풍경이 왠지 마음을 착잡하게 한다. 배를 저어 다시 다샤스와메드 가트에 내렸다. 어둠이 짙어질수록 불빛과 소리들은 더욱 화려하게 살아난다. 뿌자 의식은 한마디로 소리와 불의 제전祭典이다. 이 성스럽고 화려한 의식에 참여하기 위해 몰려든 힌두들과 구경꾼들이 인산인해를 이루고

영혼의 연기 하늘로 피어오르는
바라나시

있었다. 가설무대처럼 꾸며 놓은 기둥 꼭대기에는 우산 모양의 불이 색색으로 밝혀지고, 그 아래 매달린 긴 줄을 잡아당겨 넋이 빠질 정도로 종을 끊임없이 울려댄다. 때를 맞춰 붉은 옷을 입은 젊은 제관 다섯 명이 제단에 등장하여 위대한 신의 상징인 강가를 향하여 각종 제구들을 차례로 받들어 바치며 경배를 한다. 스피커를 통해서 울려 퍼지는 구성진 기도 소리가 어둠 저편을 향해 메아리처럼 번져 나간다. 강물 위에는 사람들이 각자의 소망을 담아 정성스럽게 아르띠(촛불 접시)를 띄우고 있다. 태초로부터 날마다 명멸을 거듭해 온 밤하늘의 무수한 별들처럼, 밤 강물 위에 점점이 흩뿌려 놓은 저 불꽃들의 간절한 깜빡거림도 어둠이 다하지 않는 한 언제까지고 지지 않을 것만 같았다.

늦은 저녁, 지친 발걸음을 달래기 위해 골목을 비집고 들어선 어느 카페에서는 때마침 인도 전통음악 연주 소리가 울려 퍼지고 있었다. 따불라라는 북과 사랑기라는 현악기를 두 명의 악사가 각각 연주하고 있었다. 그들은 지그시 눈을 감고, 때론 온몸을 격렬하게 흔들며 소리의 황홀경에 취해 무아의 경지에 몰입해버린 듯한 모습을 연출하고 있었다. 끊어질 듯 가늘게 이어지며 고음과 저음의 극한을 섬세하게 넘나드는 그 선율은 너무나도 처연하여 듣는 이의 마음을 옥죄는 듯하였다. 사랑기 연주자의 손끝에서 피어오르던, 깊이도 없을 듯한 우수를 쏟아내던 그

뿌자.
강가강의 다샤스와메드 가트에서 행해지는 이 힌두 예배 의식은
어둠 속으로 엄숙하게 피어오르는 소리와 불의 제전이다.

선율은 노천 화장터의 푸른 연기처럼 애잔하게 흔들리고 있었다. 어쩌면 육탈의 마지막 순간에 망자가 남기고 싶은 사연을 안고 승천하는 영혼 같은 것이었는지도 모른다. 여행자의 영혼을 위태롭게 흔들던 바라나시의 깊은 어둠이 그렇게 흘러가고 있었다.

영혼의 연기 하늘로 피어오르는
바라나시

사랑과
야망의
격전장,

고도古都

아
그
라

아그라의
첫인상

여행은 만남이 아니라 이별이다. 지금 내가 가고 있는 나그네 길도, 그리고 인생마저도 결국은 이별인 것을. 바라나시에서 만난, 그 많은 이름 모를 이별들은 그동안 용케도 참아왔던 감상을 한꺼번에 밀려오게 하고 말았다.

다시, 덜컹이는 밤기차의 고단한 숨결 위에 얹힌 내 영혼도 덩달아 흔들리고 있었다. "잊어버려야만 한다/ 진정 잊어버려야만 한다/ 오고 가는 먼 길가에서/ 인사 없이 헤어진 지금은 그 누구던가."(조병화,「하루만의 위안」부분). 꽤나 먼 시절, 사춘기의 공허감을 주체하지 못하고 무작정 몸을 싣곤 했던 밤기차나 시외버스 차창에 기대앉아 펼쳐 들곤 했던 그 시를 이 낯선 곳에서 새삼스럽게 다시 만나다니. 바라나시를 이별하기 위해 뒤척이던 그 새벽을 나는 그렇게 센티멘털하게 이별하고 있었다.

어차피 한곳에 머무를 수 없는 것이 나그네의 숙명이라면, 그렇게 어딘가를 향해 떠나야만 한다면, 어느 시인의 말처럼 "이제 자기의 문에 이르기 위해, 수많은 열리지 않는 문들을 두드리기 위해"(류시화, 「여행자를 위한 서시」 부분) 과감하게 미망未忘을 떨쳐버리는 수밖에 없을 것이었다. 그리고 보니 인도는 한 걸음 한 걸음이 다 문門이다. 과연 이 여행의 끝자락 어디쯤에서 내 문을 만나기나 할는지. 그때까지 얼마나 더 많은 이별을 만나야 할는지.

사실, 바라나시를 떠나기 전 인도 지도를 펼쳐 놓고 다음 여정 때문에 다소 고민을 했다. 바라나시의 그리 멀지 않은 외곽에 있는 불교 성지 사르나트Sarnath를 잠시 둘러보고 나서는 보드가야Bodhgaya나 나란다Nalanda, 라즈기르Rajdir 같은 불교 유적지를 방문하고 싶은 호기심이 만만치 않게 끓어올랐기 때문이다. 그뿐만 아니라, 인도의 시성詩聖 라빈드라나뜨 타고르의 유허가 있는 꼴까따Kolkata와 샨띠니께딴Shantiniketan, 인도 북동부 시킴 왕국의 중심지였던 히말라야 자락의 휴양 도시 다르질링Darjeeling에 대한 동경심도 그에 못지않았다.

그러나 결국 그곳들에 대한 미련은 일단 접기로 했다. 그렇게 많은 욕심을 낼 만큼 내 여정이 무한한 것도 아닐 뿐만 아니라, 마음을 가볍게 비우기 위해 떠난 여행을 욕심에 눌려 오히려 더

사랑과 야망의 격전장, 고도(古都)
아그라

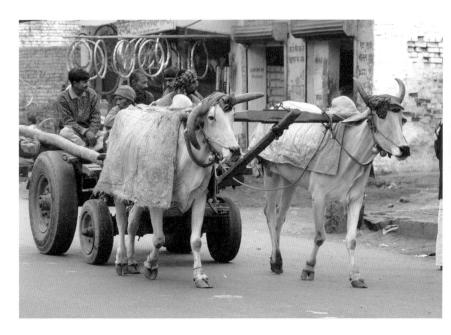

아그라 거리의 우마차.
언젠가는 자취를 감추고 말 교통수단이지만,
아직은 인도를 인도스럽게 태우고 다니는 모습이
일견 정겹다.

무겁게 만드는 우를 범하고 싶지 않아서였다. 또한, 언젠가 그
매력적인 동부 지역을 기어이 밟고야 말리라는 막연한 기약으
로 마음을 달랬다. 그 대신 현대 인도의 심장 델리 근교와 독특
하고 유서 깊은 라자스탄 문화가 펼쳐져 있는 서부 인도를 향해
발길을 돌리기로 했다. 그러고 보면 여행은 선택이 아니라 버리

는 것인지도 모른다.

　바라나시 정선역을 출발하여 장장 617km를 달려온 밤기차가 아그라 칸트역에 도착한 것은 다음 날 새벽 다섯 시가 조금 넘은 미명未明이었다.

　아그라Agra는 현재 인구 이백만여 명 정도의 공업 도시로 전락해 있지만, 그 옛날 17세기 무렵에는 명실상부한 무굴 제국의 수도로서 전성기를 구가하던 고도古都이다. 인도 최고의 세계적인 유적지 타지마할을 비롯하여 무굴 제국 3대 황제인 악바르의 무덤과 고색창연한 아그라성 등 곳곳에 매력적인 유적들이 산재해 있어 그 명성을 잘 입증해 주고 있다.

　그런데 여행자를 맞이하는 아그라의 첫인상은 그리 찬란하지도 유쾌하지도 않았다. 대부분의 여행자들은 세계적인 불가사의로 꼽힐 만큼 장엄한 타지마할의 하얀 대리석이 그에 얽힌 지순한 사랑처럼이나 찬란하게 빛나고 있을 것이란 낭만적인 상상에 들떠 이 도시에 첫발을 내디디게 될 것이다. 그러나 실상 이 도시에서 여행자가 처음 만나게 되는 것은 그 아름다운 사랑의 전설이 아니라, 질식할 정도로 숨 막히는 대기 오염에 찌든 현실이다. 이곳의 거대한 중화학 공업단지에서 내뿜는 매연은 타지마할의 대리석 피부를 부식시켜 얼마 뒤에는 그 생명을 위협할지도 모른다는 위기감이 정부 당국을 당혹스럽게 하고 있을 정도라 한다.

비록 겨울이라 할지라도 인도의 한낮 기온은 우리네 여름에 버금갈 정도로 무덥기 그지없다. 후텁지근한 대기와 얼버무려진 매연은 눈을 뜨고 있기조차 어려울 정도로 독했다. 숨이 막히고 눈이 따끔거려 거리를 활보하기가 어려웠다. 그것은 마치 우리네 독재정권 시절에 일상처럼 들이마시며 분노의 눈물을 찔끔거려야만 했던, 유쾌하지 못한 최루탄의 추억을 떠올리게 했다. 나는 우선 약국을 찾아 나섰다. 아쉬운 대로 입마개라도 구해서 위기를 모면해 보려는 속셈이었다. 그러나 그것도 뜻대로 되지는 않았다. 거리를 꽤나 헤맸지만, 결국 그것을 구할 수는 없었다. 이제는 시쳇말로 이판사판 몸으로 때우는 수밖에는 없었다.

그래도 이곳에 온 이상 타지마할의 장엄하고 아름다운 자태를 감상하지 않을 수는 없는 노릇이 아닌가. 오토릭샤를 빌려 타고 따가운 햇살 속으로 숙소를 나섰다. 그러나 가는 날이 장날이라고 했던가. 그날이 마침 타지마할이 문을 닫는 금요일이란다. 나는 릭샤 운전사가 야속했다. 뻔히 알고 있었을 것인데도 불구하고 얄팍한 장삿속으로 이방인 여행자를 골탕 먹이다니. 항의하는 내게 그는 재미있다는 듯 말없이 싱글벙글 웃기만 했다. 그러고는 숙소까지 다시 자기 차를 타고 가면 어떻겠냐고 태연스럽게 제의를 해왔다. 나는 불쾌한 마음을 가누지 못하고 일언지하에 거절했다. 그리고는 타지마할의 외곽이라도 둘러볼 요량으로 걸음을 옮겼다. 그러나 곧 그것이 어리석은 일임을 깨달았다. 외벽은 높기 그지없었고 그 둘레가 결코 짧지 않았다. 할 수 없이 포기하고 발길을 돌리려고 주변을 두리번거리는데 뒤에서 경적 울리는 소리가 들렸다. 이런! 그였다. 그는 이미 내 행동을 다 예측하고 있었다는 듯이 뒤를 따라와 기다리고 있었다. 이미 인도에서 이런 상황은 처음 겪는 것이 아닌 터라 새삼 그리 놀랄 일은 아니었지만, 여하튼 그 천연덕스러운 뻔뻔함은 감히 대적할 수 없을 만큼 감탄스럽기 그지없었다.

나는 요금을 주지 않겠노라고 강경한 어조로 윽박지른 뒤에 조건부로 그 차에 탔다. 차가 달리는 동안, 그 릭샤왈라는 오늘의 이 일은 모두 내 실수이지 자기 잘못은 아니라고 항변했다. 그리고 또 다른 제의를 해왔다. 사실 타지마할은 이렇게 어중간하게 오는 것이 아니란다. 제대로 구경하려면 시간을 많이 내어 해뜨기 전 새벽에 입장을 하여 노을이 물드는 저녁 늦게까지 둘러보아야 한다는 것이다. 때에 따라 타지마할의 모습이 다르게 변하는데, 그 모습들이 모두 다 나름대로 아름답기 때문이란다. 일리가 있었다. 그는 어쨌든 타지마할에 관한 한 고수였고, 이곳에 대해 초보에 불과한 나는 그것을 인정하지 않을 수 없었다. 내일 새벽에 시간을 맞춰 자기가 내 숙소로 오겠단다. 그리고 오늘은 더 훌륭한 유적지를 안내하겠다고 했다. 때로는 악인도 선의를 베푸는 경우가 있다 했거늘, 사실 초행길이 좀 막막했던 터라 일단 그를 믿어보기로 했다.

낯선 길에서 무작정 남을 믿는 것은 위험한 일이지만, 그렇다고 무조건 남을 불신하는 것도 결코 바람직한 일은 아닐 것이다. 그 운명을 가를 순간의 판단은 순전히 경험과 직관에 의존할 수밖에 없는 것인데, 여행자로서 초보와 고수는 바로 그것에 의해 구분되는 것일 터이다. 물론 대부분을 운에 맡기기 일쑤인 나 같은 얼치기의 판단도 이따금 탁월한 선택으로 귀착되는 경우가 있으니, 너무 두려워만 할 일은 아닐 것이다. 여하튼 생각지도 않은 누군가의 도움을 받는다는 것은 기분 좋은 일이다.

시칸드라와
악바르 황제

릭샤왈라는 친절을 한껏 과장하며 차를 몰아 아그라 북쪽 10km 지점에 있는 시칸드라^{Sikandra}로 나를 데려갔다. 그곳은 무굴 제국 3대 황제인 악바르(1542~1605)의 무덤이 있는 곳이다. 무굴 제국의 가장 위대한 황제로 추앙받고 있는 그의 정식 이름은 '아부 울 파트 잘랄 우드 딘 무하마드 악바르^{Abū-ul-Fatḥ Jalāl-ud-Dīn Muḥammad Akbar}'이다.

악바르는 무굴 제국의 2대 황제인 아버지 후마윤(1508~1556)이 1556년 델리의 도서관 푸라나 킬라 돌계단에서 발을 헛디뎌 넘어져 머리를 다친 뒤 3일 만에 세상을 떠나자, 13살의 어린 나이에 왕위를 계승한다. 그는 제위에 오른 2년 뒤인 1558년, 상서롭지 못하다고 생각한 델리를 떠나 아그라로 천도했다. 어린 나이에 황제의 권좌에 오른 그에게는 수많은 위기와 시련이 닥쳐왔지만, 결국에는 뛰어난 지략과 불굴의 정치력으로 그 모든 것을 극복해 나갔다. 그리고 50년(1556~1605)에 걸친 재위 기간 동안 무굴 제국을 실질적인 대제국으로 융성시키는 위대한 업적을 남긴다. 그는 북인도 전역과 서부의 구자라트, 동부의 벵골, 남부의 데칸지역에 이르는 광대한 지역을 차례로 점령하여 대제국의 기반을 확고히 다지게 된다. 또한 그는 영토 확장뿐만 아니라 과감한 세제 개혁과 이슬람 이외의 종교에 대한 포용 정책 등을 실시하여 정치, 경제, 사회 전반에 걸친 안정을 도모함으로써 제국의 토대를 더욱 굳건히 다져놓았다. 그의 종교 포용책은 이곳의 출입구에 새겨져 있는 이슬람교, 힌두교, 불교, 자이나

사랑과 야망의 격전장, 고도(古都) 아그라

교, 기독교, 딘 이 일라히^{Din-i-Ilahi}(악바르가 만든 혼합 종교) 등 6개의 종교를 상징하는 장식이 잘 증명해 주고 있다.

그런데 재미있는 것은 키가 168cm지나지 않는 단신이었지만 총명과 지성을 겸비한 강건한 지도자로 추앙받고 있는 그가 문맹이었다는 사실이다. 무능했던 부친 후마윤이 토착 세력의 저항과 동생의 공격에 패하여 북인도와 아프가니스탄 지역을 빼앗기고 페르시아로 망명하는 과정에서 태어난 그는 제대로 된 교육을 받을 기회가 없었던 것이다. 아들인 제항기르 황제는 자신의 자서전에서, 모든 종교에 대해 포용력을 가지고 많은 종교의 현자나 식자들과 지속적인 교류를 했던 부친이 문맹이라는 것을 아무도 알지 못했다고 기술하고 있다.

그러나 그는 적재적소에 차별 없이 유능한 인재를 등용시키는 등 뛰어난 정치력을 발휘하여 자신의 무지를 극복하고 장기간에 걸쳐 안정적인 통치를 이어갔다. 그렇지만 권력은 유한한 것이며 허무한 것이다. 이렇듯 훌륭한 인격과 탁월한 정치력으로 찬란한 역사를 일구어냈음에도 불구하고 그의 말년은 불행했다. 그토록 아꼈던 아들 살림(제항기르 황제의 왕자 시절 이름)이 부친인 자신에게 반란을 일으키는 일이 일어난 것이다. 일설에 따르면, 제항기르가 왕자 시절에 자신의 무희 아나칼리에게 정분을 품고 있음을 알게 된 악바르 황제는 그녀를 처형시켜 버렸다고 한다. 이로 인해 제항기르는 악바르 황제에게 앙심을 품게 되었고, 나중에는 부친이 너무 오래 살아 불안함을 느낀 나머지 왕위를 찬탈하려는 반란을 일으키게 된다. 악바르 황제는 그 충격 속에서 헤어나지 못한 채 얼마 지나지 않아 이질에 걸려 결국 파란만장한 생을 마감하고 말았다. 한편, 제항기르는 반란이 실패하자 오르차의 제항기르마할에서 숨어 지내다가 부친이 죽자 무굴 제국의 4대 황제에 등극한다.

아그라 시내를 가로질러 멀리 외곽으로 흘러나가던 야무나강이 북서쪽으로 휘어져 굽이치는 기슭의 평지, 현재 아그라와 델리를 잇는 지방도 옆에 자리 잡은 악바르 황제의 무덤은 평소 그가 좋아했다는 붉은색 사암에 흰색 대리석을 가미하여 페르시아와 인도 양식을 융합시킨 무굴 건축 양식으로 축조되었다. 이 무덤의 건축 계획은 악바르 자신이 생전에 직접 세웠는데, 공교롭게도 막 공사를 시작한 1605년에 그가 죽자 아들 제항기르가 1612년에 완공하였다.

전체적인 구조는 동서남북 사방에 출입문을 건설하고 그 중앙에 관을 안치한 본관 건물을 배치한, 전형적인 무굴의 영묘靈廟 방식을 따랐다. 그런데 사실 이곳은 본관 건물보다도 사방에 세운 출입문이 더 아름답고 예술적이라는 평가를 받고 있다. 특히 그중에서도 주 출입구 역할을 하는 남문은 그 구조와 섬세한 문양의 아름다움이 가장 뛰어나서 여행자들의 눈길을 사로잡는다. 우선 멀리서도 가장 먼저 눈에 들어오는 것은 문의 네 귀퉁이에 세운 높다란 미나르(탑)이다. 높이 23m인 3층의 첨탑들은 늘씬하고 매끄럽게 솟아 있는 흰 대리석의 원통형 몸체 위에 앙증맞은 모자처럼 뾰족한 지붕을 멋스럽게 얹고 있다. 또한 그들은 마치 그 옛날 이곳을 드나드는 사람들을 주눅 들게 했을 근위병처럼이나 한껏 위엄 있는 자태를 과시하며 우뚝 서서 야무나 강의 도도한 물살처럼 굽이치는 세월의 풍상을 굽어보고 있다. 그리고 문의 사방 벽면에는 붉은 사암으로 된 거대한 몸체에 흰색과 검은색 대리석을 이용한 각양각색의 기하학적 무늬와 꽃문양 등이 거의 빈틈없이 수놓아져 있다. 자세히 보면, 문양대로 사암을 파내고 그 자리에 흰색과 검은색의 대리석을 꼭 맞게 다듬어 박아 넣는 특이한 기법을 사용했다. 이것은 타지마할을 비롯한 무굴의 건축물에 일반적으로 이용된 피에트라 두라 기법의 초기 형태로 보인다. 다양한 문양들이 자아내는 섬세한 아름다움도 감탄을 연발하게 하지만, 지극히 단순한 색채의 석재만을 이용하여 연출해 낸 우아하고 화려한 조형미는 자못 신비하기까지 하다. 돌을 목재보다 더 쉽게 다루어낸 솜씨와 더불어 형이상학적 심미안을 지니고 있었던 무굴인들의 드높은 예술적 기질이 그저 경탄스러울 뿐이다.

시칸드라 남문.

악바르 황제의 무덤으로 들어가는 주 출입구로서
네 귀퉁이에 세운 높다란 첨탑이 가장 먼저 눈길을 사로잡는다.
벽면에 상감되어 있는 별은 이슬람의 천국을 의미하는 것이다.
중앙 아치 꽃무늬 가장자리를 둘러싸고 있는 흰 대리석 띠에는
'오, 축복받은 이곳은 천국의 정원보다 행복하구나.
우아한 건물은 신의 권위보다 높으리. 이곳은 천국의 정원,
거기 들어가 영원히 살리라'라는 의미의 글귀가 양각되어 있다.

사랑과 야망의 격전장, 고도(古都)
아그라

시칸드라 서문 벽면 조각.
섬세하고 친밀감 넘치는 질감이 압권이다.
그러나 감히 대황제의 무덤에 연인의 이름을 새겨 넣은 저 불경의,
두려움 없는 사랑이 더 압권인 듯하다.

　　서문의 아름다움도 그에 못지않았다. 웅장함이 남문보다는
못하여 간혹 여행자들이 먼발치로 지나치기 쉬우나, 가까이 다
가가 보면 오히려 섬세함은 여타의 문을 능가하고도 남음이 있
다. 붉은 사암 벽체에 흰 대리석을 사용하여 박아 넣은 문양들
이 남문에 비해서는 단순하기 그지없으나, 대신 벽면과 기둥 가
득 돋을새김한 화병이나 사방연속무늬의 잔잔하고도 친밀감
넘치는 질감은 단연 압권이다. 그것들을 손으로 한 번 어루만지
고 나면, 마치 수줍은 여인의 바람결 같은 섬섬옥수纖纖玉手가 언
뜻 스치고 지나간 듯 나른한 황홀경을 느끼게 될 것이다. 한편,
아쉽게도 북문과 동문은 보존 상태가 너무 허술하여 원형의 윤
곽만 대략 짐작될 정도로 거의 붕괴되어 있어 무상감을 자아내
고 있다.
　　여러 문들을 지나 중앙의 본관 건물 안으로 들어가면 황제의
관을 바닥에 안치하고 그 위에 대리석을 덮은 사각형의 분묘가

시칸드라 본관 건물.
안으로 들어가면 관 위에 흰 대리석을 덮은
사각형 모양의 악바르 황제 분묘가 있다.

단아한 모습으로 조성되어 있다. 땅을 파 매장을 하지 않고 평지 분묘로 처리하는, 전형적인 이슬람의 관습에 따른 것이다. 일설에 의하면 1688년에 일어난 힌두 농민 카스트인 자트들의 반란 때 이곳의 첨탑이 파손됐으며, 보관되어 있던 악바르의 갑옷, 의류, 책들이 모두 약탈당했다고 한다. 바로 악바르의 증손자인 아우랑제브 황제가 선조들과는 달리 강경한 배타적 종교 정책으로 선회한 결과였으니, 역사의 교훈이란 참으로 엄정한 것이다.

불멸의 영혼
타지마할

아그라를 대표하는 유적 중의 유적은 두말할 필요도 없이 타지마할Taj Mahal이다. 그곳은 가보지 않은 사람들조차도 모르는 이가 거의 없을 정도로 유명한, 명실상부한 세계적 문화 유적이다. 나는 이곳에 와보기 전에도 마치 직접 보기라도 한 것처럼 어느 정도는 그 모습이 눈에 선했다. 많은 매체를 통해 타지마할에 대한 정보를 여러 번 접한 터이기 때문이다. 그런데 솔직히 고백하자면, 그럴 때마다 나는 한 줄기 의구심을 떨쳐버리지 못해 온

사랑과 야망의 격전장, 고도(古都)
아그라

것이 사실이다. 이미지가 일정 부분 제한적일 수밖에 없는 사진
이나 영상만으로는 세계 7대 불가사의라는 그 명성이 도무지 실
감 나지 않았기 때문이다. 이럴 때를 염두에 두고 백문불여일견
百聞不如一見이라 했던가. 두말할 필요 없이 정답은 그것이었다.

　이튿날, 나를 태운 오토릭샤는 아직도 아그라 시가지가 깊은
적막 속에 빠져 있는 이른 새벽의 낯선 어둠 속을 어색함 반, 설
렘 반으로 달렸다. 그때까지만 해도 타지마할 가는 길을 왜 이렇
게 서둘러야만 하는 것인지 깨닫지 못했었다. 그런데 벌써 타지
마할 입구 매표소에는 먼저 온 인파가 길게 줄을 서서 장사진을
이루고 있었다. 놀라운 광경은 그뿐이 아니었다. 가히 경탄스러
울 정도로 비싼 입장료가 한동안 입을 다물지 못하게 했다. 인도
현지인의 거의 몇십 배에 해당하는 거금을 징수하고 있는 인도
정부의 차별 정책은 그 자체가 또 하나의 불가사의였다. 거기다
가 금속 탐지기까지 동원하여 그 많은 여행객의 몸을 일일이 구
석구석까지 수색한 뒤 입장시키는 그 철통 검색 또한 놀라울 따
름이었다. 다행히 사진기는 통과되지만, 삼각대를 비롯하여 칼
등의 날카로운 물건은 물론이고 라이터, 성냥, 담배, 껌, 음식 등
도 유적 보호 차원에서 반입을 일절 허용하지 않는다. 테러에 대
비하는 공항 검색대를 방불케 하는 모습이다.

　타지마할은 동쪽, 서쪽, 남쪽에 있는 1차 출입문 중의 한 곳을

통과한 뒤, 다시 뜰의 남쪽에 우뚝 서 있는 거대한 붉은 색 사암 정문에 들어서야만 비로소 그 모습을 볼 수 있다. 이 정문의 천장 아치 주변에는 흰 대리석 바탕에 아름다운 꽃무늬가 아로새겨져 있고, 다시 그 둘레에는 사각형 띠 형태의 흰 대리석에 아랍어로 코란의 경구가 새겨져 있다. 대략 '오, 안식하는 영혼이여. 너의 주님 곁으로 돌아가 하느님으로 기뻐하고, 하느님을 기쁘게 하라. 내가 선택한 종들 속으로 들어와 나의 낙원으로 들라' 정도의 의미라 한다. 붉은색 사암과 대리석으로 건축한 30미터 높이의 정문 문루 위에는 종 모양의 작은 흰색 돔이 11개씩 전후 두 줄로 배치되어 있는데, 이는 타지마할 전체 공사 기간이 22년(1632~1649) 걸렸음을 의미하는 것이라 한다.

이 문을 들어서는 순간, 눈앞에는 푸른 새벽 어스름 속으로 거대한 돔형 지붕이 서서히 그 자태를 드러내는 신비한 광경이 연출되고 있었다. 신새벽을 여는 타지마할의 첫 얼굴은 옅지도 짙지도 않은, 은은한 푸른빛이었다. 일순간, 군중 속에서는 가느다란 탄성이 나지막하게 흘러나왔다. 그 얼굴은 여명이 밝아옴에 따라 서서히 옅은 안개 색으로 변하다가 첫 햇살 속에서 잠시 황금색으로 물드는가 싶더니, 다시 뽀오얀 흰빛으로 살아나 마침내는 눈부신 백옥 피부를 드러냈다. 그것은 차라리 하나의 신비로운 몽환의 과정 같았다. 마력에라도 홀린 듯 한시도 눈을 떼지

사랑과 야망의 격전장, 고도(古都)
아그라

타지마할 전경.
완벽한 좌우대칭의 이 건축물은 지고지순한 사랑의 상징적 장소로
회자되는 아름다운 무덤이다.

못하고 가까이 다가갈수록 점점 더 거대해지고, 한층 더 눈부시게 빛을 발하는 이 위대한 사랑의 무덤!

무굴 제국의 5대 황제인 샤 자한(1592~1666)은 미모와 지성을 겸비한 19살의 아르주만드 바누 베감을 만나는 순간, 깊은 사랑에 빠져 결혼을 한다. 그녀는 '궁전의 꽃'이라는 뜻의 '뭄타즈마할Mumtaz Mahal'이란 칭호를 받을 정도로 황제의 사랑을 독차지했다. 하지만 그녀는 전쟁에 나가는 황제를 따라나서서 1631년 데칸고원의 부란푸르라는 도시에서 15번째의 아이를 낳다가 그만 39살의 젊은 나이로 세상을 떠나고 만다. 총애하던 왕비를 잃고 그 충격으로 하루 만에 머리가 하얗게 셌다는 샤 자한은 세상에서 가장 아름다운 무덤을 만들어 주겠노라 했던 그녀와의 약속을 지키기 위해 야무나강 남쪽 기슭에 그 사랑처럼이나 크고 아름다운 묘 타지마할을 세우기로 결심한다. 세계사에 길이 남게 된 이 초호화 무덤 궁전은 페르시아 출신의 우스타드 이사를 비롯한 인도, 중앙아시아 등지에서 온 건축가들이 설계하였다. 그리고 '마할의 왕관'이라는 의미를 지닌 타지마할은 무려 22년이라는 긴 세월 동안 2만여 명의 인부와 1000여 마리의 코끼리를 동원하고, 4,000만 루피(현재 미화 1달러는 약 40루피)라는 천문학적인 비용을 쏟아부었다고 한다. 그리고 건축 재료는 페르시아, 중앙아시아, 우즈베크, 이탈리아, 프랑스, 라자스탄 등지에서 수입한 대리석과 각종 보석돌이 총동원되었다고 한다.

정문을 막 들어서서 처음으로 마주하게 되는 풍경은 한 변이 305m인 정방형 정원이다. 이곳은 열십자처럼 교차하도록 배치한 수로에 의해 땅이 정확히 4등분 되어 있는 전형적인 무굴 양식 정원이다. 이슬람교에서 4등분된 지역은 '천상의 정원'을 상징하고, 네 개의 수로는 생명의 원천을 나타내며, 수로가 교차하는 지점은 인간과 신이 만나는 장소를 상징한다고 한다. 그리고 이곳의 북쪽 끝, 야무나

타지마할의 정원.
열십자처럼 교차하도록 배치한 수로에 의해
땅이 정확히 4등분 되어 있는 전형적인 무굴 양식 정원이다.
저 멀리 정문이 보인다.

사랑과 야망의 격전장, 고도(古都)
아그라

강과 인접해 있는 구역에 한 변
이 약 96m, 높이 약 6m인 정사각
형의 거대한 대리석 기단을 조성
하고, 그 위 네 모퉁이에는 흰 대
리석 벽돌로 높이가 42m나 되는
원통형의 늘씬하고 높은 3층 첨
탑을 세워 멋과 위엄을 더하고
있다. 일설에 의하면 이 네 개의
첨탑은 옥좌를 덮는 차양을 설치
하기 위한 받침대였을 것이라고
도 한다. 건축학적 측면에서 이
들 첨탑은 안쪽으로 휘어져 보일
수 있는 착시 현상을 방지하기
위한 원근법적 효과를 고려함과
동시에, 지진이 일어나더라도 중
앙의 영묘 돔 쪽으로는 무너지지
않도록 대비하기 위해 바깥쪽으
로 약간씩 휘게 세웠다고 한다.

기단 중앙에는 타지마할의 중
심 건물을 배치했다. 흰 대리석

타지마할 기단 위 모습.
아침 햇살이 비쳐 황금색으로 빛나고 있다.
가운데 아치형의 현관을 비롯해 이 건축물의 웅장함은
기단 위에 올라섰을 때 실감이 난다.

사랑과 야망의 격전장, 고도(古都)
아그라

으로 지어진 영묘는 사방 56.7m의 정확한 정사각형으로 완벽하게 대칭을 이루고 있으며, 각 모서리를 칼로 잘라낸 듯 정교하게 다듬어져 있고, 그 벽면 사방에는 거대한 아치형 출입구가 나 있다. 건물의 중앙에는 높이 33m의 거대하고 아름다운 돔이 우뚝 솟아 있으며, 사방에 작은 돔이 그를 둘러싸고 있고, 다시 각 아치 위의 난간과 모서리 위에도 장식을 위한 작은 뾰족탑들이 세워져 있어 서로 조화를 이루고 있다. 이렇듯 전체적으로 완벽한 좌우동형의 대칭 구도를 실현하고, 세밀한 장식에까지 완성도를 높이기 위해 심혈을 기울인 결과 우아하면서도 균형미와 세련미가 빼어난 불후의 건축 예술 작품이 태어난 것이다.

타지마할 안팎의 모든 벽면에는 피에트라 두라pietra dura 기법을 이용하여 코란 경구와 천국과 관련된 꽃들, 기하학적 문양 등 다양한 장식들이 새겨져 있다. 동물이나 신상의 조각을 금지하는 이슬람의 전통에 따른 것이다. 피에트라 두라 기법이란 원래 이탈리아의 모자이크 기법에서 유래된 말로써, 각종 보석을 모양에 맞게 깎아 흰 대리석 바탕에 박아 넣는 상감 세공법이다. 건축광이자 조예가 깊은 보석 감정가이기도 했던 샤 자한은 중앙아시아와 페르시아 등지에서 벽옥碧玉, 자수정紫水晶, 마노瑪瑙, 호박琥珀, 청금석靑金石, 홍옥수紅玉髓, 녹주석綠柱石, 혈석血石, 터키석, 사파이어 등 약 28종의 보석과 희귀석을 사들여 흰 대리석 벽면

타지마할 중앙 돔.
벽면 가득 아름다운 보석으로
꽃무늬와 코란 경구를 새겨 넣었다.

타지마할 벽면 장식 무늬.
흰 대리석 바탕에 색색의 보석을 깎아 박은
피에투라 두라 기법의 아름다움이 느껴진다.

사랑과 야망의 격전장, 고도(古都)
아그라

을 장식했다고 한다.

　건물의 내부는 거대한 8각형 모양의 방으로 설계되어 있다. 벽면은 온통 세밀한 조각과 보석을 이용한 정교하고 다양한 무늬로 장식되어 있는데, 이는 돌로 구현할 수 있는 아름다움의 극한이라고밖에 달리 할 말이 없을 듯하다. 돌 위에 피어난 꽃! 우리네 고려가요 〈정석가〉에는 옥으로 연꽃을 조각하여 바위 위에 심은 뒤 만약 그 꽃이 피면 님과 이별하겠다는 구절이 나온다. 화자는 불가능한 상황을 조건부로 내세우는 억지를 부려서라도 영원무궁한 사랑을 이어가고 싶다는 염원을 비장하고도 절박하게 노래하고 있는 것이다. 서로 상황은 좀 다르다 할 수 있겠지만, 이 노래의 화자와 샤 자한 황제가 돌 위에 꽃을 심은 궁극적 의미는 전혀 다르지 않을 것이다. 돌 위에 피어난 사랑! 죽음이라는 극한 상황에서도 시들지 않는 영원의 꽃처럼 방 한가운데의 묘실에는 왕비 뭄타즈 마할과 황제 샤 자한의 가묘假墓가 나란히 놓여 있다. 대리석 묘는 수십 가지의 아름다운 보석으로 장식되어 있으며, 주위는 많은 보석을 투각透刻하여 박은 아름다운 격자 창살의 가리개가 병풍처럼 둘러쳐져 있다.

　어디선가 나타난 인도인 안내원이 자그마한 손전등을 보석 위에 비추자, 빛이 돌 속으로 스며들어 꽃잎처럼 번져 나가며 어둠 속에 묻혀 있던 아름다운 색이 되살아난다. 그리고 천장 어디쯤에선가 새어 들어오는 듯한 자연광이 어두운 실내를 은은하게 밝히며 '신은 영원하시며, 신은 완전하시도다'라는 비명碑銘이 새겨져 있는 관 위를 비추고 있었다. 물론, 황제 부부의 실제 묘는 정원과 같은 높이로 조성된, 이곳 본당 아래 지하에 안치되어 있다. 그러고 보니, 타지마할은 시신을 안치하기 위한 단순한 무덤이 아니라 거대한 복합체 건축물이다.

그런데 이 위대한 건축물에 대한 평가는 다소 엇갈리는 측면도 있다. 현지의 안내 책자 등에는 "타지마할은 인도와 페르시아 건축술이 완전히 융화된 작품이다. 설계자인 우스타드 이사는 페르시아 출신이지만 이슬람으로 개종한 인도인이었다. 그러므로 타지마할은 인도의 영혼이 페르시아의 육체를 입은 것과 같다. 타지마할에서 볼 수 있는 네 모퉁이의 첨탑들과 중앙 건물은 판치–프라사다Panch-Prasada라는 순수한 인도 문화의 산물이다"라는 강한 자부심과 애착을 피력하고 있다.

그러나 건축가인 안영배 교수는 저서『안영배 교수의 인도건축기행』에서 "균형 잡힌 비례, 돔과 아치로 된 수려한 곡선미, 우아하고 화려한 대리석 장식 등 타지마할의 조형미는 그야말로 아름다움의 극치이다. 또한 구석구석이 고도의 건축 기술로 완벽하게 마무리되어 있어 전 세계 사람들로부터 많은 사랑을 받고 있다. 하지만 타지마할은 지나치게 페르시아 양식을 따랐고 외관은 웅대하지만 내외 공간의 변화가 단조로워 인도 건축의 최고 걸작으로 보기 힘들다는 평가도 있다. 나 역시 이와 비슷한 생각이다"고 조심스럽게 의견을 피력하고 있다.

마치 무굴 제국이라는 기나긴 과거로의 여행을 마치고 다시 환생하듯 묘실의 어둠 속을 빠져나와 기단 모퉁이 첨탑 아래 눈부신 햇살 속에 앉아 있노라니, 세월이 멈춘 듯한 까닭 모를 무상감이 엄습해 온다. 어쩌면 사랑도 속절없는 탐욕의 또 다른 이름에 불과할지도 모른다. 우리가 황제의 사랑을 애절해 하고 있는 동안, 누군가는 그렇게 이야기하고 있을 듯도 싶었다. 러시아 황제 이반 4세가 모스크바 성 바실리 성당을 지은 뒤, 그 건축물을 세상에서 가장 아름답고 유일한 사원으로 남기고 싶은 욕망 때문에, 다시는 동일한 건물을 짓지 못하게 하려고 설계한 사람의 눈을 뽑아버렸다는 이야기가 있다. 마찬가지 이유로 샤 자한 황제가 타지마할을 완공한 뒤, 건축에 동원된 2만 명이나 되는 인부들의 손을 잘라버렸다는 비극적인 전설이 마음을 꼬집는다. 권력자는 사랑도 권력으로 행한단 말인가. 그렇다면 권력자의 사랑은 또 하나의 권력에 불과한 것이란 말인가. 혹시라도 그것이 사랑이라는 이름의 권력, 사랑이라는 이름의 탐욕은 아니었을까? 그러나 그렇더라도 역시 사랑은 결국 순수하고 위대한 것이라고 할 밖에.

1907년, 영어권 작가 최초이자 역대 최연소로 노벨문학상을 수상한 『정글북』의 작가 키플링Joseph Rudyard Kipling은 타지마할을 가리켜 "세상 모든 순수함의 화신the embodiment of all things pure"이라고 찬양했다. 또한, 인도의 세계적인 시성詩聖은 이렇게 노래했다. 타지마할은 '불멸의 영혼'이라고. 그리고 또 어떤 시인은 사랑의 꿈이라고, 그렇게 비장한 아름다움을 느끼게 하는 곳이라고 말이다.

어느 날 흘러내린 눈물은 / 영원히 마르지 않을 것이며, / 시간이 흐를수록 더욱 더 맑고 / 투명하게 빛나리라. / 그것이 타지마할이라네. // 오 황제여, / 그대는 타지마할의 아름다움으로 / 시간에 마술을 걸려 했다네. / 그대는 경이로운 화환을 짜서 / 우아하지 않은 주검을 죽음을 전혀 모르는 우아함으로 / 덮어버렸네. // 무덤은 자기 속으로 / 파묻고 뿌리내리며, / 먼지로부터 일어나 기억의 외투로 / 죽음을 부드럽게 덮어주려 한다네.

— 라빈드라나뜨 타고르, 「타지마할」

벵골만 건너 캘커타 지나 / 아그라 붉은 태양 아래 / 흰 대리석으로 빛나는 타지마할 / 죽은 다음에도 되살아나는 / 왕과 왕비의 살 냄새 거웃 냄새 / 또 몇백 년 강물이 흐른 뒤 / 타지마할의 눈부신 대

사랑과 야망의 격전장, 고도(古都) 아그라

리석 위에 / 보름달이 솟을 때 / 여기쯤에서 만나기로 하자 / 사랑에는 꼭 이별이 있는 법 / 저승의 푸른 하늘 아래 / 대리석이나 오동나무 관이 아니면 / 관솔 구멍이 숭숭 뚫린 / 소나무 관 속에 / 금은보화 비단옷이 아니면 / 무명옷이나 삼베옷 두르고 / 그도 저도 아니면 / 청바지 차림으로라도 / 또 몇백 년 / 강물이 흐른 뒤 / 우리들 사랑이 타지마할에서 / 이맘때쯤 다시 꼭 만나기로 하자.

—오탁번, 「타지마할」

　어느덧 햇살이 기울어지며 갈피가 잡히지 않을 것 같던 잡념을 몰아내고, 타지마할의 둥근 돔을 황금색으로 물들인다. 아쉽다. 이렇게 떠나기에는 뭔가 아쉬운 데가 있다. 자꾸 뒤를 돌아보는 내게 릭샤왈라는 시가지의 소음 속으로 잘 들리지도 않는 무슨 얘기를 자꾸 건넨다. 역시 인도답게도 그가 안내한 곳은 기념품 가게였다. 조잡한 타지마할 모형이 즐비하게 진열된 가게를 심드렁하게 둘러보고는 나와 버렸다. 황제는 비록 자신의 사랑을 위해 국고를 바닥내버렸지만(당시 타지마할을 건설하면서 지출한 비용은 국가 전체 예산의 5분의 1에 해당하는 막대한 금액이었다고 한다), 그 대가로 후손들에게 생존의 기반이 되는 비싼 입장료 수입을 하사해 주었고, 이렇게 사랑이라는 이름으로 포장된 상품도 팔 수 있는 성은을 베풀어 준 것이니, 인간만사 다 새옹지마라고나 해야 할지.

아그라 성

타지마할에서 북서쪽으로 얼마 떨어지지 않은 야무나강 기슭에는 무굴 제국과 아그라를 대표하는 또 하나의 거대한 건축물이 자리 잡고 있다. 이곳은 무굴 제국 전성기의 영화가 고스란히 담긴 장소인 동시에, 쇠락해 가던 제국의 비운이 서려 있는 장소이기도 하다. 원래는 군사적인 목적의 요새로 건축되었으나, 뒤에 궁전으로 사용되다가, 결국은 감옥으로 전락해버린 굴곡 많은 장소인 것이다. 1565년 악바르 황제는 무굴 제국 권력의 상징으로서 수도 아그라에 대규모의 새로운 성을 축조하기 시작했으며, 그의 손자 샤 자한 황제는 건축광이라는 별명에 어울리게 증축 공사를 계속하여 이를 궁전으로 변모시켜 놓았다. 전체적인 모양이 사람의 귀를 닮았다고도 하는 이 성채는 둘레가 2.5km에 달하고 이중으로 된 성벽의 높이가 20m를 능가하는 견고한 요새다. 그러나 현재 여행자들에게 개방한 구역은 일부로 제한되어 있다. 원래의 거대한 출입구인 서문은 폐쇄되어 있고, 대신

아그라성 남쪽의 아마르 싱 게이트.
현재 아그라성의 주 출입구다.

남쪽의 아마르 씽 게이트Amar Singh Gate가 유일한 출입구로 개방
되어 있다. 이 문은 황실의 대신을 살해하고 도망치던 조드푸르
의 마하라자(왕) 아마르 싱을 샤 자한이 성벽 밑으로 내동댕이쳐
죽인 뒤 그의 이름을 따서 명명했다고 한다.

붉은 사암으로 견고하게 축조된 성벽 앞에 조성된 해자를 지
나 매표소를 통과하면 벽면에 채색 무늬 일부가 남아 있는 높은

제항기르마할.
악바르 황제는 아들 제항기르를 위해
이 개인 궁전을 지었다.

문이 나타나고, 다시 안으로 들어가 야트막한 언덕을 오르면 드디어 성의 중심부로 진입하게 된다. 그리고 가장 먼저 눈길을 사로잡는 붉은 사암의 건물을 만나게 되는데, 그것이 바로 제항기르마할이다. 이 웅대한 건물은 악바르 황제가 어렵게 얻은 아들 제항기르를 위해 지은 개인 궁전인데, 힌두와 중앙아시아의 건축 양식을 혼합한 흥미로운 모습으로서 단아하면서도 고아高雅

사랑과 야망의 격전장, 고도(古都)
아그라

한 기품이 있어 보인다.

그 왼편 넓은 잔디 정원 옆에는 웅장하게 열 지어 선 흰 기둥들이 돋보이는 건물이 눈길을 사로잡는데, 이는 샤 자한 황제가 1628년에 지은 왕의 공식 접견실 디와니암^{Diwan-i-Am}이다. 원래는 목조 구조였는데, 후에 붉은 사암으로 재건축되었고, 다시 흰색 회칠을 한 것이라 한다. 이 건물 안으로 통하는 계단을 올라 뒤편의 통로로 걸어가다 보면, 비교적 아담하면서도 그 뛰어나게 아름다운 몇 개의 건물들을 만나게 된다. 붉은 사암의 경계석을 사용하여 기하학적 형태로 공간을 구획 지어서 화초를 가꾸어 놓은 이채로운 정원이 나타나는데, 이 앞에 자리 잡은 흰 대리석의 카스마할^{Khas Mahal}은 샤 자한의 개인 궁전이다. 그리고 벽면에 작은 거울들이 붙어 있는 쉬시마할^{Shish Mahal}은 후궁들의 탈의실로 사용되던 거울 궁전이다. 그 옆의 전망 좋은 곳에 있는

디와니암(위).
붉은 사암 위에 흰 석고를 칠한 웅장한 건축물이다.

아그라성 카스마할과 정원(아래).
기하학적인 문양으로 구획을 나누고
색색의 화초를 가꾸어 놓은 정원 조경이 이채롭다.

디와니카스Diwan-i-Khas는 특별 접견실로 사용되던 곳인데, 현재 이란에 있는 유명한 공작좌가 있던 곳이라 하여 눈길을 끈다. 그밖에도 진주 모스크로 알려진 모띠마스지드Moti Masjid는 인도에서 가장 아름다운 이슬람 사원 중 하나라는 평가를 받기도 하는데, 유감스럽게도 여행자 출입 제한 구역으로 개방하지 않고 있었다.

그런데 다른 곳보다도 유독 여행자들의 발길을 가장 많이 머물게 하는 건물이 있으니, 바로 '포로의 탑'이라는 뜻을 가진 무쌈만 버즈Muthamman Burj이다. 이 궁전은 디와니카스, 쉬시마할, 카스마할 등 다른 궁전과 직접 연결되어 있는데, 특히 전망이 뛰어나 강 건너에 자리 잡은 타지마할의 전경이 가장 잘 보이는 곳이다. 이곳은 샤 자한 황제가 자신의 아들 아우랑제브에 의해 강제로 폐위당한 뒤 8년간이나 유폐되었던 비극의 장소이다. 그는 냉혹한 성격의 아우랑제브가 식수원인 강줄기마저 막아 버려 한여름 내내 갈증에 시달리는 등 극도의 학대에 시달려야만 했다고 한다. 결국 샤 자한은 무심하게 흐르는 야무나강 저편의 타지마할을 하염없이 바라보며 갇혀 지내다가, 달랠 길 없는 그리움을 품은 채 이곳에서 숨을 거두고 말았다. 그리고 그의 시신은 배로 운구되어 부인 뭄타즈마할 옆에 나란히 묻혔다. 비록 그는 비극적으로 생을 마감했지만, 이승에서 못다 한 사랑을 저승에

나마 다시 이어갈 수 있게 되었다는 애절한 사연은 영원토록 죽지 않고 전설이 되어 이곳에 살아 있을 것이다.

자신이 지은 궁전이 자신의 감옥이 된 이 역사의 아이러니는 무굴 제국의 평화롭지 못했던 왕위 계승 전통에서 비롯된 것이다. 제항기르가 부친 악바르에게 그랬던 것처럼 샤 자한이 부친 제항기르에게 왕위 찬탈 목적의 반란을 일으켰으니, 샤 자한에게 닥친 말년의 불행은 이미 예고된 것이나 다름이 없었던 것이다. 이렇게 업보처럼 대물림된 비극의 저주라고나 할까, 그 막강했던 무굴 제국의 명운이 그리 길지 못했음은 시사하는 바가 자못 크다.

얼마나 지났을까? 그 기나긴 역사의 부침을 지켜보며 묵묵히 흐르는 야무나강의 도도한 물줄기 위로 불그레한 저녁 햇살이 옅게 번져나가자, 손짓하듯 저편 기슭에 애틋하게 서 있던 타지마할이 처연한 표정으로 멀어져 간다. 오늘따라 유독 노을이 더 무겁다. 마치 모든 것이 다 이별인 것처럼.

사랑과 야망의 격전장, 고도(古都)
아그라

아그라성 무쌈만 버즈.
여행자들은 이곳에 유폐
되었던 샤 자한 황제의
심정으로 애절하게 멀리
야무나강 기슭의 타지마
할을 바라본다.

성벽城壁 도시의
낭만과
아름다움

파테푸르시크리
와
자이푸르

파테푸르시크리라는
보석

아그라를 출발한 자동차는 좁고 울퉁불퉁한 아스팔트 국도를 기우뚱거리며 질주한다. 이제 유서 깊고 드넓은 라자스탄으로 가고 있는 것이다. 그러나 그곳에 가기 전에 꼭 들러야 할 곳이 하나 있다. 제아무리 라자스탄이 매혹적인 땅이라 해도 이곳만큼은 그냥 지나칠 수 없다고 다짐했던 터이다. 라자스탄 주에 막 발을 들여놓으려는 여행자들을 붙잡는, 우타르쁘라데쉬 주의 맨 끝자락에 찍혀 있는 마지막 발자국 같은, 숨겨진 보석처럼 은밀하게 매혹적인 소문을 풍기고 있는 고대 도시 파테푸르시크리가 바로 그곳이다.

아그라시에서 남서쪽 37km 지점에 있는 이곳은 그 옛날 무굴 제국의 3대 황제인 악바르가 새 수도를 세웠던 유서 깊은 도시이다. 그런데 결과적으로 이러한 그의 결정은 너무 즉흥적인 정책이었다는 비판에 직면하게 된다. 북부 인도 전 지역을 점령하여 무굴 제국의 대황제로서의 지위를 군건히 한 그에게는 나이가 30살이 다 되도록 대를 이을 아들이 없었다. 이 무렵, 신통력이 있다고 소문이 난 파테푸르시크리의 수피 성자 셰이크 살림 치스띠를 찾아간 황제는 아주 반가운 예언을 듣게 된다. 곧 부인에게서 아들을 보게 될 것이라는 그의 말대로 약 1년 후 왕비 조다바이Jodhi Bai가 아들을 낳게 되었으니, 그가 바로 술탄 살림(후에 제항기르 황제) 왕자이다. 물론, 후대의 일부 호사가들은 그가 혹시 그 수피 성자의 혈통이 아니었을까 하는 의혹을 제기하기도 했다고 한다.

일설에 의하면, 당시 악바르는 수없이 많은 전쟁터를 전전하는 과정에서 몸이 허약해졌거나, 이방의 많은 여인들과의 문란한 관계로 인해 성적 장애를 겪고 있었을지도 모른다는 것이다. 그러나 어쨌든 이곳을 행운의 땅이라 여긴 악바르 황제는 파테푸르시크리를 번성하게 해달라는 그 성자의 부탁을 들어주기 위해 1571년에 아그라에서 이곳으로 천도를 감행하기에 이른다. 그러나 이러한 다소 즉흥적인 결정은 부작용을 불러왔고, 그의 생애에 유일한 실책으로 거론되는 불운의 땅이 되었다. 즉, 이곳에는 강이 인접해 있지 않기 때문에 식수가 절대적으로 부족했던 것이다. 결국 그 장애를 감당할 길이 없었으며, 수피 성

조다바이 궁전 입구(왼쪽)와 마리암 왕비 궁전 외경(오른쪽).

자마저 죽자 1586년에 아그라로 재천도하고 말았다.

비록 14년 남짓한 짧은 전성기를 구가한 비운의 수도였지만, 붉은 사암과 대리석을 이용하여 건축한 파테푸르시크리성은 무굴 제국 건축의 백미 중 하나로 꼽힌다. 세계문화유산에 등록되어 있는 왕궁 구역을 비롯하여 거대한 모스크 구역과 고색창연

한 폐허의 아름다움이 서려 있는 구시가지를 둘러보는 여정은
피로도 잊게 할 정도로 매력적이다.

먼저 매표소를 지나 왕궁 안으로 들어서면, 왼편으로 가장 먼
저 보이는 건물이 악바르의 장남 제항기르를 낳은 조다바이 왕
비의 궁전이다. 그녀는 원래 라자스탄 암베르의 마하라자 자이

성벽(城壁) 도시의 낭만과 아름다움
파테푸르시크리와 자이푸르

버발 바반 기둥 상단부 처마 조각 장식.
하나의 커다란 보석 상자에 비유될 만큼
아름다운 건물로 평가받고 있다.

싱 2세의 여동생인데 악바르와 정략 결혼을 했다. 다른 왕비들의 궁전에 비해 가장 화려한 이 건물은 이슬람 황제와 힌두 왕비의 이질적인 결합을 상징하듯 이슬람 양식의 돔형 지붕과 힌두 양식의 기둥이 혼합되어 있다.

한편 악바르는 타 종교에 대해 너그러운 포용 정책을 썼다고 알려져 있는데, 그가 여러 종교 지도자들을 궁전 안으로 불러들여 토론을 벌이는 장소로 활용하였다는 특별 접견실 디와니카스는 중앙의 석조 기둥에 새겨져 있는 조각이 감탄을 자아낼 만큼 정교하다. 그 기둥에 새겨져 있는 각기 다른 문양은 이슬람교, 힌두교, 자이나교, 조로아스터, 기독교, 불교를 상징하는 것이라 한다.

그 밖에도 이곳에서는 소소하게 둘러볼 것들이 많이 있다. 디와니카스 오른쪽의 디와니암은 황제가 나라의 공식 업무를 보던 대중 접견실이다. 그리고 이 두 건물 옆에는 황제가 시녀들을 말로 사용하여 인도의 전국민적 체스 놀이인 파치시를 즐겼다고 전해지는 놀이 정원 파치시 코트Pachisi Court가 있다. 그리고 위층으로 올라갈수록 좁아지는 5층 궁전인 판츠마할Panch Mahal은 궁녀들이 사용했던 건물이다. 규모가 비교적 작은 황금 궁전은 고아주 출신으로 기독교도였던 마리암 왕비를 위해 지은 건물이다. 마치 하나의 커다란 보석 상자처럼 아름답다는 칭송을 받고 있는 버발 바반Birbal Bhavan은 황제의 총애를 받던 당대의 신하 라자 버발을 위해 지은 건물이라고 알려져 있다.

왕궁 구역을 빠져나가 남서쪽으로 가노라면 이슬람식의 거대한 아치형 문이 눈앞을 막아선다. 무려 높이가 54m에 달하는 이 웅장한 문은 1576년 악바르 황제의 구자라트 지역 정복을 기념하기 위해 세운 일종의 개선문이다. 블랜드 다와자Buland Darwaza라 불리는 이 건물의 아치 안에는 '세상은 다리다. 그 위에 집을 지으려 하지 말고 건너가라. 순간을 원하는 자는 영원을 얻을 수 있다'라는 코란의 의미심장한 구절이 새겨져 있어 눈길을 끈다. 이 문을 통과하면 광장이 나오고, 그 왼편에 있는 거대한 건물이 메카의 모스크를 본떠 지었다는 이슬람교 사원 자미마스지드 본당이다. 광장의 북쪽에 있는 아름다운 흰 대리석 건물은 1570년에 지어진 수피 성자 셰이크 살림 치스띠의 무덤이다. 지금은 그 옛날의 영험한 신통력을 굳게 믿고 있는 인도 여인들이 찾아와 아들을 점지해 달라고 소원을 비는 유명한 성소가 되었다고 한다.

그런데 일찍이 내가 경험한 바에 의하면 성벽 도시의 진정한 아름다움은 무너진 그대로의 폐허에 있다. 물론, 정확하고 세밀한 고증에 의거하여 원래대로 복원한 온전한 모습도 나름대로 의미가 있지만, 오랜 세월 동안 섭리에 따라 자연이 만들어 낸 풍광에 견줄 수는 없을 터이다. 말 그대로 폐허는 자연의 작품인 것이다. 규모로 따져서 인도의 3대 성으로 조드푸르의 메헤랑가르성, 데칸고원의 다울라따바드성, 하이데라바드의 골콘다성을 꼽는다고 한다. 그러나 나더러 폐허의 아름다움을 간직한 인도의 3대 성을 꼽으라고 한다면 저 데칸고원의 다울라따바드성과 하이데라바드의 골콘다성, 그리고 이곳의 파테푸리시크리성이라고 말할 것이다. 이들은 역사를 논리적으로 해석하기보다는 감성적으로 느낄 수 있도록 해주는 곳이기 때문이다. 그렇게 바라보아야만, 폐허 위에 무성하게 들풀처럼 나풀거리는 쓸쓸함도 비로소 아름다움으로 다가오게 될 것이다. 따라서 이곳 파테푸르시크리성도 성벽 안의 건축물들에만 발이 묶여 있어서는 진정한 아름다움을 느낄 수가 없다. 눈길을 성벽 밖으로 돌려 저 멀리 지평선에 잇닿을 듯이 펼쳐져 있는 옛 시가지의 고즈넉한 폐허를 가슴으로 밟아 보아야만 할 것이다.

잠시나마 정오 가까이 밀려드는 눈부신 햇살과 가벼운 바람과 나른한 객수를 만끽하며 높은 성벽 난간에 기대앉아 바라보던 흰 뭉게구름과 아득한 지평선은 참으로 아름다웠다. 그리고 성벽을 빠져나와 잡초 속에 나뒹구는 돌무더기 위에 걸터앉아 바라보던 광활한 들판과 구불구불하게 회화처럼 그어져 있던 황톳길은 너무나도 정겨웠다. 나는 그곳에서 마주했던 그 고색창연한 세월의 표정들을 결코 잊을 수가 없을 것이다.

비록 수도로서의 명맥을 긴 세월 동안 이어가지는 못했지만, 어쩌면 그곳 민중들의 가슴속에는 지금까지도 계속해서 영화의 상징으로 자리 잡고 있을지도 모를 성지를 불과 한나절 만에 발길을 거두고 떠나는 마음이 폐허보다도 더 허전하기만 했다.

자동차는 어느덧 주 경계를 넘어 드디어 라자스탄 지역으로

파테푸르시크리성.
저 멀리 디와니카스가 보이고 무너진 석재들이 나뒹굴고 있는
성벽 밖의 폐허도 쓸쓸하게 아름답다.

접어들고 있었다. 라자스탄은 인도 역사에서 아주 특별한 곳이다. 라자스탄이란 이름은 '라지푸트Rajput의 땅'이라는 뜻의 라지푸타나에서 유래되었다. 라지푸트는 왕가의 자손이라는 뜻이긴 하지만, 원래 이들은 신분이 낮은 사람들이었다. 그런데 이곳이 동서의 중요 교역로였던 탓에 크고 작은 전쟁이 빈번하게 되자 그들은 자신들의 생존권을 지키기 위해 용맹스러운 무사

계급으로 거듭나게 된다. 그리고 6세기부터 이곳에 터전을 잡고 크고 작은 왕조를 일으키며 성장을 거듭하다가 16세기 무렵 그 세력이 절정에 이르면서 지배 계급으로 자리 잡게 된 것이다. 이런 과정에서 이들의 용맹은 감히 그 누구도 넘보지 못할 막강한 위세를 떨쳤다. 그러나 결국에는 최후의 난공불락 요새로 명성을 떨치던 란탐보르성이 1569년에 악바르 황제에게 함락되면서 사실상 이곳의 거의 모든 지역이 무굴 제국에 합병되고 만다. 하지만 이 지역 지배권을 가지게 된 무굴 제국은 라지푸트들의 용맹함에 부담을 느낀 나머지, 정략 결혼 등의 포용 정책을 선택하고 그들의 기득권을 상당 부분 인정하는 협정을 맺는다. 그 결과 그들은 왕위와 군대 지휘권을 계속해서 유지할 수 있었다.

이후에 마라타족의 지배를 받던 이들은 1818년 영국과의 3차 전쟁에서 마라타가 패하자 영국의 지배를 받게 된다. 그런데 영국 또한 식민 통치를 쉽게 하려고 이 불굴의 긍지와 투지를 지닌 라지푸트들의 기득권을 최대한 보장해 준다. 1947년 인도가 독립하자 이들은 자신들의 기득권을 인정해 주겠다고 약속한 중앙정부에 권력을 이양하고, 1950년 새 헌법에 따라 수립된 인도 연방공화국의 라자스탄주에 속하게 되었다. 이렇듯 거센 역사의 소용돌이 속에서도 그들은 기득권을 크게 손상당함 없이 정체성을 이어갈 수 있었고, 수많은 성채와 하벨리(귀족들의 대저택)를 건축하며 자신들만의 화려한 문명을 꽃피울 수 있었다. 라자스탄 지역이 여행자들에게 그 어느 곳보다도 가장 인도다운, 강렬한 색깔의 인상을 주는 것도 다 이런 연유에서 비롯된 것이다.

라자스탄 지역을 양분하며 남서쪽에서 북동쪽으로 뻗어 있는 아라발리Aravalli산맥 북서쪽은 황량한 타르Thar 사막지대로서 조드푸르Jodhpur와 자이살메르Jaisalmer라는 개성 넘치는 도시가 자리 잡고 있으며, 남쪽은 숲과 계곡을 기반으로 발전한 자이푸르Jaipur와 우다이푸르Udaipur 등의 아름다운 도시들이 자리 잡고 있다. 특히 이곳에는 '푸르'라는 이름을 가진 도시들이 여럿 있는데, 이 말은 '성城'이라는 뜻이다. 라자스탄 여행의 매력 중 하나는 바로 이런 성벽城壁 도시들의 아름다움과 낭만을 만끽할 수 있다는 점이다.

자이푸르의
혼잡한 표정

아그라를 떠난 자동차가 한나절을 족히 넘겨 달리고 있는 도로

변으로 제법 넓고 비옥한 평야가 펼쳐졌다. 또한 도시가 가까워지자 전통 공예로 유명하다는 명성을 입증이라도 하듯 붉은 사암과 대리석을 다듬어 각종 조각 공예품을 만들어 내는 공방들이 자주 보였고, 강렬하고 화려한 무늬의 날염 천을 걸어 놓고 손님을 유혹하는 기념품점들이 간간이 나타나기 시작했다. 마치 부피가 만져질 것 같은 진하고 투박한 황금색 햇살이 아득한 구릉 너머 서쪽으로부터 길게 깔리는 늦은 오후에 도착한 자이푸르는 유서 깊고 매력적인 라자스탄의 주도州都이다. 인구 약 400여만 명 남짓한 이 도시는 북쪽과 서쪽이 구릉과 사막으로 둘러싸여 있으나, 동쪽과 남쪽은 비옥한 충적평야가 펼쳐져 있다.

델리, 아그라와 더불어 이른바 북인도의 '골든 트라이앵글Golden Triangle'로 불리며 많은 여행자들의 발길을 유혹하고 있는 이 도시의 이름은 '자이Jai 왕의 성Pur', 또는 '승리의 도시'라는 뜻이다. 12세기 무렵, 무사이자 천문학자였던 카츠와하 왕조의 자이 싱 2세는 무굴 제국의 세력이 기울어져 가기 시작할 무렵, 협소한 암베르의 산기슭 성에서 벗어나 넓은 평야 지대로 근거지를 옮겨야겠다고 판단한다. 그리하여 1727년에 천도를 감행하여 이곳에 새로운 성벽 도시를 건설하게 된다. 7개의 대문이 있는 성벽으로 둘러싸여 있는 현재의 구시가지는 고대 힌두 건축 서적인 『실파 샤스트라Shilpa Shastra』를 참고하여 우주의 행

번화가에서 손님을 기다리고 있는
사이클릭샤 왈라의 모습이 무척 남루해 보인다.
그런데 도시마다 교통 혼잡을 구실로 이들이 진입을 금지하는 구역을
확장하고 있어 대중교통의 한 축을 담당하고 있는 이들을
만나는 것도 어려워질 전망이다.

성을 의미하는 9개의 직사각형 블록으로 구획했다. 인도 최초의
계획 도시인 셈이다.

일반적으로 구시가지의 주요 볼거리로 꼽히는 것은 시티 팰
리스City Palace, 하와마할Hawa Mahal, 잔타르 만타르Jantar Mantar 등
이다. 자이 싱 2세가 설계한 도시 궁전인 시티 팰리스는 무굴 양

식과 라자스탄 양식이 혼합된 건축 양식으로 축조되었다. 건물 자체의 아름다움보다는 흥미를 끄는 전시물들이 몇 가지 있는 마하라자 사와이 만 싱 2세 박물관을 구경하는 재미가 더 크다. 이곳에는 주로 역대 마하라자(왕)의 일상용품들이 전시돼 있는데, 9km의 금실로 짠 왕비의 사리라든가, 길이 2m에 무게가 무려 250kg이나 나간다는 왕의 가운 등이 호기심을 집중시키는 유물로 알려져 있다. 박물관을 나와 정원을 통과하면 왕의 접견실인 디와니카스가 나오는데, 그 입구에 놓여 있는 거대한 은항아리도 놓칠 수 없는 볼거리로 꼽힌다. 무게가 무려 345kg으로써 세계에서 가장 큰 은 제품으로 기네스북에 등재되어 있다고 하는 이 그릇은 영국 왕세자 에드워드 7세의 대관식에 참석하기 위해 배를 타고 바다를 건너야 했던 마호 싱 2세가 갠지스의 강물을 담아 가기 위해 사용했던 것이라고 전한다.

일명 '바람의 궁전'이라고 불리는 하와마할은 실질적으로 자이푸르를 대표하는 건축물이다. 구시가지 한복판에 있는 붉은 색의 아름다운 아치형 5층 건물은 멀리서 보면 마치 벌집을 연상하게 할 만큼 유난히 창문이 많은 것이 특징이다. 거리를 향해 돌출해 있는 2층부터 4층까지의 발코니마다 격자형 창문이 아담하고 고풍스럽게 나 있는데, 그 수가 모두 953개나 된다. 이처럼 바람이 잘 통하도록 설계된 이 궁전은 바깥출입이 제한되어

성벽(城壁) 도시의 낭만과 아름다움
파테푸르시크리와 자이푸르

시티 팰리스의 디와니카스 입구에
놓여 있는 은항아리를 보기 위해
많은 사람이 항상 붐빈다.
이 항아리는 세계에서 가장 큰
은 제품으로 알려져 있다.

있던 궁중 왕가의 여인들이 답답함을 달래기 위해 시가지 풍경이나 행사 행렬 등을 구경하던 곳이라 한다. 일반인들은 궁중 여인들의 삶이 호사스럽다고 부러워했겠지만, 오히려 그녀들은 누추한 여염 거리의 평민들을 부러워했을지도 모른다. 인간의 행복을 결정짓는 조건 중에서 자유보다 더 중요한 것은 아마도 없을 것이다. 건축뿐만 아니라 천문학에도 깊은 관심을 가지고 있던 자이 싱 2세는 이곳과 델리, 바라나시, 웃자인, 마투라 등에 천문 관측소를 만들어 놓았다. 그중에서 1725년에 세운 이곳의 잔타르 만타르는 규모가 가장 크며, 여러 개의 기하학적인 모양의 천문대와 세계에서 가장 큰 해시계가 있다.

그런데 정작 이런 유적들보다도 자이푸르를 더 유명하게 만든 것은 '핑크 시티Pink City'라는 별명이다. 구시가지의 거리를 걷다 보면 건물들이 대부분 분홍색으로 칠해져 있는 것을 볼 수 있다. 그런데 얼핏 낭만적이고 동화적으로 느껴지는 이 명칭의 유래를 살펴보는 것은 그리 유쾌한 일이 아니다. 이 아름다운 이름의 배경에는 이곳이 겪어야만 했던 격동의 슬픈 역사가 우울한 그림자처럼 깔려 있기 때문이다. 1876년 영국의 웨일즈 왕자(후에 에드워드 7세)가 이곳을 방문한다는 소식을 들은 왕은 환영의 뜻으로 도시 전체를 분홍색으로 칠하도록 했다는 것이다(일설에는 계약을 맺은 업자가 다양한 색깔의 페인트를 확보할 수 없게 되어 모든 건물 벽을

성벽(城壁) 도시의 낭만과 아름다움
파테푸르시크리와 자이푸르

하와마할.
자이푸르의 대표 유적으
로서 일명 '바람의 궁전'
이라고도 한다.

핑크빛으로 칠해버렸는데, 왕자가 이에 만족하자 이후로 시내 모든 건물을 그 색으로 칠하도록 법제화했다고 한다). 그리고 현재에도 관광 산업 부흥에 사활을 걸고 있는 자이푸르 당국은 구시가지의 건물에 다른 색을 칠하는 것을 법으로 금지하고 있다고 한다. 핑크 시티라는 명칭이 지역경제 부흥의 절대적 조건인 관광 산업의 원동력으로 작용하고 있기 때문이다. 전화위복이라 했던가. 저간의 사정이야 어찌 되었든 간에, 약소국 식민지 군주가 강대국 권력자의 비위를 맞추기 위해 택한 궁여지책의 비굴한 생존 전략이 후손들에게는 의욕적이고 희망적인 생존 전략으로 선택된 이 예기치 못한 결과를 역사는 그렇게 부를 법도 하다.

한편, 옛 유적이나 유물만이 여행의 볼거리는 아니다. 나는 개인적으로 새로운 곳의 시장을 유유자적 거닐기를 좋아한다. 유적지나 박물관에는 과거가 박제되어 전시되어 있으나, 시장에는 생생한 민중의 현실이 꾸밈없이 진열되어 있기 때문이다. 과거와 현재를 다 보아야만 그곳의 미래도 예견해 볼 수 있다. 자이푸르의 구시가지에는 대로변을 따라 큰 시장들이 잘 발달해 있어서 여행자들에게 아주 흥미로운 볼거리를 많이 제공한다. 물론 거리는 인도의 여느 도시와 다를 바 없이 걸인들과 호객 행위를 하는 노점상들과 병든 개들과 쓰레기 더미와 썩은 물웅덩이 등이 즐비하긴 했지만, 이제 나름대로 인도에 적응이 된 탓인지 그런 모습들이 오히려 친숙하게 느껴지기도 한다. 시티 팰리스 앞 대로변의 트리폴리아 바자르를 어슬렁거리다가 찾아 들어간 곳은 인도 현지 주민들의 일상 용품을 파는 그릇 가게였다. 관광객을 대상으로 한 골동품이나 기념품을 파는 가게에서는 살 수 없는 것들이 거기에는 있음 직했기 때문이다. 내 예상은 적중했다. 거기에서는 기획되지 않은, 있는 그대로의 일상을 팔고 있었다.

배낭을 짊어진 이방의 여행자가 비좁고 묵은 먼지 자욱한 가게를 기웃거리자 주인인 듯한 중년 남자는 호기심을 감추지 못하는 눈치였다. 그는 친절한 미소를 머금고 들어오라는 손짓을 했다. 애초 생각과는 달리 그는 장삿속만을 내세우는 사람은 아니었다. 무얼 사려고 하느냐는 질문에 앞서 어디서 왔으며, 인도에 대해 어떻게 생각하느냐 등등의 질문을 던졌다. 꽤 오랫동안(아마도 한 시간은 족히 넘었을 것이다) 서툰 영어로 대화를 나누는 동안 그릇된 편견을 가지고 있었던 나 자신을 반성하게 되었다.

그는 단지 생존 문제에만 얽매여 있는 가난한 나라의 천박한 장사치가 아니었다. 무질서와 빈곤 등등 인도의 현재 문제점들을 나름대로 나열하면서 선진국 대열에 올라선 한국 사회가 부럽다며 크고 검은 눈동자를 반짝이던 그에게서는 제법 지적인 풍모가 느껴졌다. 그러나 인도도 변해가고 있다고 했다. 가게 안

성벽(城壁) 도시의 낭만과 아름다움
파테푸르시크리와 자이푸르

에 진열된 그릇들은 얼마 전까지만 해도 재질이 청동이나 황동이었지만, 이제는 거의 다 스테인리스 제품으로 바뀌고 있다고 했다. 그것도 발전하고 있는 인도의 한 모습일 것 같았다. 그는 2층 다락 창고에 올라가 한참을 뒤져 인도 민가에서 주로 사용해 오던 제품이라며 먼지 뒤덮인 청동 주전자 한 개를 내밀었다. 손잡이가 없고 주둥이가 길게 나온 이형異形의 그것은 사실 마무리가 거칠고 표면의 무늬도 단순하고 조잡했다. 그러나 생각하기에 따라서는 그것이야말로 진정 인도다운 모습일 수도 있었다.

또한 아직 남아 있는 유일한 제품으로서 더 이상 구하기 어려울 것이라는 희소성과 저렴한 가격 등등 조건이 합당하다고 판단되어 그가 권하는 그것을 구입했다. 흔히 생각하는 대로 고가의 물건이라고 해서, 유명 상표라고 해서 반드시 좋은 기념품은 아닐 것이다. 그 물건에 누구와의 어떠한 인연이, 어느 곳의 어떤 사연과 느낌이 담겨 있는가 하는 것이야말로 가치를 판단하는 가장 중요한 기준일 것이다. 나는 소중한 기념품을 얻게 되어 기뻤다. 그리고 무한한 잠재력을 가진 인도야말로 미래의 선진 강대국이라는 말을 힘찬 악수와 함께 답례의 선물로 건네고는 햇살이 많이 식어 버린 거리로 다시 나섰다. 얼마쯤에선가 인상이 선량해 보이는 노점상에게서 바나나 한 송이를 사들었다. 종일을 걸었는데도 불구하고 이상하리만치 발길이 무겁지는 않았다.

설령 피곤이 몰려온다고 한들, 여행길에 나선 나그네가 그리 쉽게 발길을 접을 수는 없는 노릇 아니겠는가. 어두워지는 거리를 달려 도착한 곳은 라즈 만디르였다. 속설에 의하면 세계 3대 영화관에도 뽑힌 적이 있다는 소문이 나 있는 유명한 곳이다. 그런데 입장부터 뭔가 만만치 않았다. 가방과 같은 소지품을 가지고 입장할 수도 없으며, 몸수색까지 하는 등 상당한 긴장감을 느끼게 했다. 테러 예방을 위한 불가피한 조치란다. 상영관은 1개에 불과하지만, 관람석은 등급이 나뉘어 있었다. 가장 고급 좌석인 프리미엄은 일반석에 비해 거의 4배 이상이나 비쌌다.

특이한 점이 많았지만, 무엇보다도 강하게 인상에 남은 것은 인도 현지 관객들의 유별난 관람 태도였다. 예를 들면, 악당이 주인공에게 위해를 가하는 장면에서는 약속이나 한 듯 일제히 큰 소리로 야유를 보내다가 반전이 되어 주인공이 악당을 물리치는 장면에서는 몸짓에 휘파람까지 불어대며 상영관이 떠나갈 듯한 환호성을 지른다. 문득 1988년 개봉한 주세페 토르나토레 감독의 이탈리아 영화 〈시네마 천국〉의 한 장면이 떠올랐다. 순간적으로 현실과 허구의 경계를 망각한 듯 영화 속 세계에 동화되어버리고 마는 관객들의 모습이 스크린 밖 실제 현실 속에서 재현되고 있는 이 진기한 광경을 직접 목격하게 될 줄이야. 영화

1976년 개관하여 자이푸르의 상징이 된 라즈 만디르 극장.
앤틱한 내부 인테리어, 스크린에 드리워져 있는 커튼이 올라가면서
시작되는 영화, 팝콘 같은 음식을 구입하면 좌석까지 배달해 주는 친절 등등
특이한 점이 많은 세계적인 극장이다.

보다도 더 영화적인 장면을 연출하고 있는 인도 관객들이야말
로 진정한 주연 배우가 아닌가 하는 생각이 들었다. 웃음이 나오
긴 했지만, 평생에 가장 유쾌한 영화 관람을 한 날로 기억될 것
같았다.

그렇게 나그네의 하루가 저물고 숙소로 발길을 돌렸다. 마치

작은 궁전을 연상케 하리만치 아름답게 가꿔진 정원과 고풍스럽고 아름다운 건물로 이루어진 숙소의 이름은 '궁전 호텔Palace Hotel'이라고 되어 있었다.

1967년 수상에 선출된 인디라 간디는 획기적인 법률을 발표했다. 그동안 부귀를 누려온 라자스탄의 봉건 영주인 라자Raja(지방 군주나 왕)의 직위를 폐지하고 특권을 박탈하는 조치를 내린 것이다. 이로 인해 큰 타격을 받게 된 그들 중 일부는 자신들의 성과 궁전을 호화 숙소로 개조하여 경제적인 자구책을 강구해야만 했다. 유물 전시관으로 개소한 홀에는 대대로 전해진 유물과 무기, 의복, 서적, 장신구 등이 몰락한 왕가의 퇴락해가는 자존심처럼 을씨년스럽게 전시되어 있었다. 침실 벽면과 구석에도 창과 칼, 투구, 총, 내용을 알 수 없는 깃발 등 여러 가지 물건들을 장식해 놓고 있었다. 비록 이렇게 생존을 걱정해야 하는 처지로 전락해버렸지만, 그 옛날의 찬란했던 위엄만은 무시당하고 싶지 않았는지도 모른다.

현실처럼 흐릿한 조명 속에서 그것들은 자본이라는 무기를 앞세워 자신들의 영역을 무례하게 침범해온 세인들을 은근히 위협이라도 하는 것처럼, 자신들의 마지막 긍지만은 절대 짓밟지 말아 달라는 무언의 저항처럼 일면 섬뜩해 보이기까지 했다. 불굴의 투지로 많은 강적을 물리쳤던 라지푸트의 후예들도 세

성벽(城壁) 도시의 낭만과 아름다움
파테푸르시크리와 자이푸르

월의 부침만은 막을 수 없었던 듯하다. 마치 중세의 영주가 된 듯 요즘에는 보기 어려운 고풍스러운 모양의 침대에 누웠으나, 낯선 어둠 속 어딘가에서 들려오는 힌두 사원의 구성진 기도 소리 때문인지 좀처럼 잠이 오지 않을 것만 같았다.

이튿날 아침, 느지막하게 눈을 떴다. 빗장을 열고 좁은 창문에 드리워져 있는 낡은 커튼을 걷으니 어두웠던 방 안이 제법 환해진다. 어려운 경제 사정 때문인지 전기는 이미 차단되어 있었다. 숙면을 취하지 못한 탓인지 몸살기가 도는 것처럼 온몸이 무거웠다. 아침 생각도 없었으나, 앞으로의 일정을 생각해서 깔깔한 식빵 한 조각을 씹으며 망고 주스를 한 모금 마셨다.

암베르성의 멋과 낭만

구시가지의 중심답게 많은 인파로 북적이는 하와마할 앞에서 버스를 탔다. 자이푸르의 최고 유적지라는 명성을 입증해 주듯 암베르성으로 가는 버스는 말 그대로 만원이었다. 그런 중에도 인도인들은 낯선 이방인을 향해 강렬한 시선을 집중하며 강한 호기심을 감추지 못했다. 그러나 또한 그들은 모처럼 난 자리를 양보하는 배려도 잊지 않았다. 이제 인도에 대한 막연한 두려움이나 거부감은 거의 소멸해버린 듯했다.

자이푸르 시내로부터 북동쪽 11km 지점의 높은 산으로 둘러싸여 있는 암베르는 11세기 초부터 18세기 중순까지 700년 동안 유지되어온 카스츠와하 왕조의 수도였던 유서 깊은 곳이다. 라지푸트로서는 처음으로 자이싱 2세는 여동생 조다 바이를 무굴 제국의 악바르 황제와 정략 결혼을 시켰다. 당시 무자비한 정벌을 통해 영토를 확장하며 무소불위의 세력을 떨치고 있던 악바르 황제와 정면으로 맞선다는 것은 너무나 위험 부담이 크기 때문에 선택한 고육지책이었다. 비록 속국으로 전락하긴 했으나, 그녀가 황제의 아들을 생산하게 되자 무굴 제국의 전폭적인 지원을 등에 업고 특권을 누린 카스츠와하 왕조는 일약 라자스탄 일원을 대표하는 강력한 세력으로 떠오르게 된다. 1592년 마하라자 만 싱이 짓기 시작하여 자이 싱이 완성했다고 하는 암베르성은 왕조의 번성과 위용을 과시하기 위해 지은 아주 화려한 건축물이다.

암베르성 입구에도 인도의 여느 유적지와 다를 바 없이 걸인들과 잡상인들이 무질서하게 진을 치고 있었다. 이들 사이를 무사히 헤집고 통과하는 일은 귀찮기도 하지만, 때로는 흥미가 넘

성벽(城壁) 도시의 낭만과 아름다움
파테푸르시크리와 자이푸르

암베르성 원경.
호수 건너편으로 바라보는
성채의 모습이 웅장하고도
아름답다.

치기도 한다. 대부분 바닥에 자리를 펼쳐 놓고 조잡한 목공예품이나 신선도가 떨어져 뵈는 바나나 등의 과일을 조금 늘어놓고 호객 행위를 하는 현지인들 주변을 어슬렁거리는 것은 아주 귀찮은 일을 자초하는 짓이다. 그들은 행인이 자기 물건에 조금이라도 관심을 보이는 기색이 느껴지면, 정말 떼어내기 힘들 정도로 끈질기게 매달리기 때문이다. 무관심의 편리함, 이것도 인도 여행에서 터득한 지혜라면 지혜다. 그런데 정말 그냥 지나칠 수 없는 일이 눈에 들어왔다. 한 인도 남자가 길가에서 짜파티(밀가루 반죽을 납작하게 만들어 구워낸 인도인의 주식)를 구워 팔고 있었다. 저럴 수가! 자세히 보니 그는 길가의 지저분한 시멘트 바닥에다 대고 연신 밀가루를 반죽하고 있었다. 그런데 더 놀라운 것은 태연하게 그것을 사서 아주 맛있게 먹고 있는 행복한 표정의 인도인들이었다. 한동안 그 특이한 광경을 의아스럽게 바라보고 섰던 나는 그가 만면에 미소를 지으며 그 짜파티 한 조각을 내미는 순간에서야 비로소 고개를 저으며 돌아섰다.

어림짐작으로 보아도 천혜의 요새임이 느껴지는 가파른 절벽 위에 웅장하게 서 있는 성채에 오르기 위해서는 우선 물을 막아 조성한 장방형의 호수를 건너야만 한다. 호수 옆으로 난 둑길을 걸으며 멀리 바라보는 성채의 원경도, 연두색 수면에 비친 그 그림자도 모두 나름대로 아름다웠다. 그렇지만 평지가 끝나

암베르성 오르는 길.
가파른 비탈길이지만, 코끼리를 타고 오르며
여유를 즐길 수 있는 낭만적인 길이다.

는 지점부터는 경사면에 지그재그로 나 있는 돌길을 걸어 올라
가야 한다.

그런데 정말로 암베르성의 낭만을 만끽하는 방법은 따로 있
다. 그것은 코끼리를 타고 오르는 것이다. 코와 얼굴과 다리에 형

성벽(城壁) 도시의 낭만과 아름다움
파테푸르시크리와 자이푸르

형색색의 화려한 문신을 하고 몸체에 붉은 융단을 덮은 코끼리의 평퍼짐한 잔등이에 왕좌처럼 얹혀 있는 사각형의 자리에 앉아 마치 그 옛날 라지푸트의 귀족처럼 흔들흔들 한껏 여유를 부려보는 것이다. 바닥에 돌이 깔린 비탈길을 느긋한 마음으로 터덜터덜 오르는 동안 흰옷을 입고 머리에 붉은 터번을 감은 몰이꾼은 코끼리의 목에 올라앉아 연신 무어라 알 수 없는 소리를 질러댄다. 전쟁이 났을 때, 몸놀림이 둔한 코끼리 부대가 신속하게 접근하는 것을 막기 위하여 아주 급격하게 꺾여 있는 비탈길을 다 오르면 드디어 넓은 정원이 있는 성문 안에 들어서게 된다.

다시 정면의 돌계단을 올라 본격적인 궁전 지역으로 접어들면 화려한 건물인 디와니카스가 나타난다. 일설에 의하면, 무굴 제국 4대 황제 제항기르가 이곳에 사자를 보냈는데, 접견실인 디와니카스의 호화로운 내부를 보여 주기가 껄끄러워 일부러 장식에 덧칠을 해 눈가림을 했을 정도라고 한다. 다시 궁전 안으로 들어가기 위해서는 붉고 푸른 모자이크와 벽화로 화려하게 치장한 출입문 가네샤폴을 통과해야 한다.

이곳을 지나면 기하학적인 모양으로 조경을 한 무굴 양식의 정원을 가운데 두고 자이 만디르, 수크니와스, 쉬시마할 등의 아름다운 방들이 자리 잡고 있다. 마하라자의 거소인 자이 만디르는 상감 세공 패널과 유리로 장식된 천장이 화려함의 극치를 자

암베르성 디와니카스 전경.
성문 안으로 들어서서 계단을 오르면
가장 먼저 만나게 되는 왕의 접견실이다.

아낸다. 일명 '쾌락의 방'이라고도 불리는 수크니와스는 인공 냉
방을 하기 위해 건물 밖에서 안으로 물을 끌어들이던 수로가 있
으며, 투각과 양각으로 새겨진 조각과 장식이 역시 아름답기 그
지없다. 왕비의 거처로 알려진 쉬시마할은 한 개의 촛불이 수천
개의 촛불로 보이도록 사방이 온통 수없이 많은 조각 거울로 장
식된 거울 궁전으로 유명하다. 이런 곳들을 둘러보면, 전문가들

성벽(城壁) 도시의 낭만과 아름다움
파테푸르시크리와 자이푸르

로부터 힌두와 이슬람 양식의 건축 기법을 총동원하여 지은 걸
작이라는 평가를 받는 이곳이 '거울의 성'이라고 불리는 이유를
금방 깨닫게 된다. 모자이크와 거울과 스테인드글라스 등 여러
가지를 이용하여 치장한 궁전의 화려함은 다른 곳에서는 쉽게
보기 어려운 것이다.

그런데 누군가는 이를 두고 아름답다고 할 것이며, 다른 이는

암베르성 쉬시마할 앞 정원.
근엄한 궁전 정원 한가운데에서 사랑을 속삭이는 청춘남녀의 모습이
대담하다 못해 가히 도발적이기까지 하다.

사치스럽다고 할 것이다. 아름다운 것과 사치스러운 것의 차이
는 과연 무엇일까? 그것은 역사를 문화로 바라보느냐, 권력으로
바라보느냐의 문제일 것이다. 다만, 분명한 것은 권력도 결국에
는 민중들에게 돌려주는 것이라는 사실이다. 한때 소수 권력의
소유였던 이 화려한 궁전도 이제는 다수의 생존을 영위해 나가
는 터전으로 후손들이 돌려받았으니 말이다.

성벽(城壁) 도시의 낭만과 아름다움
파테푸르시크리와 자이푸르

궁전 내부를 둘러보고 막 정원에 들어섰을 때, 무엄하게도 서양의 청춘 남녀 한 쌍이 그 한가운데를 떡하니 점령한 채 형이상학적이게 기하학적인 자세로 당당하게 사랑을 속삭이고 있었다. 먼 옛날, 이곳에서 수많은 후궁들과 사랑을 탐닉하기 위해 비밀 복도를 통해 그녀들의 거소를 은밀하게 출입했던 절대권력자 마하라자도 이제는 그들을 어쩌지 못하고 있는데, 하물며 지나는 행인들이야 오히려 그들의 눈치를 보며 시선을 피하

암베르성 전경.
암베르성 위 산 정상에 있는
자이거 포트에서 내려다 보면
그 웅장한 규모가 한눈에
들어온다.

는 수밖에. 오호라, 저것이 바로 아래로 흐르는 물과 같고 앞으로 굴러가는 수레바퀴와 같다는, 그 역사라는 것이 아니겠는가. 그래서 또한 무상하다면 무상한 것 같고 순리라면 순리 같은 것이 역사의 흐름일 것도 같은데, 어쨌든 나그네가 성벽 난간에 기대어 서서 바라보는 저 풍경과 이 순간도 분명 역사의 한 장면이자 한 지점일 것만은 분명한 듯했다.

우다이푸르
와
마운트 아부

우다이푸르 가는
길

인도 여행은 역설이다. 특히, 라자스탄 지역에 접어들면서 언제부터인지 내 시각은 그렇게 교정되어버린 것 같았다. 뽀얗게 발등을 덮는 흙먼지 너머로 다가오는 풍경과 인정이 한층 더 정겨워지기 시작한 것이다. 어제저녁 무렵, 자이푸르 정션Jaipur Junction역을 출발하여 장장 436km를 밤새 달린 기차가 남부 라자스탄의 우다이푸르 시티Udaipur City역에 곤한 몸을 잠시 기대기 위해 멈춘 것은 이른 아침 녘이었다. 이제 밤기차의 덜컹거림이 규칙적인 리듬의 정겨움으로 온몸 구석구석을 어루만지고, 비좁고 딱딱한 침대가 깊은 꿈결처럼 아늑하게 가라앉는다. 비로소나도 여행자의 기본자세를 터득하게 된 것이다. 간혹은 그것이인정이든 풍경이든 간에 그렇게 바라보아야만 마음의 위안을얻을 수 있는 경우가 있다. 우리네 삶도 이와 별반 다르지 않을 것이다. 메마름도 아름다운 우다이푸르는 그렇게 역설적으로 나를 기다리고 있었다.

라자스탄의 오아시스라 불리는 호반의 도시 우다이푸르가 역사의 전면에 부각된 것은 16세기 중반 무렵이다. 메와르 왕조의 마하라나 우다이 싱 2세는 수도인 치토르가르를 침략해 온 무굴 제국의 악바르 황제에게 처절히 맞섰으나 비극적인 패배를 하고 만다. 끝내 치토르가르성이 함락되자 우다이 싱 2세는 1568년에 이곳으로 천도를 감행하기에 이른다. 아라발리산맥의 한 구간으로서 구릉이 많은 우다이푸르가 적의 침략을 방어하기에 지형적으로 유리하다고 판단한 것이다.

메와르 왕조의 기원은 불분명하지만, 대략 8세기경에 라지프트족에 의해 세워진 것으로 전해진다. 한때 영토를 확장하며 전성기를 구가하기도 하였으나, 왕위 계승을 둘러싼 혈육 간의 오랜 분쟁과 여러 차례에 걸친 이슬람 세력의 침입에 시달리다 명맥만 겨우 유지하는 소국으로 전락하고 말았다. 그러나 라자스탄 역사에서 가장 처절했던 치토르가르성 전투를 비롯하여 라나 쁘라탑(우다이 싱 2세의 아들)과 같은 전설적 영웅이 이끈 끈질기고 용맹스런 반외세 투쟁의 전통과 자부심은 오늘날까지도 인도 힌두들의 가슴 속에 면면이 이어져 오고 있다 한다. 라자스탄이 외래문화에 훼손당하지 않은 순수한 힌두문화를 간직할 수

있었던 것도 다 그런 역사에서 연유한 것이다.

특별할 것 없이 투박하고 낮은 우다이푸르 역사는 인도의 대부분 기차역과 마찬가지로 시멘트 표면에 아이보리색 페인트를 거칠게 칠한 모습을 하고 있었다. 역전에서 오토릭샤를 타고 성벽 안으로 진입하여 구시가지의 골목을 헤집고 한참을 달린 끝

우다이푸르의 숙소의 루프탑 카페에서
조망하는 피촐라 호수의 풍경.
특히 석양빛에 물든 호수를
아치형의 전통 창문을 통해 바라보노라면
황홀경에 도취되고 만다.

호반(湖畔) 도시의 두 풍경
우다이푸르와 마운트 아부

에 작디쉬 사원 근처의 숙소 밀집 지역에 도착해 여장을 풀었다. 숙소 근처는 옷과 장신구와 그림 등을 파는 고만고만한 가게들이 양옆으로 늘어서 있는 다소 낡고 지저분하고 복잡한 풍경의 골목이었다. 그렇지만 생각하기에 따라서는 나름대로 고풍스럽고 낭만적이고 활기찬 분위기가 연출되고 있는 곳으로 보이기도 한다.

그런데 막 숙소에 다다랐을 때, 뒤따라온 오토릭샤에서 고성이 들려왔다. 사정을 넌지시 알아보니 한국의 젊은 여대생 둘이 방금 타고 온 오토릭샤 운전사와 요금을 가지고 실랑이를 벌이는 중이었다. 머나먼 이방에서 때아닌 동족 의식이 발현된 것이었을까. 어디서 나타났는지 그들 주위에는 제법 많은 수의 한국인 여행자들이 하나둘 몰려들었다. 한동안이나 팽팽한 긴장감을 자아내며 호각지세로 맞섰던 양쪽의 다툼은 결국 승객의 승리로 돌아갔다. 차를 가로막고 서서 거칠게 항의하는 승객을 향해 두 팔을 내저으며 무언가 이해를 구하는 듯 사정하는 조로 버티던 릭샤왈라가 구겨진 지폐 한 장을 내놓는 것으로 사건은 일단락되었다. 10루피였다. 생각하기 따라서는 하찮것없는, 우리 돈으로 약 250원에 불과한 싱거운 분쟁이었다. 인도의 오토릭샤는 정액제도 실시하지 않고 미터기를 사용하지 않는 경우가 많기 때문에 반드시 타기 전에 요금 흥정을 해야만 나중에 분쟁이 생기는 것을 피할 수 있다. 그렇게 해도 많은 수의 릭샤왈라는 목적지에 도착하면 웃돈을 요구하거나, 심지어는 잔돈이 없다며 거스름돈을 내주지 않고 끈질기게 버티는 경우가 있기 때문이다.

대부분의 여행자들은 인도에 발을 딛는 순간부터 부자가 된 듯 뿌듯해진다고 한다. 너무나도, 때로는 어이없을 정도로 싼 물가 덕분이다. 그러나 조심해야 한다. 오히려 마음이 더욱 가난해질 수 있기 때문이다. 유럽 여행을 할 때는 가난한 하인처럼 주눅 들어 있다가 인도에 오면 부자 귀족이 된 듯 허세를 부리게 된다는 말을 어느 지인으로부터 들은 적이 있다. 나는 그 말을 비굴한 가난뱅이와 혹독한 부자의 두 얼굴을 동시에 지니고 살아가는 우리 모습에 대한 풍자로 이해하고 싶었다.

행여 조금이라도 체면이 깎일세라 고가의 명품은 가격을 깎지 않고 부르는 대로 구입하는 사람이 노점상의 몇 푼 되지 않는 콩나물 가격을 깎기 위해 정작 체면이 깎이는 수모도 아랑곳하지 않고 실랑이를 벌이는 것과 같은 이중성에 대한 경계라고나 할까. 오늘도 일부의 여행자들은 이미 마음이 가난뱅이로 전락해 버린 채 부자인 양 허세를 부리며 인도를 겉도는 우를 범하고 있을지도 모른다. 물론 고귀한 인정과 값싼 동정은 혼동하지 말아야 한다. 그들의 얄팍한 상혼이나 정당하지 못한 요구에 무작정 응할 필요는 당연히 없다. 그러나 몇 푼어치도 되지 않는 우월감에 사로잡혀 행여 상대를 무시하려고 하지는 않았는지, 나아가 정작 가난한 것은 그들이 아니라 우리가 아닌지, 인도를 여행하는 내내 무언가 찜찜하게 마음을 짓누르던 생각들을 말끔히 떨쳐 낼 수 없었던 것도 사실이다.

그 이름이 말해주듯 우다이푸르도 역시 성벽 도시이다. 신시가지와 경계를 이루고 있는 옛 성벽이 고색창연한 구시가지를 둘러싸고 있다. 그러나 오늘날 인구 50여만 명 남짓한 이 도시는 인도 제일의 호반 도시로 더 유명하다. 새로운 수도를 건설하면서 우다이 싱 2세가 도심 서쪽에 석조 댐을 축조하여 인공으로 확장한 길이 4km, 폭 3km의 거대한 피촐라 호수는 이제 이곳의 상징이 되어버렸다. 호수 동쪽 기슭을 따라 길게 조성된 구시가지의 웅장한 궁전과 고풍스런 하벨리(호화 저택)들과 가트들의 잔영이 거울처럼 맑고 잔잔한 물 위에 비친 모습은 평화롭기 그지없다. 특히, 호수 가운데에 동화의 한 장면처럼 떠 있는 아름다운 궁전과 호텔이 은은한 달빛 속에 제 그림자를 벗어 수면 위에 적시고 서 있는 밤 풍경은 라자스탄 최고의 낭만으로 손꼽힌다고 한다. 독립 이후, 마운트 아부와 더불어 인도의 신혼여행지로 각광을 받는 것도, 1983년 존 글렌이 감독하고 로저 무어가 주연을 맡은 〈007 옥토퍼시Octopussy〉의 해상 추격 장면 촬영지로서 명성을 얻을 수 있었던 것도 다 이 호수 덕분이라고 한다.

그러나 전에 내가 이곳을 처음 찾았을 때는 건기여서인지 아쉽게도 호수는 거의 바닥을 다 드러낸 채로 바싹 말라 있었다. 동양의 베니스라는 찬사도, 인도에서 가장 낭만적인 도시이자 라자스탄의 오아시스라는 아름다운 명성도, 달밤의 낭만도, 007 영화의 전설도 다 말라버리고 없었다. 기대가 크면 실망도 큰 법이라 했거늘, 호수가 말라 버린 우다이푸르는 사막과도 같이 거칠고 메마른 표정을 짓고 있었다. 나는 결심했다. 반드시 다시 찾아오리라. 그리고 몇 년 후, 기대보다 훨씬 더 아름다운 호수를 만나게 된 것이다.

하루 일정을 마치고 숙소로 돌아오자마자 나는 곧바로 지배인을 불렀다. 아침에 나가면서 고쳐 달라고 부탁한 문고리가 아직도 망가진 채 덜렁거리고 있었기 때문이다. 나는 방을 바꿔 달라고 요구했다. 그러나 그는 남은 방이 없다며, "노 프러블럼(문제 없다)"이라는 말만 반복했다. 이건 낙천성이 아니라 무책임일 뿐이라는 생각이 들었다. 계속되는 나의 채근에 마지못해 망치를 들고 온 그가 못질을 하는지 잠시 뚝딱거리더니 다 고쳤다고 나를 보며 히죽 웃었다. 그런데 가까이 다가가 자세히 살펴본 나는 다시 짜증이 났다. 그가 고쳤다는 문고리를 잡아당기자 힘없이 다시 빠져버렸다. 얼마나 이 일이 반복되었는지 못이 빠져나

간 곳의 나무가 아예 다 부스러져버려서 더 이상 못이 단단하게 박힐 자리가 없었다. 그는 문고리를 고친 것이 아니라 못이 빠진 헐거운 구멍에 임시방편으로 못을 꽂아 놓은 것에 불과했다.

카르니 마타 사원 옆의 선셋 포인트에서 조망한 우다이푸르 전경.
고풍스러운 시티 팰리스와 레이크 팰리스 호텔이 피촐라 호수와
어우러진 도시의 풍경이 참으로 평화롭고 아름답다.
레이크 시티(Lake City)이자 화이트 시티(White City)라는
별명이 붙을 만하다.

호반(湖畔) 도시의 두 풍경
우다이푸르와 마운트 아부

그는 곧 사람을 보내 튼튼하게 고쳐 주겠다는 말을 남기고 사라졌다. 그러나 끝내 다시 오지 않았다.

이 불가사의한 낯선 땅에서 잠기지 않는 문을 믿고 편안한 잠을 청한다는 것은 아무리 생각해도 언어도단일 뿐이었다. 그러나 언제 어떻게 잠이 들었는지 퍼뜩 놀라 눈을 떠 보니, 아직도 어슴푸레한 방 안으로 사원의 구성진 기도 소리와 골목을 질주하는 오토릭샤들의 소음이 스테레오로 쏟아져 들어온다. 인도의 새벽은 소리들과 함께 깨어난다. 한동안 침대에서 몸을 일으키지 않았다. 아무리 생각해도 참으로 어이없는 일이었다. 나는 방문 앞에 끌어다 막아 놓은 낡은 소파와 배낭을 보며 한시라도 바삐 이곳을 떠나고 말리라고 머리를 흔들었다. 별로 허기는 느껴지지 않았지만, 일단 쓰린 속을 달래고 멍한 머릿속을 씻어낼 겸 무작정 골목으로 나왔다. 그러나 막상 갈 곳도 없어 서성이고 있을 때, 누군가가 부르는 듯한 소리가 들렸다.

문득 고개를 들어 숙소 건물을 올려다보니 5층 꼭대기 옥상 난간에서 소년이 내려다보며 손짓을 하고 있었다. 인도의 숙소들은 대부분 옥상에 레스토랑이나 카페를 꾸며 운영하고 있다. 썩 내키지는 않았으나, 그곳으로 올라갔다. 종업원인 듯한 소년은 이미 나를 잘 알고 있는 것처럼 정답게 인사를 건넸다. 상술이 뛰어난 그들에게는 자신들의 숙소에 깃든 손님들의 면면을 파악하는 것이 영업의 기본일지도 모른다. 그래서 아침 식사 손님을 놓치지 않기 위해 일찍부터 망을 보고 있었을 것이다. 나는 무표정하게 시가지가 한눈에 내다보이는 난간 옆에 자리를 잡고 토스트와 짜이 한 잔을 주문했다. 혹시나 했더니, 아니나 다를까 토스트는 구운 게 아니라 태운 것처럼 숯덩이 같았다. 나는 불만을 표시했다.

잠시 후 다시 구운 빵을 가져왔지만, 솔직히 그게 그거였다. 기분 같아서는 다시 퇴짜를 놓고 싶었지만, 그것마저도 귀찮았다. 입안에서 바스락 부스러져 모래알처럼 씹히는 빵은 없는 식욕을 더 없게 만들기에 충분했다. 나는 자포자기 심정으로 따끈한 온기가 남아 있는 짜이만 한 잔 들이켰다. 그리고 바로 옆의 힌두 사원에서 남루한 차림의 민중들이 신을 참배하기 위해 요란한 종소리를 울려대며 줄을 지어 서 있는 모습을 물끄러미 내려다보며 상념에 잠겨 있었다.

저들에게는 삶이 곧 신앙이고, 신앙이 곧 삶인 것 같았다. 어찌 보면 종교가 저들을 너무 혹사하고 있는 것 같기도 했다. 얼마나 지났을까. 문득, 소년이 토스트가 담겨 있는 접시를 들고 다시 다가온다. 나는 추가로 주문한 적이 없다고 고개를 저었다. 주문하지도 않은 음식까지 강요하겠다는 것인가? 경직된 내 얼굴을 보고 소년은 아주 해맑고 앳돼 보이는 표정으로 웃으며 내

앞에 접시를 내려놓고 돌아섰다. 서비스란다. 세 번째 다시 구워 온 빵은 그런대로 먹을 만했다. 나는 마음이 조금 누그러졌다. 어느 결엔가 떠오른 해가 반대편 언덕을 비추고 있었다. 그곳에는 마치 금빛 옷을 입히듯 보송보송한 아침 햇살이 웅장한 건물의 머리부터 발끝까지 차례대로 물들고 있었다. 잠시 후, 막 어둠 속에서 걸어 나온 듯 금빛 궁전이 눈부신 자태로 우뚝 서 있었다. 바로 시티 팰리스City Palace였다.

시티 팰리스

신기한 일이었다. 그동안 내 안에 축축하게 가라앉아 있던 우울과 짜증이 바싹 마른 햇살이 연출해 내는 아름다움을 목격하는 동안 슬그머니 증발해버린 듯했다. 나는 그 바삭한 햇살 속으로 가벼운 발길을 서둘렀다. 이른 새벽부터 참배자들로 붐비던 작디쉬 만디르Jagdish Mandir 경내는 비교적 좁은 편이었지만, 대리석 건물은 전체적으로 전형적인 힌두 양식의 날렵한 몸매를 하고 있었고, 그 사방 벽면마다 힌두교와 관련된 각종 조형물들이 빽빽하게 조각되어 있었다. 1651년, 마하라나 자갓 싱이 세운 신전 안에는 비쉬누신의 현현으로 받아들여지고 있는 우주의 신 자간나뜨Jagannath의 신상이 모셔져 있었다.

다시 남쪽으로 난 대로를 조금 걸어 내려가노라니 웅장한 시티 팰리스가 나타난다. 출입문 밖에는 벌써 성안으로 들어가려는 사람들이 진을 치고 있다. 우다이 싱 2세가 처음 건설한 이 대리석 궁전은 규모도 크고 외관도 아름답지만, 그 내부의 화려함도 결코 그에 못지않다. 현재 박물관으로 개조되어 일반에 공개되고 있는 궁전의 본관 건물 내부를 세밀하게 둘러보기 위해서는 다소 어둡고 비좁은 미로와 같은 복도와 계단을 꽤나 많이 오르락내리락해야 한다. 나름의 독특하고 화려한 장식이 인상적인 방들과 진기한 유물들이며 공예품들이 진열된 전시실을 하나하나 찬찬히 둘러보는 일은 라자스탄 고유문화의 향기를 음미하며 아기자기한 재미에 몰입하기에 더없이 좋은 기회가 될 것이다. 우선 이곳은 궁전 전체가 하나의 커다란 예술품이라 할 만큼 장식이 세밀하고 다양하고 화려하다. 그리고 지친 발길을 잠시 쉬기에 안성맞춤인 바리마할 정원의 기하학적인 구조와 한가로운 분위기, 1620년에 건설된 모띠마할의 현란한 거울 세공 장식, 어지러울 정도로 황홀하게 치장되어 있는 왕비 침실의 유리 장식과 형형색색의 거울 장식, 치니마할의 회화적인 타일 모자이크, 세밀함과 화려함의 극치를 보여주는 모르촉의 공작

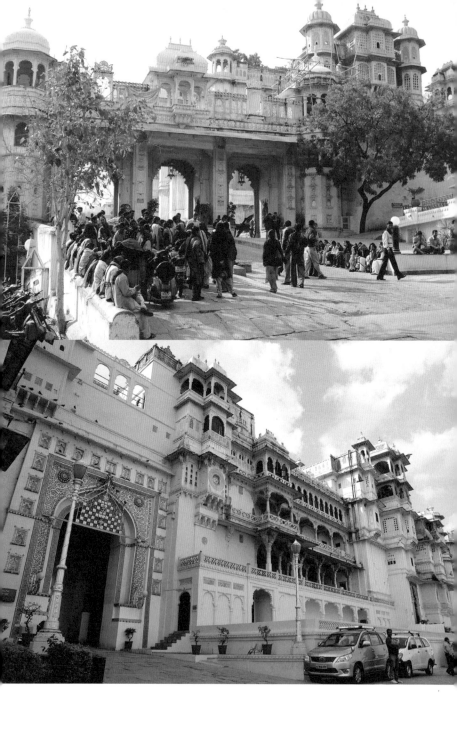

색유리 모자이크, 크리쉬나 빌라스에 전시되어 있는 극세極細한 필치의 라자스탄 세밀화들에 이르기까지 그 어느 것 하나도 쉽게 지나치기 어려우리만치 아름답고 개성 넘치는 유물들이다.

그런데 여기에 곁들여 결코 간과할 수 없는 유물이 하나 더 있다. 바로 풍경이다. 높은 언덕에 자리 잡은 궁전 꼭대기의 창문과 난간에 기대어 내려다보는 중세 도시의 고풍스러운 전경은 나그네의 마음을 한없이 평화롭게 가라앉힌다. 그리고 고만고만한 건물들이 나무들과 어울려 빽빽하게 들어찬 시가지 전체를 한눈에 조망하는 일은 시간을 망각하게 한다. 시선을 서쪽으로 돌리니 피촐라 호수의 너른 품새가 한눈에 들어온다. 명성 그대로 수려한 물의 나라 풍경은 광활하고 고즈넉했다.

호수 한가운데에 거대한 회화처럼 선명하게 돋을새김으로 그려져 있는 백색 궁전 호텔 레이크 팰리스가 시선을 사로잡는다. 1754년에 자갓 싱 2세가 호수 가운데 섬에 지은 왕실의 여름 궁전이었으나, 지금은 인도에서 손꼽히는 초호화 호텔로 개조되어 유명세를 떨치고 있다. 남인도 뭄바이의 저 유명한 타지마할

항상 관광객들로 붐비는
시티 팰리스 입구와 내부 건물.

호반(湖畔) 도시의 두 풍경
우다이푸르와 마운트 아부

호텔이 한껏 멋을 부려 웅장함을 과시하려는 기질을 지닌 쾌남아라고 한다면, 이곳의 레이크 팰리스 호텔은 사치를 부리지 않고 절제된 아름다움을 은은히 풍기는 미인의 환한 얼굴이라 할 것이다.

인도 여행의 백미 중 하나는 이렇듯 높은 성이나 궁전의 난간에 기대어 병풍처럼 둘러 있는 풍경을 멀리 바라보는 일이다. 세부적으로는 척박하고 어수선한 곳일지라도 그렇게 바라보는 풍경은 예외 없이 아름답고 평화로웠다. 그런데 처음에 나는 그것이 우연의 일치라고 생각했다. 그러나 풍경도 우연히 얻어지는 것은 결코 아니다. 각각의 건축가가 지닌 심미안의 수준에 따라 장소를 정하고 높낮이를 헤아리고 방향을 맞추어 계획적으로 얻어낸 구도일 것이기 때문이다. 따라서 그 선택도 바로 창조 행위요, 그 결과 얻어진 의미 있는 풍경은 그가 창조해낸 유물인 것이다. 유형의 물건만이 꼭 유물의 전부는 아니다.

형형색색의 거울과 유리 장식이 화려함의 극치를 보여 주고 있는
모띠마할의 내부 모습(위).

시티 팰리스 모르촉의 공작 색유리 모자이크 장식과
조각 장식들은 감탄을 자아낼 만큼 섬세한 아름다움이 돋보인다(아래).

호반(湖畔) 도시의 두 풍경
우다이푸르와 마운트 아부

호텔 레이크 팰리스.
피촐라 호수 가운데 그림처럼 떠 있는 아름다운 궁전 호텔이다.
호수가 메말랐을 때와 물이 가득 차 있을 때의 풍경은
사뭇 대조적이다.

궁전을 나오다가 마지막으로 들른 곳은 크리스털 갤러리Crystal Gallery였다. 마하라나 사잔 싱이 1877년에 영국에서 수입한 크리스털로 모든 가구가 꾸며져 있는 곳이다. 입장료도 비싸고 사진 촬영도 금지하는 등 매우 소중하게 관리하고 있었다. 하지만 무척 현란하다는 느낌은 들었으나 소문처럼 그리 아름답다는 생각은 들지 않았다.

호수의 가장자리에는 여러 개의 가트가 조성되어 있고, 몇 개의 호화 저택인 하벨리가 운치 있게 늘어서 있다. 물이 메말라 있을 때 염소와 양들이 풀을 찾아 진흙 바닥을 활보하고 있던 호수에는 물이 가득 차오르자 넘실거리는 물살을 가르며 유람선이 떠다니고 있다. 호수가 살리고 있는 도시다. 그러고 보니 '레이크 시티Lake City' 우다이푸르의 풍경을 쥐락펴락 연출하는 총감독은 호수였다.

그런데 보기에 따라서는 메마른 풍경도 나름대로 시선을 끌

호반(湖畔) 도시의 두 풍경
우다이푸르와 마운트 아부

시티 팰리스 벽면에 장식 그림을 그리고 있는
화공의 모습이 진지하다.
이렇게 풍경이 재탄생을 거듭하는 동안
그것이 쌓여 유물이 되고 역사가 된다.

기에 충분하다. 물이 없다고 해서 아름다움이 사라진 것이 아니
라, 다만 풍경이 잠시 바뀐 것뿐이다. 따지고 보면, 호수는 잘 치
장된 겉모습에 불과했다. 겉모습에 현혹되면 속마음은 볼 수 없
게 된다. 어둑해지는 골목길을 걸어 숙소로 돌아오면서 나는 이
도시의 본질적인 아름다움이 꼭 호수에만 있는 것은 아니라고

생각했다. 자칫 호수에만 집착하다가, 너무 관념적인 아름다움에만 집착하다가 내밀한 도시의 속살을 보지 못할 수도 있는 것이다. 오히려 말라버린 호수 덕분에 상상의 아름다움을 보이지 않는 것의 아름다움을 못 보았기 때문에 더 아름답게 보게 되었다면 지나친 역설일까?

이미 한나절을 넘긴 해가 메마른 호수 뒤편으로 시들어가는 풍경을 마무리하듯 눈부시게 어루만지며 호숫가를 거닐어 보기로 했다. 안에서 보는 풍경만큼이나 밖에서 보는 풍경도 무척 아름답다. 호수 속에 오후의 진한 그림자를 빠뜨리며 서 있는 궁전을 바라보며 차나 술 한잔의 낭만을 즐기는 늦은 오후의 시간이 너무나 여유로웠다. 머지않아 석양에 물들면 궁전은 또 다른 모습으로 분장을 하고 여행자를 유혹할 것이다. 세계적인 야경 명소로 소문난 곳은 아니지만, 피촐라 호숫가에서 바라보는 시티 팰리스의 야경은 너무 화려하지 않으면서도 고풍스럽고 담백하게 황홀했다.

밤이 이슥해지기 전에 서둘러 다시 숙소로 돌아오니, 지배인이 뒤따라와 배낭이며 소지품을 의심 어린 눈초리로 뒤적거리는 나를 보고 방을 옮기고 싶다면 그렇게 하라고 말한다. 여전히 문고리는 고치지 않았다. 엄밀히 말하면 문짝을 바꾸지 않고서는 고칠 수 없는 것처럼 보였다. 그래도 내력이 있는 궁전 호텔

호반(湖畔) 도시의 두 풍경
우다이푸르와 마운트 아부

답게 고풍스런 장식이 붙어 있는 방문은 육중하게 느껴질 정도
로 크고 견고해 보였다. 문고리도 예스럽게 크고 투박한 청동제
장식으로서 그리 쉽게 망가질 것 같지는 않은 모양이었다. 지배
인도 이해할 수 없다고 했다. 그 견고했던 문고리를 망가뜨린 것
도 다 여행자들이라고 한다. 저렇게 고칠 수 없을 정도로 파괴한
것도 다 자꾸만 더 견고하게 마음을 닫고 문을 닫으려고만 했던

피촐라 호숫가에 앉아
바라보는 시티 팰리스의
야경은 싫증이 나지 않을 정도로
담백하면서도 황홀하다.

여행자들의 편협한 관념이었던 것이다. 나는 방을 바꾸지 않겠
다고 했다. 비로소 그동안 불안을 달래려고 빈틈없이 드리워 놓
았던 커튼을 걷으니 이곳이야말로 옆 사원의 뜰이 한눈에 내려
다뵈는 아주 전망 좋은 방이었다. 창문이든 마음이든 열지 않고
서는 아무것도 보이지 않는다는 그 평범한 진리를 망각하고 지
낸 날들이 후회스러웠다. 진정한 여행자가 되기 위해서는 보이

호반(湖畔) 도시의 두 풍경
우다이푸르와 마운트 아부

는 대로, 느껴지는 대로, 마음을 활짝 열고 만나야 하는 것인데도.

　이후, 마음 내키는 대로 이곳에 며칠간 더 머무르는 동안에는 경사 심한 계단을 오르내리며 길들어가던 옥상 카페의 토스트와 짜이 맛도, 원색적인 색채와 세밀한 필치를 자랑하는 라자스탄 세밀화를 파는 가게가 늘어서 있는 시장과 골목의 비좁은 길도, 조급함 없이 유유히 둘러볼 수 있었던 라자스탄 민속촌 쉴프그람Shilpgram의 토속적인 바람결과 흙먼지도 다 정겹게 안겼다. 시가지 서쪽 외곽 산 정상에 세월의 무게만큼이나 낡은 모습으로 서서, 저 멀리 메마른 앞자락에 한 모금의 호수를 품고 펼쳐져 있는 우다이푸르 시가지를 굽어보던 19세기의 궁전 몬순 팰리스Monsoon Palace의 한나절 적막도, 메마름을 견디지 못하고 타오르는 불꽃처럼 유난히도 붉게 번지던 산정 노을도 전혀 모자람 없는 아름다운 풍경이었다. 그렇게 마음속에 촉촉하게 고여 버린 정감을 간직한 채, 모든 것이 아름다운 레이크 시티Lake City이자 화이트 시티White City인 우다이푸르를 떠났다.

마운트 아부

라자스탄의 유일한 산간 고원 도시 마운트 아부로 가기 위해서는 우다이푸르 시외버스 터미널에서 공영버스를 타야 했다. 그곳에는 철도가 없기 때문이다. 버스 터미널의 규모는 꽤 컸고 많은 인파로 붐비고 있었지만, 우리가 탄 차는 장거리를 주행하는 시외버스였는데도 불구하고 불안할 정도로 몹시 낡아 있었다. 게다가 군데군데 찢어진 비닐 덮개가 씌워져 있는 녹슨 철제 의자며, 가속할 때마다 몸부림하듯 심하게 요동치던 낡은 엔진 소리며, 자신의 몸체보다 서너 배나 더 커 보이는 짐을 둘러메고 이미 만원이 된 차내를 막무가내로 비집고 들어오는 인도인들의 필사적인 모습 등은 이 여정의 만만치 않은 고난을 예고해 주는 듯했다.

목적지까지 장장 여섯 시간 정도나 걸리는 길은 그리 평탄하지 않았다. 특히 버스가 평지를 벗어나 드디어 산악 지대를 오르기 시작하면서 풍경은 갑자기 급변했다. 듬성듬성 이름 모를 나무들이 거친 바위 사이에 뿌리를 내리고 위태롭게 삶을 지탱하고 있는 험준한 산비탈로 한 줄기의 가느다란 아스팔트 길이 고불고불 감겨 있었다. 힘겨운 비명을 지르듯 엔진 소리를 한껏 높인 채 덜덜거리며 버스가 그 힘겨운 운행을 무사히 마칠 때까지

손아귀에 저절로 힘이 주어지고 손바닥엔 땀이 고였다. 게다가 차창으로 뛰어올라 승객들이 들고 있는 바나나를 탈취하기 위해 호시탐탐 기회를 노리며 버스가 주춤거리는 급한 모퉁이마다 떼를 지어 잠복해 있던 긴꼬리원숭이들의 도발적인 눈빛을 애써 외면하는 일도 만만치 않은 긴장감을 자아내기에 충분했다. 그러나 고진감래苦盡甘來라 했던가. 메마르고 거친 아래와는 달리 정상이 가까워질수록 수목의 초록빛이 점점 무성해지고 계곡물이 흐르기 시작하더니, 급기야는 별천지 같은 풍경이 거짓말처럼 불쑥 나타나는 것이 아닌가. 그렇게 악조건을 무릅쓰고 감행한 산행 끝에 도착한 해발 1200m의 아부산 정상 분지에는 아담한 도시가 아름답게 펼쳐져 있었다.

이곳은 일찍이 인도인들에게 피서지와 신혼여행지로 이용되던 한적한 곳이었다고 한다. 그런데 근래 그 운치가 입소문을 통해 알려지면서 여행자들이 긴 여정의 피로를 달래기 위해 무거운 배낭과 지친 마음을 동시에 내려놓고 싱그러움을 충전하며 쉬어 가는 곳으로 각광을 받고 있다. 이 작고 외진 도시를 그렇게 유명하게 만든 것은 바로 호수와 사원이다. 얼핏 척박할 것처럼 생각되는 산악 도시지만, 보기만 해도 지친 마음이 저절로 상쾌해지는, 유리처럼 맑고 잔잔한 호수를 품 안에 안고 있다. 또한 인도에서(혹은 세계에서) 가장 아름다운 대리석 조각을 볼 수 있는 자이나교 사원이 바로 이곳 근처에 있다. 사진 촬영을 금지하기 때문에 그 아름다움을 마음속에만 담아 와야 한다는 아쉬움은 있지만, 근처에 있는 딜와라^{Dilwara} 사원의 대리석 장식들은 돌로 조각한 것이라고는 도무지 믿기지 않을 정도로, 마치 흰 실로 뜬 레이스보다도 더 섬세하다는 찬사를 받고 있다.

호수는 한쪽에 둑을 막아 인공으로 조성한 것인데도 자연스럽게 물빛이 살아 있었다. 신이 손톱[nakh]을 이용하여 팠다는 전설에서 그 이름이 유래되었다는 낙끼^{Nakki} 호수는 마운트 아부를 부양하는 소중한 심장이다. 비록 규모가 아주 크지는 않지만, 호수가 지닌 매력은 결코 작지가 않았다. 페달 보트를 타고 호수 가운데를 가로지르며 잔잔한 물살을 수채화처럼 그어보는 재미도, 수목이 우거진 물가를 천천히 거닐며 세월처럼 밀려오는 잔물결과 무언의 밀어를 나누는 사색의 기쁨도 모두 가슴 설레는 일이었다. 또한 호수의 전경이 한눈에 들어오는 고풍스런 호텔 로비에 앉아 그저 물빛을 바라보는 것만으로도 무한의 여유로움이 안겨주는 행복감을 만끽하고도 남음이 있었다. 특히, 호수의 물빛이 서서히 어둠 속으로 증발하고 불그레한 홍조를 띠기 시작할 무렵, 누군가 건넨 킹 피셔 맥주 한 잔을 홀짝이며 눈가를 붉히던 그 감상만큼은 절대로 깨고 싶지 않았다. 평소 술을 잘하지 못하는 나도 그때만큼은 맛이 아닌 분위기로라면

마운트 아부의 낙끼 호수.
높은 산 정상에 아름다운
호수가 싱그러운 물빛을
머금고 담겨 있다.

절대 누구에게도 뒤지지 않고 마냥 마셔댈 자신이 있었다. 호수의 밤은 그렇게 또 낭만적으로 깊어만 가고 있었다.

그런데 정작 기대에 들떠 찾아간 곳에서 만나지 못했던 물빛의 싱그러움을 이렇게 기대하지 않았던 곳에서 만끽하게 되다니, 이것도 다 역설의 섭리란 말인가. 솔직히 마운트 아부가 호반 도시라는 소문을 듣긴 했지만, 처음 찾았을 때의 메마른 우다이푸르를 떠나면서 호수에 대한 기대감은 이미 접었던 것이 사실이다. 그렇지만 인도는 메마름도 싱그러움도 다 아름다운 곳이라는 생각이 들었다. 나는 아무리 척박한 메마름 속이라 할지라도 그 아름다움만은 영원히 마르지 않기를 빌고 또 빌었다.

메마른
골짜기에
피어난
백색 연꽃

라
낙
푸
르

라낙푸르 가는
길

낡고 비좁은 자동차는 힘겹게 엔진 소리를 높이면서, 어찌 보면 메마르고 또 어찌 보면 한가로워 보이기도 하는 라자스탄 평원 한복판을 계속해서 달린다. 마운트 아부를 떠난 지 벌써 서너 시간은 훌쩍 지난 듯하다. 이따금 나타나는 작은 마을 공터에는 인도 국기가 펄럭이는 가운데 제법 많은 주민이 운집해 있는 장면이 종종 목격된다. 눈여겨보니, 아마도 무슨 선거 유세가 있는 모양이다. 어느 사회에서나 정치는 민중들을 선동하기 위해 낙원을 약속하고 있건만, 그는 대부분 한낱 이상에 불과할 뿐임을 저 황량한 현실 풍경이 증언해 주고 있다. 그것이 어디 정치뿐이랴.

인도에 많이 있는 것 몇 가지를 꼽으라 한다면 우선 넓은 국토에 걸맞게 어마어마하게 많은 인구를 떠올리게 될 것이다. 최근 인도의 인구는 약 14억 명을 돌파한 것으로 추정한다. 이는 중국을 추월한 세계 1위로서 전체 세계 인구의 거의 15%를 차지하는 엄청난 수치다. 즉, 세계 인구 7명 중의 하나가 인도인이라는 뜻이 된다. 그런데 국민 1인당 GDP가 세계 190개국 중 137위에 불과하다는 최근 통계를 볼 때, 현재의 심각한 빈곤 문제는 인구 과다와 무관하지 않을 것이다. 다음으로 인도에 많은 것 중의 하나는 언어다. 한 통계에 의하면 인도에서 쓰이고 있는 언어의 수는 모두 대략 325개나 된다고 한다. 인도에서는 기차역 플랫폼에 붙어 있는 이정표가 공용어인 힌디어와 영어, 각 지역 언어 등 세 가지 글자로 병기되어 있는 것을 쉽게 볼 수 있다(인도 헌법에는 아쌈어, 벵갈리어, 구자라띠어, 힌디어, 까쉬미리어, 깐나다어, 마라티어, 말라얄람어, 오리야어, 빤자비어, 따밀어, 뗄루구어, 우르두어, 산스끄리뜨어, 신디어, 꽁까니어, 네빨리어, 마니뿌리어 등 18개의 지정어가 수록되어 있는데, 이는 단지 상징적인 지위일 뿐이라고 한다). 그리고 또 한 가지 많은 것이 바로 종교다. 약 3억 3천만이나 되는 신을 가지고 있다는 인도는 종교의 백화점이자 천국인 나라, 국토 전체가 신전인 나라, 국민들의 삶 자체가 종교인 나라라고 할 수 있다. 전체의 82%를 차지하고 있는 힌두교를 비롯하여 이슬람교, 자이나교, 기독교, 시크교, 불교, 조로아스터교 등 그 수를 헤아리기조차 벅차다. 인도 곳곳을 여행하다 보면 가는 곳마다 마주치게 되는 수많은 종교 유적들의 존재는 바로 그 증거물인 셈이다. 그리고 지금 찾아가고 있는 곳도 바로 그중의 하나이다.

메마른 골짜기에 피어난 백색 연꽃
라낙푸르

백색 대리석 사원,
차뚜르무크하

막막한 평원을 달리던 자동차가 어느덧 그리 높지 않은 산지로 접어들고 있었다. 라자스탄주를 가로지르는 아라발리산맥의 골짜기 마을 라낙푸르Ranakpur로 들어가고 있는 것이다. 대체 이런 메마른 오지에 무엇이 있을까 하는 의구심이 조금씩 증폭되고 있는 찰나, 곧이어 눈앞에는 놀라운 광경이 펼쳐졌다. 사방에 야트막한 산봉우리들이 병풍처럼 둘러쳐져 있는 골짜기 가운데 평지에는 거짓말처럼 백색의 거대한 대리석 사원이 정오의 햇살을 받으며 눈부시게 빛나고 있었다. 메마른 골짜기에 피어난 백색 연꽃이라고나 할까. 약간 볼록한 원추형의 대탑이 중앙에 우뚝 솟아 있고, 그 주위에는 크고 작은 돔들과 뾰족탑들이 사방 대칭형으로 빼곡하게 솟아 있는 외양부터가 우선 범상치 않아 보였다.

　백색 대리석 사원이라는 별칭을 가지고 있는 이 차뚜르무크하Chaturmukha는 15세기 후반 메와르 왕조의 마하라자인 라나 꿈바가 최초의 티르탕카라Tirthankara(성인, 구원자, 해탈한 사람)인 아디나뜨에게 바친 자이나교 사원이다. 그러나 일반적으로 자이나교의 창시자로 전해지는 그는 베다Veda(고대 인도의 찬가, 시)와 푸라나Purana(고대 인도 힌두교의 성전 문학)에 이름이 언급된 것 외에는 아무것도 알려진 것이 없다고 한다. 그리고 제23대까지의 티르탕카라들에 대해서는 역사적 증거도 없다고 한다. 역사적 인물이며 자이나교의 실질적 창시자는 제24대 티르탕카라인 마하비라Mahavira이다. 그는 B.C. 599년 지금의 비하르주 바사르 지방 바이샬리에서 나타족의 족장인 아버지 싯다르타와 브라만 가문 출신인 어머니 데바난다 사이에서 태어났다. 30세 무렵 출가하여 오랫동안 숲속에서 고행과 명상 등의 수도 생활을 한 끝에 대각大覺을 이루었다. 이때 자신을 지나Jina : 승리자라 칭했는데, 자이나교라는 이름은 여기서 유래한 것으로 알려지고 있다. 그후 약 30년 동안 그는 금욕의 가르침을 전하면서 비폭력과 채식을 옹호했고, 5계를 엄수할 것을 설파했다.

자이나교의 5대 계율이 불살생不殺生, Ahimsa, 불소득不所得, Aparigraha, 불망어不妄語, Satya, 불탈취不奪取, Asteya, 불음不淫, Brahmacharya이다. 이 중에서 불소득은 철저한 무소유의 개념인데, 특히 공의파空衣派, Digambara 승려와 수행자들은 이에 대해 철저하다. 즉, 아무것도 소유하지 말아야 하며, 심지어는 옷을 입는 것도 금지되어 있다. 인도를 여행하다 보면 단 한 개의 실오라기조차 걸치지 않은, 완전한 나체 상태로 성지 순례를 하는 자이나교 수행자들의 무리를 만날 수 있다. 물론 남자들과는 달리 여자 수

메마른 골짜기에 피어난 백색 연꽃
라낙푸르

행자들은 흰 천으로 몸을 감싸고 있다. 그들은 당혹감을 감추지
못하는 속인 여행자들의 시선 따위는 아랑곳하지 않고, 오히려
만면에 여유 있는 웃음을 띠고 있어 더 큰 당혹감을 자아내기도

라낙푸르의 차뚜르무크하 사원 전경.
일명 백색 대리석 사원이라고 불리는 이곳은
인도 최고, 최대의 자이나교 사원으로 꼽힌다.

메마른 골짜기에 피어난 백색 연꽃
라낙푸르

한다. 한편 그들이 소유하고 있는 것이라곤 단지 빗자루와 입마개 정도인데, 이는 계율을 지키는 데 필요한 최소한의 도구이다. 불살생은 자이나교에서 가장 중시하는 계율이라 한다. 해충이나 미생물이라도 절대로 죽이면 안 되기 때문에 이들을 밟지 않도록 길을 빗자루로 쓸면서 다녀야 하고, 깔아뭉개지 않도록 자리를 쓸고 앉아야 한다. 또한 숨을 쉴 때도 미생물이 콧속으로 들어가 죽는 것을 막기 위해 입마개를 해야 한다. 심지어는 물속의 미생물을 죽이지 않기 위해 목욕도 하지 않고, 머리카락이나 수염에 기생하는 머릿니 등의 벌레를 죽이지 않기 위해 가위나 칼로 털을 자르지 않고 손으로 일일이 뽑아낸다고 한다. 이렇듯 그들이 던져주는 강렬한 인상은 자이나교라는 종교의 본질을 두고두고 생각하게 해주는 하나의 상징으로 기억될 것이다.

만일, 인도에서 가장 거대하고 사실적인 자이나교의 나신상을 보고 싶다면 남인도의 스라바나벨라골라에 가면 된다. 이곳의 빈드야기리 언덕 꼭대기에는 자이나교의 구원자로 알려진 고마떼스와라 바후발리 석상이 있다. 이것은 하나의 화강암을 조각해 17.6m 높이로 만들었는데, 단일 석재로 만들어진 것 중 세상에서 가장 큰 석상이라고 알려져 있다. 아마도 보는 내내 쉽게 입을 다물기 어려울 것이다.

이 거대한 차뚜르무크하 사원은 전체적으로 사각형 모양을 띠고 있는데 정면이 따로 없다. 우주의 통합과 교통을 의미하는 종교적 상징을 구현하기 위해서 사면에 모두 같은 위계의 정면이 존재하도록 모든 부분을 대칭형으로 지었다 한다. 실질적으로 대부분의 여행자들이 주로 드나드는 서쪽 출입구 돌계단 아래에는 방문객들의 신발이 가득 널브러져 있었다. 문득 몸에 달라붙어 있을 적에는 보이지 않던 것들이 몸으로부터 이탈되고 나니 참으로 적나라하게 실체가 드러난 것처럼 보인다. 우리가 누덕누덕 무겁게 이끌고 다니는 일상의 때처럼 말이다. 그런 의미에서, 남루하고도 너저분한 몸과 마음의 허물을 벗어버리고 잠시나마 성스러운 시간 속으로 들어가 볼 수 있는 체험은 너무나도 소중한 상징적 기회가 될 것이다.

대부분의 힌두교 사원과 자이나교 사원은 반드시 신발과 양말을 벗어야만 들어갈 수 있다. 그러고 보면, 문화의 차이란 참으로 미묘한 것이다. 우리나라 어느 절에서는 방문객 모두에게 무료로 차를 보시하고 있는데, 단 한 가지 조건은 반드시 양말을 신어야만 경내에 들어올 수 있도록 허용한다. 벗음과 신음 사이. 이 대립적인 요구 사이에는 아이러니하게도 성소聖所이기 때문이라는 하나의 논리가 가로놓여 있다. 섭씨 30도가 넘는 한낮의 햇살이 마냥 달군 대리석 위를 발가락을 오므리며 맨발로 딛는

메마른 골짜기에 피어난 백색 연꽃
라낙푸르

차뚜르무크하 사원 입구.
창문이 없는 천장과 벽면에서 자연광이 그대로
유입되도록 설계되었다.
사원 내부에는 무려 1444개의 대리석 기둥들이
모두 각기 형태가 다르게 제작되어 세워져 있다.

일 자체가 이미 고행이었다. 이것만으로도 사원을 드나드는 사람들은 모두 저절로 고행에 동참하는 셈이 될 터이니, 그 절묘한 법력 앞에 절로 고개가 끄덕여지지 않을 수 없었다.

사원 안은 온통 기둥이다. 공간을 만들기 위해 기둥이 세워져 있는 것이 아니라, 마치 기둥을 세우기 위해 공간이 마련되어 있는 것 같은 착각이 들 정도다. 무려 1444개나 되는 흰 대리석 기둥들이 주는 인상은 너무나 강렬했다. 그 많은 기둥이 모두 웅장하면서도 각기 형태가 다르고 세밀한 조각으로 빈틈없이 감싸여 있다. 그뿐만 아니라, 어디를 막론하고 실내 모든 곳에는 정교함의 극치를 보여주는 조각들이 마치 흰 레이스를 겹겹이 드리운 듯 뒤덮여 있어 보는 이들의 탄성을 연달아 자아낸다. 높은 천장 한가운데에는 윤회를 상징하는 수레바퀴 모양의 거대한 대리석 조각품이 마치 얇은 종이를 세밀하게 오려 만든 공예

메마른 골짜기에 피어난 백색 연꽃
라낙푸르

차뚜르무크하 사원
벽면의 조각.
자이나교 성인을 상징하는
정교한 나신상이
벽면 곳곳에 대리석으로
조각되어 있다.

차뚜르무크하 사원
천장 조각.
특히 이 사원의 조각들은
돌로 새긴 것이라고는
믿어지지 않을 정도로
섬세함의 극단을 보여 준다.

품처럼 배치되어 있고, 벽체에도 각종 종교적 신성을 나타내는 상징물들이 도무지 대리석이라고는 믿어지지 않을 만큼 정교하게 조각되어 있다. 거기다가 건물의 천장이며 벽체 곳곳마다 자연광을 그대로 받아들이도록 설계된 구조 덕분에 선명한 빛줄기들이 여과 없이 스며들어 실내를 신비롭게 채색하고 있다. 이 자연 채광의 효과로 인해 음영이 뚜렷해진 조각들이 한층 더 선명한 표정으로 살아나고, 육중한 듯하면서도 균형미 넘치는 기둥들이 다양한 모양의 독창적인 몸매를 실루엣으로 적나라하게 드러낸다. 더구나 곧게 비쳐 든 빛줄기들이 음영 물든 돌기둥 사이마다 눈부신 빛의 기둥들로 함께 일어서 있는 광경을 목격하고 나면, 분명 빛에도 색 아닌 색이 있음을 느끼게 될 것이다. 그곳은 신성한 숲이었다. 대리석 기둥들과 빛줄기들이 빽빽이 우거진 그곳을 거니는 동안 잠시나마 무한의 경건과 신비를 체험할 수 있는, 메마른 일상에서는 흔치 않은 탈속脫俗의 시공이었다.

한편, 혹자는 아무리 그래도 이곳이 저 마운트 아부 근교의 딜와라 사원을 능가할 수는 없다고 단언하기도 하고, 반면에 누군가는 이곳이야말로 인도 최대, 최고의 자이나교 사원이라는 평가를 서슴지 않고 하기도 한다. 그러나 일천한 내 경험과 소견으로는 그 모두가 부질없는 짓이다. 여행은 느낌을 얻기 위해서이

메마른 골짜기에 피어난 백색 연꽃
라낙푸르

고, 그 느낌이라는 것은 다 마음으로부터 발원하는 것이며, 또한 마음이라는 것은 순간마다 모였다가 흩어져 버리는 구름과도 같은 것이니, 어찌 순간을 영원이라 하겠는가. 나그네는 순간을 걷는 존재여야 한다. 아무것도 정해놓지 말고 항상 새로운 눈과 귀를 열고 있어야 한다. 혹여 다시 이곳에 온다고 한들, 이 순간의 마음이 온전히 같을 수만은 없지 않겠는가. 그러고 보니, 이 어쭙잖은 각성의 검불 하나를 겨우 주워 들고 거들먹거리려는 품이 스스로 용렬함을 드러내 보이는 것 같아 더 마음을 떨구어 야겠다는 성찰이 앞선다.

햇살이 기울어지기 시작할 무렵, 아쉬움을 뒤로한 채 다시 자동차는 구릉을 벗어나 북쪽을 향해 막막한 평원을 질주한다. 덜컹거리는 대로 몸을 맡기고 꽤 오래도록 말없이 상념에 잠겨 있었다. 인도와 종교. 혹자는 인도인들이 유독 종교적 심성이 풍부하다고 한다. 그러나 그것이 인도에 종교가 많은 이유를 다 설명할 수 있는 충분조건은 아닐 것 같다. 어쩌면 저 황량한 현실이 그 이유가 아닐까 하는 엉뚱한 생각이 든다. 지상낙원의 약속이 실현되지 않는 한, 그런 이상주의에 대한 민중들의 염원은 계속될 것이다. 길은 생각보다 멀고 지루할 듯하다. 오늘따라 날이 너무 쉽게 저문다.

거대한
성채가
떠 있는
푸른 도시의
풍경

조
드
푸
르

블루 시티 가는
길

광활한 인도 북서부 라자스탄주의 행정중심도시인 조드푸르
Jodhpur로 가는 길은 단조로우면서도 일면 여유로운 풍광을 연출
하고 있었다. 아니 어쩌면 풍광이 그런 것이 아니라 마음이 그런
것인지도 몰랐다. 일상의 풍경은 익숙해질수록 지루해지는 법
이지만, 낯선 여행지의 풍경은 익숙해질수록 편안해지는 법이
다. 좀처럼 익숙해지지 않을 것만 같았던 인도라는 미지의 대륙
은 어느덧 그렇게 가까이 다가와 있었다.

라낙푸르를 출발한 자동차는 늦은 저녁이 되어서야 이 개성
넘치는 도시에 도착했다. 벌써 거리에는 만만치 않게 어둠이 깔
리고 있었다. 취약한 전력 사정 때문인지 아직은 밤 문화가 발달
하지 못한 인도의 저녁은 여행자의 마음을 공연히 바쁘게 한다.
낯선 어둠 속에서 졸지에 미아가 된 듯한 공포감에 사로잡히지

않으려면 모든 것을 서둘러야만 한다. 초저녁을 조금만 넘기면 거리의 상점들이 문밖에 잠깐 내걸었던 전등을 약속이나 한 듯 일제히 꺼버리고 문을 닫아버리는 변신의 시점이 도래한다. 골목마다 시장통마다 인파로 넘쳐나던, 왁자하고 활력 넘치던 거리가 순식간에 정적과 어둠 속에 가라앉아버리는 그 난감함이라니! 더구나 인적 드문 골목길은 그 어둠의 심리적인 농도가 한층 더 짙은 것이어서, 안내 책자들에 소개된 각종 인도 여행 괴담이 현실화될지도 모른다는 두려움이 엄습해 올 것이다. 만약 이때 허기를 때울 식당과 피로에 지친 몸을 안전하게 눕힐 숙소를 잡는 가장 긴급한 민생고를 해결하지 못한다면, 여행은 일순간에 미궁과도 같은 일종의 공황 상태에 빠질 가능성이 높다. 그러나 우리가 찾지 못할 뿐이지, 항상 어딘가 길은 있는 법이다.

　이럴 때 최상의 궁여지책은 릭샤를 타는 것이다. 이것이 절대 안전을 보장한다는 법은 없겠지만, 아주 지독히 운이 나쁘지만 않다면 현실적으로 당면한 문제를 해결하는 데 매우 유용할 것이다. 물론 이런 경우 영악하고 노련한 릭샤왈라는 손님의 불리한 처지를 본능적으로 직감하고 나름대로 한껏 유리한 요구를 할 가능성이 높다. 그러나 이런 점을 염두에 두고 흥정을 잘만 한다면, 어둠 속에서 미궁과 같은 낯선 골목길을 걷는 공포도 식당도 숙소도 일거에 다 무난하게 해결할 수도 있다.

　거대한 성채가 떠 있는 푸른 도시의 풍경
조드푸르

릭샤왈라는 마침 자기가 잘 아는 좋은 식당과 숙소가 있다고
하며 약간의 웃돈을 요구한다. 그러나 낯선 땅 낯선 어둠 속의
비상사태에서 어디 찬밥 더운밥 가릴 처지인가. 애초에 30분이
걸린다던 숙소까지는 어림잡아 10분도 채 안 걸린 것 같았지만,

조드푸르 숙소 예약의 가장 중요한 조건은
옥상 루프탑에서 메헤랑가르성의 야경이
얼마나 멋지게 잘 보이느냐이다.
아무리 보아도 지루하지 않은 고성의 밤 얼굴이다.

거대한 성채가 떠 있는 푸른 도시의 풍경
조드푸르

그는 여기가 자기 친구 집인데 아까 말한 곳보다 더 좋은 곳이라고 능청스럽게 웃는다. 만일 그들의 말을 액면 그대로 믿는다면, 인도의 거의 모든 식당과 숙소는 릭샤왈라들의 친구집이거나 삼촌집이다. 그는 내가 준 웃돈 말고도 숙소 주인에게서 얼마간의 소개비를 더 챙겨 가지고 고음의 경적을 어둠 속으로 뿜어대며 사라졌다. 외관도 내부도 허름하기 그지없는 게스트하우스 주인은 자신의 집이 무려 250년이나 된 건물이라고 자랑한다. 간판에 '하벨리Haveli'라는 이름이 들어가 있는 걸로 봐서는 아마도 옛날 이곳의 귀족이 살던 저택쯤으로 짐작이 되었다. 그런데 무엇보다도 다행인 것은 옥상의 식당이 아직 문을 닫지 않고 손님을 기다리고 있다는 것이었다. 아쉬운 대로 간단하게 요기를 하고, 맥주 한 잔으로 목을 축이고 나서야 비로소 숨을 돌릴 수 있었다. 그러고 보니, 어둠 속에서 처음 만난 이 미지의 도시 얼굴을 자세히 볼 수는 없었으나, 옥상에서 멀리 바라보는 야경이 운치 있게 느껴진다. 도시는 한낮의 열기를 내리누르며 두텁게 가라앉아 있는 어둠에 통째로 잠겨 있었으나, 저 멀리 솟아 있는 두 개의 불빛이 그나마 단조로움을 깨뜨리는 역할을 하고 있었다. 좀 가까이에 탑처럼 솟아 있는 불빛은 구시가지의 이정표 노릇을 톡톡히 해내고 있는 사다르 바자르 중앙의 시계탑이다. 그리고 저 멀리 하늘에 떠 있는 것처럼 밝혀져 있는 언덕 위의 거대한 불빛은 이 도시의 대표적 건축물인 메헤랑가르성이다. 어느 결엔가 그 불빛 위로 그리 화려하지는 않지만, 간헐적으로 폭죽이 터져 오르고 있었다. 어쩌면 그 밤 내내 수많은 불똥들이 칠흑 같은 하늘에 작은 빛의 구멍들을 내며 낯선 꿈속까지 좌르르 쏟아져 내리고 있었을지도 모른다.

　방 안이 어두컴컴해서 아직 날이 덜 밝았나 싶어 시계를 보니, 이미 아침이 많이 지난 뒤였다. 여기저기 오래된 집이라는 증거들이 보였다. 창살이 넓은 작은 창문, 빗장을 가로지르게 되어 있는 나무문, 청동제 문고리, 좁고 높은 침대, 그리고 어두움. 하여튼 모처럼 만에 오래된 방에서 오래도록 늦잠을 실컷 잤다. 피로를 회복하는 데는 잠이 최고의 보약이다. 만일 여행자 십계명 같은 것이 있다면, 제1조는 '매사에 욕심을 부리지 마라'가 될 것이다.

　그런데 아쉽게도 아침과 저녁에만 시간제로 공급하는 온수와 전기는 이미 끊어져 있었다. 대충 매무새를 가다듬고 거리로 나섰다. 햇살이 눈부시게 맑다. 골목을 벗어나 사다르 바자르 쪽을 향해 걷다 보니, 유명한 식당이 나타났다. 이 식당이야말로 유명하기로만 따진다면 정말 세계적인 곳이다. 전 세계 여행자들의 바이블이라는 여행 안내서『론리 플래닛*Lonely Planet*』에 소개되어 있다고 자랑하는 주인은 긍지가 대단하다. 이 오믈렛 샵*Omelette*

303　　　　　　　거대한 성채가 떠 있는 푸른 도시의 풍경
조드푸르

사다르 바자르 북문의 오믈렛 가게.
비록 허름한 노천 식당이지만,
인도 여행자들에게는 세계적으로 널리 알려진 곳이다.
왼쪽 북문 안으로 시계탑이 보인다.

Shop은 사다르 바자르 광장에 우뚝 솟아 있는 시계탑을 조금 지
나면 나타나는 북문 바깥쪽 벽에 붙어 있는 일종의 노천 음식점
이다. 규모도 작고 허름하기 그지없어 보이나, 대중적 인기를 바
탕으로 이미 조드푸르의 명소로 알려진 곳이다. 문을 연 지 50
년이 넘었으며, 하루에 무려 1000개의 달걀을 깬다는 소문이 난

집이다. 세월이 쌓이면 대부분 남루해지는 법이지만, 때로는 저렇게 더욱 빛나는 것도 있는 법이다. 솔직히 맛이야 어차피 각자가 느끼는 몫이니 무어라 단정 짓기는 어려웠지만, 워낙 값이 싸고 양이 푸짐해서 즉석에서 깬 만든 달걀부침을 곁들인 식빵 두어 조각만으로도 요기가 충분했다. 좀 짜다고 하니까 주인은 조금도 불쾌한 기색을 내비치지 않고 만면에 미소를 띤 채 즉석에서 오믈렛을 다시 구워준다. 아하, 세계적인 노점상 기업 오믈렛 샵의 전설은 그렇게 여행자들의 가슴속에서 구워지고 있었던 것이다.

메헤랑가르성의
슬픈 전설

구시가지의 중심에 있는 재래시장 사다르 바자르는 규모가 그리 크지는 않지만, 인파는 제법 붐볐다. 일상의 옷가지와 채소, 과일, 향신료 등의 생필품을 주로 팔고 있는 작은 가게들과 노점들이 줄지어 선 풍경은 마치 우리네 시골 장터를 연상케 하리 만치 정겨웠다. 그리고 무엇보다도 흥미로운 것은 시장 한가운데

거대한 성채가 떠 있는 푸른 도시의 풍경
조드푸르

에 거대하고 고풍스런 시계탑이 훤칠한 키를 뽐내며 서 있다는 점이다. 초행길의 여행자들이 대부분 이 시계탑을 이정표로 삼을 만치 조드푸르의 명물 중 하나이다. 그러나 진정한 이 도시의 명물은 역시 시가지 어디서나 저 멀리 웅장한 전경을 한눈에 볼 수 있는 메헤랑가르성이다.

1459년, '죽음의 땅'이라 불렸던 말와 지역을 지배하고 있던 라토르 왕조의 마하라자 라오 조다Rao Jodha는 이곳에 조드푸르 왕조를 세우고 메헤랑가르Mehrangarh성을 건설했다. 넓고 넓은 서부 라자스탄 평원에 터를 잡은 도시 조드푸르 한가운데에 솟아 있는 해발 120여 미터의 바위 구릉 위에 웅장한 자태를 한껏 과시하며 우뚝 서 있는 이 성은 인도에서 가장 규모가 큰 성으로 꼽힌다.

구시가지에서 구릉 위로 구불구불 뻗어 올라간 언덕길을 오르다 보면, 잠시 후에 성의 첫 번째 출입문 앞에 당도하게 된다. 1806년, 마하라자 만 싱이 자이푸르와 비카네르의 군대를 물리친 것을 기념하기 위해 세운 개선문 자야 폴Jaya Pol이다. 이곳을 통과하여 드디어 안으로 들어서면 인도의 여느 성과 마찬가지로 코끼리 부대의 공격을 막기 위해 길이 급격하게 두 번 꺾이는데, 그 언덕길 끝에 또 하나의 거대한 문이 위압적으로 앞을 막아선다. 적의 침입을 방어하기 위해 크고 날카로운 쇠못을 촘촘

메헤랑가르의 성문 로하 폴.
이 문을 통과하면 본격적으로
성안으로 들어가게 되는데,
안쪽 벽면에는 슬프게도
사티의 흔적이 새겨져 있다.

히 박아놓은 철의 문 로하 폴Loha Pol을 통과하면 이제 본격적으로 성안에 들어선 셈이 된다.

그런데 그곳에서 가장 먼저 여행자를 맞이하는 것은 왕의 화려한 처소도 아름다운 유물도 아니다. 대문 바로 안쪽 벽에는 총 31개의 자그마한 여자 손자국이 새겨져 있어 행인들의 시선을 끈다. 붉은 바탕 위에 금빛으로 칠해진 채 줄을 맞추어 새겨져 있는 손자국들 위에는 단지 꽃목걸이가 한 개 걸려 있는데, 행인들이 가끔 그 앞에서 두 손을 모으고 기도를 하거나 절을 하고 간다. 얼핏 무슨 신성한 종교적 숭배 대상이 아닐까 하는 생각이 들지만, 사연을 알고 본즉 슬프게도 사띠 의식의 흔적이란다. 1843년 이곳의 마하라자가 죽어 화장할 때, 15명의 부인들을 산 채로 함께 화장했다고 한다. 물론, 형식적으로는 자발적인 선택에 의한 거룩한 사랑의 실천이었겠지만, 실은 이기적인 인간의 욕망이 자아낸 살인이었다. 사띠를 행한 여성은 여신으로 추앙돼 사원이 지어지고 막대한 기부금이 들어오게 됨으로써, 가족들은 명예와 부를 얻게 된다는 것이다. 따라서 가족의 안위를 위해 딸에게 환각제를 먹여 이를 강요하는 사례까지 발생하는 등 비인간적인 부작용이 야기되기도 했다고 한다.

그런데 하필이면 많은 사람이 드나드는 곳에, 누구에게나 눈에 가장 잘 띄는 출입구 벽면에 그런 조형물을 설치한 의도가 무엇일까? 자신들이 오랜 세월 동안 누려왔던 무소불위의 권위를 과시하고, 민중들에게 무조건적인 복종을 강요하고 세뇌시키려는 의도는 아니었을까? 또는 희생된 이들을 신격화하여 자신들이 저지른 야만적 행위를 위장하고 합리화하려는 의도는 아니었을까? 그러나 그 의도가 어찌 되었든, 이 성채를 찾는 여행자들은 절대 권력의 미개한 횡포가 자행되었던 야만적인 한 시대를 목격한 듯한 씁쓸함을 피하기 어려울 듯싶다. 나는 갑자기 거대한 성이 왜소하게 느껴졌다. 아니, 그들이 그토록 과시하고 싶어 했던 권위의 실체가 너무나도 초라하게 여겨졌다. 후대의 역사는 옹졸한 권위의 몰락 뒤에 남은 저 흔적을 일러 인간의 얼굴을 한 야만이라고 일갈을 고하고 있는 것이다.

그러나 사띠는 원래 그런 세속적인 욕망의 산물이 아니었다고 한다. 일부 이견이 있긴 하지만, 그 풍습은 바로 다음과 같은 이야기에서 유래되었다고 전해진다.

인도의 힌두 신화에 의하면 시바Siva는 파괴의 신인 동시에 창조의 신이며, 위대한 고행자이자 관능의 상징이다. 그에게는 우마Uma, 사띠Sati, 파르바띠Parvati, 두르가Durga, 칼리Kali 등의 부인이 있는데, 이들은 모두 같은 하나의 존재로서 그의 생의 단계에 따라 다양한 형태로 태어난 것일 뿐이다. 그런데 어느 날, 사띠의 아버지 다크샤는 성자들의 희생제에 초대받아 간 자리에서 모든 참석자가 자리에서 일어나 자신을 환영하였지만, 오직 시바와 사띠만이 자리에 앉은 채 인사를 하자 분노가 끓어올랐다. 따라서 이에 대한 복수를 하기 위해 가장 거대한 희생제를 개최하고, 지상과 천상의 모든 신과 성자들을 초대하면서 오로지 자신의 사위인 시바와 딸인 사띠만은 초대하지 않았다. 격분한 사띠는 희생제 장소로 가서 아버지에게 항의하였으나 받아들여지지 않았다. 그녀는 다크샤에게 받은 육체를 포기하고 존경할 수 있는 다른 아버지를 통해 다시 태어나기 위해 스스로의 몸을 불길에 휩싸이게 하여 타 죽고 말았다. 이 소식을 들은 시바는 크게 분노하여 부하 비라바드라를 보내 다크샤의 목을 잘라 죽이지만, 나중에 비슈누신의 간청을 받아들여 희생제에 썼던 염소의 머리를 몸통에 붙여 소생시켜 준다. 그리고 시바는 사띠에 대한 사랑을 마음속에 간직한 채 수행에 정진하다가 파르바띠로 다시 환생한 사띠와 결혼을 하게 되었다고 한다.

한편, 프랑스 태생의 소설가 쥘 베른Jules Verne의 저 유명한 여행 소설 『80일간의 세계 일주』에도 이 사띠와 관련된 장면이 등장하고 있어 흥미를 끈다. 영국 신사 필리어스 포그와 프랑스인 하인 빠스빠르뚜는 세계 일주를 하는 도중 인도의 정글을 지나게 된다. 그런데 거기서 사띠의 관습에 따라 아우다라는 젊고 아름다운 미망인이 남편의 장례식 때 산 채로 불태워질 위기에 처한 것을 목격한다. 결국 이 여인은 빠스빠르뚜의 용기 있고 지혜로운 행동으로 죽음의 문턱에서 구출되고, 일행이 여행을 끝내고 다시 런던으로 돌아온 뒤에 필리어스 포그와 결혼을 하게 된다는 내용이다. 식민지 시절인 1829년, 영국 정부는 이 야만적인 사띠 풍습을 법으로 금지시켰으나, 이 소설의 배경인 1872년에도 인도의 일부 지역에서 음성적으로 행해졌을 가능성이 있다고 한다. 뿐만 아니라 일설에 의하면 1980년대 후반까지도 이의식이 행해졌다고 하니, 말 그대로 문명의 얼굴을 한 야만이 아니고 그 무엇이겠는가?

메헤랑의
생존 법칙

다시 완만하게 비탈진 성벽 길을 따라 걷다 보면 오른쪽으로 '태양의 문'이라는 뜻의 수라즈 폴Suraj Pol이 나오고, 이 문을 통과하면 왕궁 건물을 개조한 박물관 영역으로 들어서게 된다. 여러 개의 전시실에는 화려한 장식을 한 왕족들의 가마와 왕자들의 요람인 그네, 손잡이의 금박 장식이 돋보이는 무기, 각종 장신구,

거대한 성채가 떠 있는 푸른 도시의 풍경
조드푸르

메헤랑가르성 외벽의 궁전 창문.
돌로 만든 것이라고는 믿어지지 않으리만치,
마치 나무로 조각한 것 같은 섬세한 솜씨가
감탄을 자아낸다.

세밀화 등이 잘 보존된 채 전시되어 있어 한나절 이상 발품을 팔
아도 결코 아깝지가 않다. 또한 마하라자의 대관식이 거행되었
던 장소로서 진주의 궁전이라 불리는 모띠마할, 왕과 궁녀들이

메헤랑가르성 안의 풀마할.
일명 꽃의 궁전이라 불리는 이곳은
왕과 궁녀들이 춤을 추던 화려한 장소이다.

춤을 추던 장소로서 꽃의 궁전이라 불리는 풀마할, 왕의 침실, 거울 궁전 등은 내부 장식이 화려함의 극치를 보여주는 아주 인상적인 곳이다. 그리고 궁전 외부의 벽면 장식과 돌출해 있는 창문 장식도 매우 아름답다. 특히, 정교한 연속무늬 창살과 아름다운 꽃송이 모양의 조각 등이 한 치의 빈틈도 없이 새겨져 있는 아치형 창문 장식의 세밀함과 화려함은 돌로 구현해낼 수 있는 조각 기법의 극한을 보여주고 있다 해도 지나치지 않을 듯하다. 하기야 따지고 보면, 어느 부분이랄 것도 없이 건물 전체가 하나의 아름다운 조각 예술품이라고 해야 적당할 것 같았다.

계속해서 완만한 언덕길을 유유히 오르노라니 어느덧 드높고 한적한 성벽 위에 다다르게 되었다. 그때 마침 어디선가 가늘고 구슬픈 듯하면서도 발랄한 선율의 악기 연주 소리가 들려왔다. 성벽 난간 옆에 헝겊을 펴고 앉은 한 소년이 자기 쪽으로 다가오는 나를 발견하고는 연주를 시작한 것이다. 10살의 소년 악사 네누. 머리에는 붉은 터번을 멋지게 두르고, 흰옷에 검은 조끼를 깔끔하게 차려입고, 검은 얼굴에 흰이를 가지런하게 드러내며 악기 연주에 맞춰 노래를 부르는 그의 모습이 나이에 비해 무척 야무져 보였다. 그러나 그게 전부가 아니었다. 노래를 들은 대가를 지불하고 나서 그가 가지고 있는 악기에 관심을 보인 것이 화근이었다.

인도 전통 악기인 사랑기Sarangi처럼 생긴 그것의 가격이 얼마인지 물어보자 소년은 잠시 머뭇거리더니, 이 악기를 사고 싶으냐고 되물었다. 상황은 애매했지만, 호기심이 발동하여 엉겁결에 그렇다고 했다. 그러자 다시 돌아온 대답은 참말로 황당하고 도 절묘했다. 내 삶을 사야 해요, 내 평생을요. 빙글빙글 웃으면 서 그가 던진 말은 아마도 그런 의미였을 것이다. 그러니까 그 악기의 가격은 그가 평생 연주하면서 벌어들일 수입이 되는 셈 이다. 참으로 간단하고도 명료한 그의 셈법에 그저 탄복을 금할 길이 없었다. 결국, 너무 쉽게 자신의 생존권을 매수하려고 하는 이 철없는 이방인에게 정중하고도 단호하게 거부의 뜻을 밝힌 것이다.

아직 어린 나이임에도 불구하고 이미 세상 한복판으로 뛰어 들어 냉혹한 생존 법칙을 익혀가고 있는 그를 단지 연민과 동정 어린 시선으로만 바라보던 나는 무방비 상태에서 일격을 당한 것처럼 민망한 표정으로 물러날 수밖에 없었다. 그토록 영악한 그를, 아니 인도라는 대륙을 너무 만만하게 본 대가를 톡톡히 치 른 셈이다.

라자스탄의 보송보송한 햇살 속에서 찬란하게 빛나고 있는 붉은 사암의 성벽은 잘 다듬어진 장방형의 돌을 수직으로 견고 하게 쌓아 올려 현기증이 날 정도로 아찔하게 높은 절벽으로 구 축되어 있었다. 그 위에는 군데군데 육중하고 낡은 대포가 그 옛 날을 향해 향수처럼 포신을 겨누고 있는 녹슨 풍경과 마냥 행복 한 표정의 청춘남녀가 난간에 걸터앉아 사랑을 속삭이는 싱그

거대한 성채가 떠 있는 푸른 도시의 풍경
조드푸르

성벽 위에서 사랑을 속삭이는 젊은 연인들과
메헤랑가르성에서 만난 소년 악사

러운 풍경이 극명한 대조를 이루며 흰 구름을 피워 올리고 있었다. 사랑은 아찔한 벼랑 위에 선 것 같은 긴장감과 쾌감을 동반하는 것인지도 모른다. 아니, 굳이 따지자면 어차피 사랑도 권력도 다 낭떠러지 위의 행복 같은 것인지도 모른다.

길처럼 길게 뻗어 나간 성벽 위에는 생각 외로 인파가 드물어 한적한 느낌이 들 정도였다. 일망무제一望無際라 했던가. 말 그대로 어디를 둘러보아도 탁 트인 사방은 아득한 지평선뿐이다. 다시 시야를 조금 좁히면 조드푸르 시가지의 전경이 한눈에 들어온다. 멀리 시가지 외곽은 들판과 나무들이 차지하고 있는 데 비해, 성을 둘러싸고 있는 구시가지는 야트막한 집들이 거의 빈틈없이 들어서 있다. 그런데 특이한 것은 구시가지의 집들이 모두 푸르다. 마치 바다가 도시 한복판에 펼쳐져 있는 듯하다. 그리고 그 위에 붉고 거대한 성채가 과거로부터 불쑥 솟아올라 떠 있는 것 같은 이색적인 풍경이다. 블루 시티Blue City. 조드푸르의 아름다운 별명이다.

그 옛날, 지배계급인 브라만들은 평민 계층과의 차별성을 부각하고 권위를 과시하기 위해 자신들의 집을 푸른색으로 칠했다고 한다. 그러던 것을 근래에 와서는 다른 도시와 차별되는 이미지로 활용하고 있다. 즉, 관광 산업을 부흥시키기 위해 정책적으로 모든 집을 다 푸르게 칠하도록 한다는 것이다. 차별 의식에

거대한 성채가 떠 있는 푸른 도시의 풍경
조드푸르

메헤랑가르성의 남쪽 시가지.
마치 모자이크처럼 성벽 아래
촘촘히 박힌 푸른 집들이 시
가지 전체를 거대한 바다처럼
물들이고 있다. 블루 시티라
는 아름다운 별명은 조드푸르
의 대명사처럼 불린다.

서 유래된 일을 획일적인 정책으로 전환한 셈이다. 다양성과 독창성이 생명인 현대의 가치 기준으로 볼 때, 차별이든 획일이든 모두 그리 바람직한 생각은 아니다. 그럼에도 불구하고 이 정책은 대성공을 거두어 삭막한 도시를 생동감 넘치는 도시로 탈바꿈시켜 놓았다고 한다. 때로는 가능한 일도 불가능하고, 불가능한 일도 가능한 인도가 아니던가. 그런데 마치 이를 벤치마킹이라도 한 양 우리 주변에서도 유사한 이미지의 여행지가 생겨났다는 소식을 들었다. 집은 말할 것도 없고, 한술 더 떠서 자동차, 다리, 광고판, 화단의 꽃 등 거의 모든 대상을 같은 색으로 통일해 놓았다고 한다. 이제 주위의 바닷물과 흙과 주민의 얼굴만 같은 색으로 통일해 버리면 그곳은 완벽하게 세상에 둘도 없는 관광지가 될 것이라는 우스갯소리를 들은 적도 있다. 도대체 이것이 독창성인지 획일성인지는 단언하기도 어렵고, 그저 아리송하기만 하다. 다만, 모든 것이 다 우리 마음의 작용으로부터 비롯되는 것이니, 그냥 그에 따르면 될 듯하다.

조드푸르의
여백

간혹, 인도 여행자들 중에는 조드푸르를 별로 볼 만한 것이 없는 단조로운 도시이자, 단지 타르 사막이나 자이살메르를 가기 위한 경유지 정도로 과소평가하는 일이 있다. 그러나 굳이 인도 최대 규모를 자랑하는 아름다운 성 메헤랑가르가 아니더라도, 이 푸른 도시의 풍경 하나만 가지고도 다른 어느 곳에 견주어도 전혀 부족함이 없다. 마치 푸른 점들을 찍어 놓은 것처럼 푸른 집들이 고색창연한 도시에 촘촘하게 박혀 완성해 낸 거대한 모자이크의 바다를 시원하게 굽어보며 한가로움을 즐기는 성벽 위의 한나절이면 무슨 욕심이 더 필요하랴. 혹은, 성문 안 카페 메헤랑에서 차 한 잔으로 시간을 지그시 눌러 놓고 앉아 먼 옛날의 전설과 낯선 이국의 향수를 홀짝홀짝 음미하는 것 또한 그리 흔하게 맛볼 수 있는 경험은 아닐 것이다.

일반적으로 시간이 넉넉지 않은 인도 여행자들은 한 도시에서 대략 2~3일 정도의 일정을 잡는다. 물론 어떤 곳은 한나절 만에 잠깐 스쳐 지나기도 하고, 반대로 예정보다도 더 오래 머물게 되는 곳이 있는가 하면, 아예 여행의 모든 일정을 다 내려놓고 발을 묶어버리는 곳도 있다. 나는 조드푸르의 유적지 몇 군데를

거대한 성채가 떠 있는 푸른 도시의 풍경
조드푸르

더 둘러보기로 했다. 그렇지만 애초에는 이곳에 그리 오래 머물 생각은 솔직히 없었다.

메헤랑가르성에서 멀지 않은 바위 구릉에는 마하라자 자스완트 싱 2세 기념관인 자스완트 탄다Jaswant Thanda가 있다. 1899년에 지었다는 이 건물은 규모도 웅장하지 않고 내부에도 역대 마하라자 초상화 정도가 전시되어 있을 뿐 큰 볼거리는 없다. 그러나 아그라의 타지마할과 같은 흰 대리석으로 지은 외관이 무척 깔끔하고, 특히 메헤랑가르성의 웅장한 전경을 가깝게 올려다보기에 매우 적당한 장소이다.

한편, 구시가지를 벗어난 외곽에는 마하라자 우메이드 싱의 궁전인 우메이드 바반 팰리스Umaid Bhawan Palace가 자리 잡고 있다. 속설에 따르면 아시아에서 가장 큰 왕실 저택이라고 알려져 있는 이 궁전은 당시 엄청난 기근이 발생하자 빈민 구제를 위한 국책 토목 사업의 일환으로 건설했다고 한다. 얼핏 뉴델리의 대통령궁과 외양이 유사한데, 그 이유는 두 건축물의 설계자가 서로 두터운 친분이 있는 사이였기 때문이라고 알려져 있다. 지금

우메이드 바반 팰리스(위)와
만도르 유적지(아래)

성문 안에 있는
카페 메헤랑에
성주인 마하라자와 함께
앉아 차 한 잔의 여유를
즐기는 것 또한 여행의
특별한 진미이다.

은 346개의 방 대부분이 왕실 박물관과 객실로 개조되어 사실
상 호텔로 운영되고 있다. 특히, 이곳은 빌 클린턴 전 미국 대통
령이 묵은 적이 있다고 하여 유명세를 치르고 있는데, 뭄바이의
타지마할 호텔과 더불어 인도 타지 호텔 그룹에 소속되어 있는
고급 호텔 중의 하나로 꼽힌다.

　다음에는 조드푸르 주의 옛 주도였던 만도르 유적지를 둘러
보기 위해 꽤나 먼 길을 재촉하며 릭샤를 달렸다. 아주 한적한

외곽에 있는 이 4세기의 유적지는 군락을 이루고 있는 사원이었는데, 건축물들의 외형과 세밀한 조각들이 범상치 않아 보였다. 그러나 거의 방치된 채 도발적인 시선으로 행인들을 훑어보는 긴꼬리원숭이들의 집단 서식처가 되어 있었다.

어쨌거나 그런 곳을 그렇게 다 둘러보고 나서야 조드푸르는 예정된 일정보다 하루 늦게 나를 놓아주었다. 여행자는 그렇게 구속당할 곳을 만나는 일이 행복이다. 그런 곳을 찾기 위해 머나먼 길도 마다하지 않고 고난이 될지도 모를 배낭을 꾸리는 것이 아니겠는가. 아니 어쩌면, 스위스 출신의 작가 알랭 드 보통이 여행 에세이집 『여행의 기술』에서 말하고 있는 것처럼, 사실 목적지는 문제가 아니고 진짜 욕망은 떠나는 것인지도 모른다. 나를 가두고 있는 일상의 바깥이기만 하다면 어디로라도 말이다.

거대한 성채가 떠 있는 푸른 도시의 풍경
조드푸르

낙타의 눈물이
사막의 석양에
젖는 골든 시티

자
이
살
메
르

라자스탄을 건너는
황량한 서녘 길

길은 가도 가도 끝이 없을 것만 같다. 아니, 당연히 그래야만 할 것 같다. 다만 스스로의 마음이 막히지만 않는다면 길은 막히지 않을 것이다. 그래서 진정한 나그네는 목적지가 없어야 한다.

장거리 운전을 좋아하는 나는 국내 여행을 할 때도 이왕이면 길이 조금이라도 더 먼 곳을 선택한다. 가까운 목적지를 정해 놓고 잠깐 다녀오는 여행은 될 수 있으면 하지 않으려 한다. 그것은 편안한 것이 아니라, 싱거운 일이기 때문이다. 어릴 때부터 품어 온 꿈 중의 하나가 몽상에 잠겨 막막한 길을 끝없이 가 보는 것이었다. 그런데 인도에서 드디어 그 꿈을 이루게 된 것이다. 비록 명화 〈닥터 지바고〉에 나오는 것과 같은 러시아의 눈 덮인 대평원은 아닐지라도, 아쉬운 대로 분위기가 좀 비슷할 것 같은 사막을 가 볼 기회가 다가온 것이다. 내가 그토록 꿈꿔 왔던 막막함을 체험할 수 있는 타르 사막의 관문 도시 자이살메르로 출발하는 일은 그래서 유난히 마음을 들뜨게 했다. 그러나 호사다마好事多魔라고 했던가.

구시가지를 조금 벗어난 외곽에 있는 조드푸르 버스 터미널에서 라자스탄의 내 마지막 여정인 자이살메르행 공영시외버스의 좌석 하나를 확보하는 것부터가 그리 만만한 일이 아니었다. 시외버스라고는 하나, 한눈에 보아도 낡을 대로 낡은 느낌이 역력한 버스 앞에는 이미 상당한 인파가 몰려 있었다. 형식적으로 어정쩡하게 줄을 서 있는 모양을 갖추고는 있었지만, 막상 승차 시간이 되어 차장이 버스의 문을 열자 서로 먼저 타서 자리를 잡으려는 승객들의 몸싸움이 시작되면서 줄은 삽시간에 형체도 없이 흐트러지고 말았다. 자신의 몸체보다도 몇 배는 커 보이는 짐 보따리를 머리에 이고 버스의 비좁은 출입문에 먼저 매달리려 밀치고 고함을 지르는 현지인들의 처절한 사투가 전개되기 시작했다.

나는 감히 그 생존 전쟁터의 한복판에 끼어들 엄두가 나질 않았다. 그러나 무기력하게 그냥 점잔만 뺀다고 해서 무슨 수가 생길 일도 아닐 터, 무릇 인도에서는 인도의 법칙을 따라야 한다. 할 수 없는 일이었다. 자이살메르까지는 한두 시간도 아니고 거의 하루 온 종일을 가다시피 해야 하는 판국에 한가하게 체면이

낙타의 눈물이 사막의 석양에 젖는 골든 시티
자이살메르

고 뭐고 가릴 여유가 어디 있단 말인가. 나는 커다란 배낭을 메고 죽을힘을 다해 버스로 돌진했다. 앞이 어디고 뒤가 어딘지, 누가 누구인지 분간하기 어려운 대혼란의 와중에서 짓눌리고 받히고 떠밀리고 하다가 간신히 정신을 수습해보니, 내 몸이 내 의지와는 전혀 상관없이 짐짝처럼 버스 통로 뒤편에 구겨진 채 놓여 있었다. 그런 경황 중에도 무엇보다 다행인 것은 여행길에 나선 내 전 재산이자 생명줄과도 같은 배낭이 이산가족이 되지 않고 곁에 있다는 점이었다. 그토록 사생결단으로 갈망했던 빈 의자 하나와 더불어. 어쩌면 악전고투하고 있는 이방인 나그네의 처지가 안쓰러워 누군가가 차마 점령하기를 포기하고 지나간 자리일지도 몰랐다.

자리에 앉고 난 뒤에도 한동안 공연한 불안감과 안도감이 교차했다. 정말 운 좋게 자리를 차지하기는 했으나 애초부터 무모한 일이었다. 일상의 실전 경험을 통해 전투력이 한껏 고양되고 노련해질 대로 노련해진 인도인들을 하룻강아지 범 무서운 줄 모르는 격으로 대적하려 했던 이방인의 어리석음이 생각할수록 어이없었다. 그리고 당당하게 자리를 차지하고 앉아 그 처절한 전투에서 승리했다는 뿌듯함을 말없이 발산하고 있는 영웅들의 비장한 눈빛이 위대해 보이면서도 얄미워 보였다. 또한 자리를 잡지 못하고 망연자실하여 서 있는 사람들의 애처로운 눈빛을 마주보기가 괜히 부끄러웠다. 그러나 구체적으로 무엇을 누구에게 부끄러워해야 하는 것인지는 확실히 알 수가 없었다. 사실 엄밀히 따지고 보면, 그 이기적인 본질은 승자나 패자나 피차일반이 아닌가. 부끄러워하는 것도 결코 쉬운 일은 아니었다. 인도에서는 부끄러움을 남발하는 일도 금기라면 금기일 것 같았다.

한바탕 자리다툼 소동이 지나간 뒤에 이미 버스 안은 통로에 허리를 펴고 서 있기조차도 힘들 지경으로 입추의 여지가 없었지만, 커다란 짐을 인 인도인들이 여전히 차 안으로 꾸역꾸역 밀고 들어오고 있었다. 믿어지지 않으리만치 많은 수의 승객을 다 태우고 나서야 우여곡절 끝에 콩나물시루 같은 버스는 출발했다. 좀 늦은 아침 9시 반경, 자리에 앉아 있는 사람의 어깨를 염치없이 짓누르며 통로에 무질서하게 쌓여 있는 큰 보따리와 자루들, 그리고 더운 대기와 버무려져 코를 예민하게 자극하는 알 수 없는 각종 악취도 더불어 가득 실은 채 말이다. 낭만적으로 갈망하던 사막으로 가는 길은 기대와는 달리 그렇게 우선 삭막하게 시작되었다.

청마 유치환 시인은 「생명의 서書」라는 시에서 회의와 애증으로 인해 삶이 절망에 빠졌을 때 오히려 열사의 사막에 가서 그것을 극복하라고 일갈을 한 적이 있다. 무생명의 공간에서 생명의 의지를 추스르라는 이 역설의 논리가 감동적이지 않은 바는 아

낙타의 눈물이 사막의 석양에 젖는 골든 시티
자이살메르

타르 사막의 길목인 자이살메르로 가는 도중 차창에 비치는 민가와
주민들의 모습이 메마른 사막의 피부만큼이나 척박해 보인다.

니나, 아무래도 이건 아니라는 생각이 들었다. 이러다간 사막에 가기도 전에 질식사하고 말 것만 같았다.

하지만 어쩌랴. 그래도 좀 지나면 어쨌거나 마음이 진정되고, 낭만적인 느낌도 다시 증폭될 수도 있지 않을까 하는 기대감에 기대는 수밖에는 달리 도리가 없었다.

버스가 점점 더 서쪽 사막 지역으로 달릴수록 풍경은 점점 황량해지고 있었다. 아무리 달려도 따라잡을 수 없을 것만 같은 머나먼 지평선을 향해 다가가면 갈수록 푸른색은 점점 옅어지고 있었다. 그리고 거칠게 주저앉아 있는 몇 무더기의 가시덤불과 가는 잎을 매달고 찌든 표정으로 서 있는 키 작은 나무 몇 그루가 고작인 광활한 황무지가 메마른 황토색 피부를 따가운 햇살 속에 내어 말리고 있었다. 그리고 길이 있었다. 문명의 유입 통로인 한 줄기 비좁은 아스팔트 포장도로가 이따금 그 옆구리에 작은 마을들을 다정하게 끼고서 구불구불 끝도 없이 다가왔다 가는 증발해버리고 있었다. 저 멀리로는 지평선처럼 그어져 있는 한 줄기 철로 위를 목탄 자국 같은 그림자를 내어 뿜으며 아스라하게 기차가 지나간다. "길은 한줄기 구겨진 넥타이처럼 풀어져 일광日光의 폭포 속으로 사라지고, 조그만 담배 연기를 내어 뿜으며 새로 두 시의 급행차가 들을 달린다"는 시구 그대로다. 학창 시절, 되뇌고 또 되뇌며 상상해보던 시의 실제 배경을 드디어 본 것처럼 가슴이 뻐근하게 두근거렸다.

　그러나 발전이라는 미명하에 언젠가 저 길이 더 넓어지고 반듯해진다면 문명은 그만큼 점점 더 많이 유입되어 이 라자스탄의 고유한 풍광도 한낱 전설 속에 묻히고 말리라. 여행자는 기본적으로 이렇게 반문명주의자가 될 수밖에 없을 것 같았다. 지금 도처에서 진행되고 있는 세계화의 음모가 만약 이 멀고 외진 라자스탄의 변방까지 평정하는 날이 온다면 낯설음에 대한 호기심에 들떠 있는 나 같은 여행자는 더 이상 갈 곳이 없어질 것이다.

　작은 마을에 버스가 잠시 멈출 때마다 열대 과일과 땅콩 같은 간단한 먹거리를 파는 인도 상인들이 차창 밖으로 몰려든다. 비록 그 차림새는 좀 남루해 보이지만, 표정만큼은 밝고 건강해 보이는 그들을 바라보는 내 마음에 작은 동요가 일어난다. 그들이 팔고 있는 것은 허름한 물건에 불과하지만, 나는 그들에게서 삶의 방식에 대한 근원적인 의문을 비쳐 주는 소중한 거울을 사는 것이다. 우리는 저들이 가난에 찌들어 살고 있다고 생각하지만, 정작 우리는 가난보다도 더 견고한 문명의 굴레에 찌들어 살고 있는 것은 아닐까. 저들은 우리의 문명을 동경할지도 모르겠지만, 우리는 저들의 원시를 동경하여 여기까지 찾아오시 않았는가.

자이살메르 가는 길에 버스가 멈출 때마다
차창 밖에 몰려드는 노점상들.
고단한 일상을 머리에 이고 있지만, 표정은 라자스탄의
맑은 햇살처럼이나 밝아 보였다.

골든 시티
자이살메르

황량한 풍광 속에 떨어뜨린 몇 방울의 유채색 물감 같은 정겨운
마을들이 점점이 비껴가는 이국의 햇살 속을 나른하게 미끄러

낙타의 눈물이 사막의 석양에 젖는 골든 시티
자이살메르

지며 무한 자유의 몽상을 즐기는 사이, 버스가 조드푸르로부터 서쪽으로 약 280km를 달려 자이살메르에 도착한 것은 오후 4시 반경이었다. 주로 밤차를 이용하여 이동하는 인도 여행에서 따끈따끈하고 쨍한 햇살이 눈부신 대낮에 이렇게 장거리를 이동하는 것은 그리 흔한 기회가 아니다. 인도 라자스탄 지역의 상징이 되어버린 타르 사막에 세워진 자이살메르는 '자이살의 오아시스'란 뜻을 가진 아담한 도시이다. 그러나 그 낭만적인 이름과는 달리 파키스탄에 인접해 있다는 지리적 특성 때문에 국경 분쟁을 겪고 있는 두 나라 사이의 전략적 요충지라는 긴장감이 내재되어 있는 도시이기도 하다.

버스 터미널에 내리자마자 제일 먼저 눈에 들어온 것은 저 멀리 황토 구릉 위에 왕관처럼 얹혀 있는 자이살메르 성채였다. 사막 도시 자이살메르의 트리쿠타 언덕 위에 구축된 80m 높이의 이 고풍스런 성은 옛 라지푸타나 지역에 살던 전사 계급 라지푸트Rajput의 지도자 라왈 자이살이 1156년에 수도를 옮겨와 세운 요새이다. 적당히 식어 농도가 진해진 늦은 오후의 햇살을 온몸에 두르고 솟아 있는 그것은 멀리서 보면 얼핏 거대한 황토 더미나 모래 언덕처럼 단순한 모습이다. 그러나 그 안으로 들어가면 상상과는 전혀 다른 모습이 펼쳐진다.

우선 이곳의 가장 큰 특징은 옛날부터 지금까지 천 년 동안이

자이살메르 성채 입구인
수르야 성문.
복잡한 미로처럼 골목이 발달해 있는
성채 안에는 주민들이 가게나
숙소, 식당 등을 운영하며 살아가고 있다.

낙타의 눈물이 사막의 석양에 젖는 골든 시티
자이살메르

선셋 포인트 언덕에서
연을 날리고 있는 소년의 꿈 밖에서
빛나고 있는 금빛 성채가 아스라하다.

나 성안에 주민들이 살고 있다는 점이다. 성벽 안 곳곳에는 이들이 살아온 오랜 세월의 내력만큼이나 많은 수의 크고 작은 가게와 음식점들과 숙소들이 마치 숨어 있는 듯 자리 잡고 있다. 미로와 같이 좁고 복잡한 골목길을 천천히 누비며 보물찾기를 하는 것처럼 이곳들을 하나하나 찾아내어 둘러보는 일은 과거를 여행하는 듯한 색다른 즐거움을 느끼게 해준다. 그리고 창문의 세밀한 조각 장식이 무척 아름다운 마하라자의 5층 궁전을 비롯하여 섬세한 조각 장식이 돋보이는 자이나교 사원과 힌두 사원 등의 유적을 탐방하는 일도 나름대로 흥미롭다.

그러나 사막 위의 보석 같은 도시 자이살메르의 진면목을 느끼게 하는 것은 높은 성벽 위에 앉아 석양에 물드는 시가지의 전경을 조망하는 일이다. 대부분 황토 벽돌로 지어진 구시가지의 건물들이 일제히 진한 황금빛으로 물드는 그 저녁나절의 장엄한 풍광을 목격한 여행자들은 왜 이곳을 '골든 시티Golden City'

낙타의 눈물이 사막의 석양에 젖는 골든 시티
자이살메르

라고 일컫는지 직감적으로 공감하게 될 것이다. 특히 선셋 포인트라고 알려진 언덕에 올라 석양에 물든 자이살메르성과 시가지의 전경을 조망하는 일은 몽환적이기까지 하다. 때마침 연을 날리고 있는 소년의 꿈을 따라 석양과 함께 당겨져 온 아스라한 추억과 나란히 앉아 속살거리며 하루를 내려놓던 그 순간은 영원히 잊을 수 없을 것이다.

타르 사막으로 가는 길

도시의 장엄한 노을 위에 다시 어둠이 내리덮이고, 왁자한 한낮의 소란이 정적 속에 묻힌다. 여행자의 마음이 낮아지는 순간이다. 은은하게 조명을 밝힌 성채가 어두운 시가지와 대비되어 아름답다. 그 불빛 속 어딘가에 하룻밤을 의탁할 내 숙소가 있다. 무려 450년이나 됐다는 저택을 개조한 파라다이스 호텔의 눅눅한 객실에 낯설게 몸을 누였으나 그리 쉽게 잠이 오질 않는다. 내일은 드디어 사막으로 떠나는 날이다.

　이른 아침, 숙소 주인은 벽에 걸린 사진을 가리키며 자신의 낙타가 여러 대회에서 상을 많이 탔다고 자랑을 해댄다. 그가 알선해준 낙타를 타기 위해 지프차를 타고 시가지를 벗어나 한참을 달렸다. 본격적으로 사막이 시작되는 지점인 듯한 곳에 낙타와 몰이꾼들이 기다리고 있었다. 각처에서 몰려든 여행자들이 예약된 낙타에 올라타고 행렬을 이루어 사막으로 향한다. 얼굴이 탈 것을 염려해서 그런지 일부 여성 여행자들은 챙이 넓은 모자를 깊이 눌러 쓰고, 그것도 안심이 되지 않았는지 눈만 내놓은 채 복면을 하듯 얼굴을 수건으로 감싸고 있었다. 그들은 대부분 피부 미용에 각별한 정성을 쏟기로 유명한 우리나라 여성들이었다. 햇빛이라면 사족을 못 쓰고 옷을 벗어젖히는 서양 여성들과는 대조적인 모습이었다. 동행하던 금발의 여성 여행객이 그녀들을 보고 외계인 같다며 웃는다.

난생처음 타 보는 낙타는 끔뻑거리는 커다란 눈망울이 어찌나 순하게 맑은지 첫 대면인데도 대번에 친근감이 듬뿍 들었다. 마치 공손하게 무릎을 꿇은 것 같은 자세로 앉아 있는 모습이 큰 덩치에 어울리지 않게 귀여워 보였다. 긴 목에는 색실로 엮은 장식줄이 목걸이처럼 묶여 있고, 등에는 안장과 담요 몇 장, 건초 자루 등이 실려 있었다. 낙타가 앉았다가 일어설 때는 뒷다리부터 펴기 때문에 짧은 비명이 나올 만큼 몸이 앞으로 쏠린다. 그리고 낙타가 걸음을 옮길 때마다 몸이 앞뒤로 끄덕거려서 편안

자이살메르 시가지를 떠나 서쪽 타르 사막으로 가는 길.
여행자를 태우고 사막을 건네주는 낙타들의 느린 행렬이
고단해 보이면서도 여유롭게 느껴진다.

하지는 않지만, 생각했던 것보다 키가 커서 등 위에 앉아 바라보는 시야는 시원했다.

내 낙타 몰이꾼은 십 대 중반쯤의 굴람이라는 소년이었다. 아직은 어리고 순박한 시절인데, 이렇게 척박한 생계 현장으로 나오게 된 사연은 알 길이 없었다. 그는 고삐를 쥐고 내 등 뒤에 바싹 밀착해 같이 타고서는 아주 단순한 영어로 친근감을 표현하면서 고객에 대한 예우에 신경을 쓰는 것 같았다. 그리고 낙타를 멈추게 하거나 빨리 달리게 하는 것 같은 간단한 방법을 가르쳐 주었다. 그렇게 얼마를 가더니 그가 낙타에서 내려 고삐를 잡고 걸었다. 내가 걱정하는 투로 힘들지 않겠느냐고 묻자 그는 괜찮다고 웃으며 대답한다. 나중에 그에게서 들은 얘기지만, 거기에는 나름대로 이유가 있었다. 낙타를 처음 타는 여행객의 안전을 위해서, 또한 하루 종일 걷는 것이 힘들어서 잠시 같이 타기도 하는데, 이마저도 여행자들이 싫어한다는 것이다. 하기는 순전히 우리 입장에서만 본다면, 누군가가 내 등 뒤에 가는 숨소리가 느껴질 정도로 바싹 붙어 앉아 있는 상황이 그리 유쾌할 리 없는 것은 당연한 일이다. 더군다나 얼굴도 거무스름하고 피부도 거칠고 옷차림도 청결하지 않은 누군가가 말이다. 특히, 여성 여행자의 경우에는 처음 보는 이방인 남자와 그렇게 동행하는 것이 매우 부담스러울 수밖에 없을 것이다. 나는 그 얘기를 듣는 순간, 문득 자이살메르행 시외버스에서 본 유쾌하지 못한 광경이 떠올랐다.

그래서 모르는 이와의 동행은 쉬운 일이 아니다. 나와 낙타와 몰이꾼 소년과의 동행도 그렇게 평등하고 아름다운 동행은 아니었다. 뜨겁게 내리쬐는 태양 아래 낙타는 뚜벅뚜벅 우직하게 느린 발걸음을 쉬지 않는다. 깡마르고 검게 그을린 피부에 얇고 허름한 외겹 흰 두루마기를 걸친 그는 아예 고삐를 내게 내준 채 낙타 옆을 타박타박 걸으며 그 먼 길을 맨발로 따라온다. 모두 다 말이 없다. 나는 단 한 번의 하룻길이지만, 그는 날마다의 길일 것이다. 나는 낭만적인 여행길이지만, 그는 고단한 삶의 길일 것이다. 그러나 따지고 보면, 결국 우리는 모두 세월이라는 낙타

낙타와 몰이꾼 소년.
고삐에 묶이고 안장에 매여 있는 저들과 마찬가지로 우리도
벗어날 길 없는 거친 세파의 사막을 표류하고 있는 처지가 아니던가.

를 타고 세상이라는 사막을 건너가는 존재일 것이다. 어쩌면 삶이란 것도 욕망의 사막에 빠지는 발을 빼내며 세월에 실려 세상을 건너가는 일이 아니겠는가. 모래 늪에 빠지는 발을 더 깊이 빠지기 전에 한 걸음 한 걸음 빼내며 낙타를 타고 사막을 건너는 일처럼 말이다.

거의 한나절이나 서쪽으로 걸었는데도 지평선은 여전히 끝이 없고 사방은 황량하기만 하다. 우리가 꿈꾸던 백색의 눈부신 모래 언덕은 보이지 않는다. 어쩌다 대나무처럼 긴 몸체에 가시가 날카롭게 돋친 크락티스라는 선인장 군락과 상록수처럼 잎이 제법 도톰하고 넓은 아크라나무가 보일 뿐이다. 메마른 황무지에 거친 삶을 꽂고 기울어진 몸을 힘겹게 추스르고 있는 그들의 모습이 마음을 먹먹하게 찌르며 지나간다.

나는 어린 시절에 재미로 잠깐 타본 적이 있는 소나 말에 대한 추억을 바탕으로 낙타를 타는 일이 무척 낭만적일 것이라고 기대했다. 그런데 그것은 오산이었다. 잠시라면 몰라도 하루 꼬박 낙타 등에 앉아 끄덕끄덕 사막을 건너는 것은 상당한 인내가 필요한 일이었다. 펑퍼짐한 낙타 등에 맞춰 가랑이를 크게 벌리고 앉다 보니 무엇보다도 참기 힘든 일은 허벅지가 알밴 것처럼 아픈 것이었다. 처음 만난 사막은 그리 낭만적인 곳은 아니었다.

점심때가 되자, 낙타의 대열이 잠시 멈췄다. 몰이꾼들은 자루에서 건초를 꺼내 낙타에게 먹이고는 점심 식사 준비를 시작한다. 우선 근처에 흩어진 삭은 나뭇가지를 주워다가 불을 지피고, 솥을 걸고, 밀가루를 반죽하여 둥글넓적하게 늘인 뒤 즉석에서 짜파티를 굽는다. 아무것도 첨가되지 않은 순수한 생밀가루를 반죽하여 구운, 그것도 모래가 지끔지끔 씹히는 짜파티 한 조각과 생수 한 병. 그것이 타르사막 오찬 메뉴의 전부였다. 그러나 물 이외에는 아무것도 먹을 것이 없는 막막한 사막을 고투하듯 한나절이나 횡단했으니, 말 그대로 배고픔이 곧 음식 맛이 되고 말았다. 평소 맛없는 짜파티가 그렇게 맛있기는 처음이었다. 물론 간간이 씹히는 모래마저도 특별한 양념처럼 음미하게 되는 사막에서의 식사는 맛으로 먹는 것이 아니라 즐거움으로 먹는 것이긴 했지만.

식사가 끝나자 몰이꾼들이 설거지를 한다. 그런데 사막식 설거지는 좀 특이하다. 나는 물을 전혀 사용하지 않고도 설거지가 가능하다는 것을 처음 알게 되었다. 빈 그릇에 모래를 두어 줌 넣더니 손으로 휘둘러 낸다. 그러기를 두어 차례 거듭하자, 모래와 오물이 함께 배출되면서 그릇 안이 말끔해진다. 그러나 눈에만 보이지 않을 뿐이지, 미세 모래 알갱이들이 그대로 붙어 있을 것이 자명했다. 그래도 어쩔 수는 없는 일이었다. 저 그릇들이 우리의 오늘 저녁과 다음 날 식사 때 쓰일 것이라는 생각이 들

낙타 몰이꾼들이 즉석에서 밀가루를 반죽하여 구워주는 짜파티.
간간이 씹히는 모래마저도 특별한 양념처럼 음미하는
사막에서의 식사는 즐거움으로 먹는 것이다.

자, 이제 영락없이 사막 원주민 생활 체험이 시작됐다는 실감이 나기 시작했다. 사막에서는 양념도 세제도 역시 모래였다.

기울수록 점점 진해지는 오후의 햇살을 따라 서쪽으로 다시 출발하고 나서 얼마간이 지나자 처음으로 사막 원주민 마을이 나타났다. 둥근 원형으로 조성해 놓은 오아시스 둘레에 낮고 투박한 흙집 몇 가구가 초등학교 시절 미술 시간에 찰흙으로 빚어 놓은 작품처럼 놓여 있었다. 폐촌처럼 적막하게 엎드려 있는 마을에는 거의 인적이 보이지 않았지만, 그래도 어느 결에 역시 호기심 많은 아이들이 제일 먼저 몰려든다. 낙타가 잠시 물을 먹고 쉬는 동안 그들의 집 안팎을 기웃거리며 신기해 하는데, 정작 집 주인들은 이방인의 무례한 기습에 이골이 난 듯 거의 무반응이다. 구경꾼은 무례한 법이지만, 삶의 주인공은 언제나 경건한 법이다. 나는 본의 아니게 침입자가 된 것을 진실로 미안해 하면서 다시 낙타에 올라탔다.

사막 원주민의 토속적인 흙집이 더러 보이기도 했지만,
곳곳에 좀 더 현대적인 집들이 새로 들어서고 있다.
사막에도 여지없이 변화의 바람은 불어닥치고 있다.

사막에서의
하룻밤

거의 하루가 다 지나가고 심신이 피로로 무겁게 기울어 갈 즈음
에야 목적지에 도착했다. 타르 사막은 생텍쥐페리의 『어린 왕
자』에 나오는 것 같은 막막한 모래벌판이 아니었다. 대부분은 모
래와 황토와 자갈이 뒤섞인 거친 황무지였다. 그래서 순수한 모
래사막을 보기 위해서는 이렇게 멀고 먼 고행을 감수해야만 하
는 것이다. 드디어 '삼 샌드 둔'이라고 부르는 거대한 모래 언덕
이 우리를 막아섰다. 사막 속의 사막이었다. 황량했던 풍경이 삽
시간에 반전되어 동화 속 같은 아름다운 세상으로 변해 있었다.
동서로 펑퍼짐하게 뻗어 있는 백색의 구릉을 이루고 있는 것은
곱디 고운 모래였다. 맨발로 걸으면 발바닥의 촉감이 너무나 부
드러워 기분이 상쾌해진다. 가만히 서 있으면 바람에 불려 온 작

351   낙타의 눈물이 사막의 석양에 젖는 골든 시티
자이살메르

시시각각으로 그 모양을 바꾸는 사막의 연흔.
우리가 남겨놓고 온 발자국들도 저 잔물결 속에 가라앉아
추억이라는 화석으로 묻혀 있을 것이다.

은 모래 알갱이들이 간질간질 발등을 덮는다. 바람이 그려 낸 모래 주름이 잔물결처럼 사막을 뒤덮고 있어 마치 한 폭의 거대한 그림을 연상케 했다. 사막은 살아 있었다. 바람이 불 때마다 그 물결은 없어졌다가 다시 생겨나기를 반복하며 자연의 오묘한 조화를 보여주고 있었다.

그런데 그곳에서 우리를 기다리고 있는 것은 사막만이 아니었다. 마치 미리 만날 약속이나 한 것처럼 곧이어 적막한 저녁놀이 찾아왔다. 저녁이 되면 낙타가 운다. 붉게 물드는 노을 속으로 뱉어내는 그 소리는 곡진한 사연을 담은 것처럼 처연하다. 나는 눈앞에 펼쳐져 있는 거대한 자연의 화폭 위에 찬란하게 황금빛이 덧칠해지는 광경을 황홀하게 바라보며 말없이

낙타의 눈물이 사막의 석양에 젖는 골든 시티
자이살메르

오래도록 언덕 위에 앉아 있었다. 그리고 원시의 사막 가운데에 나지막이 누운 황톳빛 도시 자이살메르에서 순하디 순한 눈망울의 낙타를 타고 해를 따라 묵묵히 한나절을 걸어 도달한 그 노을 속에서 지난 반생을 이끌고 온 어수선한 그림자가 거대한 모래 언덕 속으로 스르르 눕는 것을 보았다. 마음도 몸도 한없이 가벼워질 것만 같았다.

저 언덕 아래에서 누군가가 부른다. 몰이꾼들이 저녁을 준비해 놓고 있었다. 점심에 비하면 저녁은 진수성찬이었다. 그들은 이곳까지 끌고 온 양 한 마리를 즉석에서 잡아 귀한 요리를 해 주었다. 다만, 양을 거꾸로 매달아 놓고 단도로 가죽을 벗기는 도살 방법이 분위기에 좀 거슬렸다. 또한 양념으로 넣은 소금 인심이 어찌나 후했던지 혀가 짜릿할 정도로 고기 반 소금 반이었다. 거기다가 절대 반갑지 않은 모래 조미료까지 아깝지 않게 넣어서 고기를 씹을 때마다 지끔지끔했다. 그러나 맛은 좋았다. 서로 처음 만났지만, 곳곳에서 온 여행자들이 함께 모닥불에 둘러앉아 귀하게 구한 맥주를 반주 삼아 먹던 그 사막의 만찬은 오래도록 잊지 못할 최고의 식사 중 하나였다. 분위기가 거나해지자 먼저 몰이꾼들이 구성진 목소리로 애절한 가락의 인도 민요를 부른다. 다 알 수는 없었지만, 사랑 노래란다. 아니, 굳이 설명을 듣지 않더라도 이미 분위기가 그럴 것 같았다. 사막과 밤과 모닥

불과 술과 사랑과 노래와 추억! 그 순간의 사막은 정말 아름다운 곳이었다.

그렇게 밤이 이슥토록 태고의 어둠 속으로 총총히 찾아온 별들도 돌아가지 않았다. 어느덧 절대 고독으로 분칠한 어둠이 초롱한 별빛들을 덮어 그 모든 것들을 도닥거려 잠재우자 세상은 순식간에 무한의 정적 속으로 가라앉아 버렸다. 어둠과 정적靜寂. 언제부터인가 도시 문명이 빼앗아 가버린 것들을 여기 와서야 비로소 원형 그대로 되찾은 듯싶었다. 쉽게 잠이 오지 않았다. 맨 모랫바닥에 누워 몰이꾼이 제공해 준 때 절은 담요를 머리끝까지 뒤집어썼으나, 예상을 능가하는 한기가 몸을 움츠러들게 했다. 그리고 그동안 들리지 않았던 갖가지 미세한 소리들이 살아나기 시작했다. 어쩌면 황금 포말 같은 모래 알갱이들이 꿈결 구석구석마다 잔물결처럼 밀려와 사각사각 쌓이는 소리가 밤새도록 들리는 듯도 했고, 인적을 따라 몰려든 들개들이 주위를 배회하면서 담요를 핥다가 쓸쓸히 어둠 속으로 돌아가며 짖어대는 소리가 처량하게 멀어지기도 했다. 일상에서는 절대 금지된 장난인 술을 나눠 마시며 어둠 속에서 익명의 자유를 홀짝거리고 있는 몰이꾼 힌두들의 두런거리는 소리가 겨우 새벽잠이 들 무렵까지 꽤 오랫동안 눅눅하게 뒤엉키다가 끊어진 것 같기도 했다.

낙타의 눈물이 사막의 석양에 젖는 골든 시티
자이살메르

타르 사막의 숙소.
낙타 사파리는 모래 언덕 아래
나무 울타리를 벽 삼고 하늘을
지붕 삼아 노천에서 야영을 한
다. 잠든 여행자들의 얼굴을 핥
아대던 들개가 먹이를 찾아 쓰
레기를 뒤지고 있다.

낙타의 눈물이 사막의 석양에 젖는 골든 시티
자이살메르

타르 사막의 일출.
사막에서는 해마저 바싹 메말라 있는 것처럼
유난히도 노을이 붉었다.

사막의 아침은 너무나 보송보송하게 찬란했다. 저 멀리 지평
선에 순도 높게 달궈진 불덩어리 같은 태양이 떠오르고, 우리는
왔던 길을 되돌아 그곳을 떠났다. 모두 저 일상이라는 거대한 수
렁 속으로, 아니 어쩌면 영영 벗어날 수 없는 또 다른 사막 속으
로 말이다. 다만, 긴 여정을 함께 걸었던 이들과의 추억도 그 사

막 속에 화석처럼 묻혀 때때로 노을과 별빛과 더불어 그리울 것이다. 그리고 그곳에는 여전히 꽃이 피어 있을 것이다.

사막에도 꽃이 핀다
별빛마저 바스락 부스러지는
기댈 것 아무것도 없는,
오로지 외로움만이
외로움에 기대는 곳
외로움만이 외로움을 찌르는 곳
자신의 가시로 자신을 찌르는
선인장 크락티스
찔린 자리마다 돋아난 핏방울
물기 다 날아가고 붉은 빛만 침전된
사막의 꽃

―졸시, 「사막에 핀 꽃」

낙타의 눈물이 사막의 석양에 젖는 골든 시티
자이살메르

보리수 고목
그늘 아래
무념無念의
한나절

보
드
가
야

인도라는
관념

나는 다시 인도를 찾았다. 놀랍게도 예언이 실현된 것이다. 중부 인도로부터 시작하여 서부 인도와 북부 인도를 갈지자로 관통하는 첫 인도 여행을 마치고 귀국하는 델리의 인디라 간디 국제 공항 대합실에서 만난 어느 대학생이 내게 던진 그 예언이 말이다. 출국을 기다리며 무료함을 달래기 위해 옆자리에 앉은 한 무리의 젊은이들과 인도 여행에 대한 이런저런 이야기를 나누던 끝이었을 것이다. 인도 여행 중에 만난 사람들이 던지는 질문 중에 가장 많은 것이 인도가 좋더냐는 것이다. 멋모르고 오긴 했지만, 너무 힘들어서 다시 오고 싶지는 않다고 하는 내 대답 끝에 잠시 동안 야릇한 미소를 매달던 그녀는 확신에 찬 어조로 한마디를 던지고 일어섰다. 이 중에서 인도에 꼭 다시 올 사람은 선생님일 것 같은데요. 물론 나는 머리를 흔들었을 것이다. 말도 안 된다고. 솔직히 정말 그랬다. 좀 말라 보이는 편인 내게도 한 달 새에 그렇게나 많이 빠질 살이 있었을까 싶었다. 허리띠에 뚫어져 있는 구멍을 끝까지 졸라 끼워도 바지는 자꾸만 흘러내릴 기세였다. 천부당만부당, 이런 생고생을 다시는 사서 할 이유가 있을 리 없다고 단언했다. 그러나 그 예언은 잊을 만하면 이따금씩 내 뇌리를 뚫고 무성히 솟아나 서서히 나를 인도에 가둬놓고 말았다. 결국 그 후로 인도는 내게 떨쳐낼 수 없는 하나의 관념이 되고 말았다.

다시 인도 지도를 펼치자 벵골만의 끈끈한 바람과 히말라야 기슭의 삽상한 바람이 불어와 나를 달뜨게 하고 말았다. 그리고 미지의 인도 동북부를 향해 나 홀로 길을 떠나는 모험을 감행하지 않을 수 없었다. 그러나 먼 길이었다. 항상 충동이 곧바로 결단으로 이어지는 것은 아니다. 항공권을 제때 예약하지 못해 지루하지만 할 수 없이 나고야에서 하룻밤을 묵어 가는 일본항공을 타야만 했다.

먼 길을 돌아 거의 일 년 만에 다시 찾은 델리는 여전히 복잡하고 무더웠다. 나는 서둘러 델리를 떠나기로 했다. 우선 아수라장 같은 세속을 벗어나고 싶었다. 그런 곳이 있기만 하다면 한적하고 평화로운 깨달음의 땅으로 가고 싶었다. 보드가야Bodhgaya. 이곳이야말로 내가 찾던 바로 그런 곳일 것이라고 생각했다.

그러나 속세를 벗어나는 일이 생각보다 그리 쉽지는 않았다. 나는 오후 4시쯤에 출발하는 기차를 타기 위해 뉴델리역 플랫폼에서 어슬렁거리고 있었다. 도대체 역의 규모가 짐작되지 않을 만큼 플랫폼이 아득하게 크고도 많아 기가 질릴 지경이었다. 거기다가 마치 전쟁 영화 속 피난지를 연상케 할 만큼 기차를 기다리는 승객들이 말 그대로 인산인해를 이루고 있어서 얼이 빠질 지경이었다. 그런 가운데 소음을 잠재우려는 듯 매우 높은 톤의 안내 방송이 귀가 멍멍하도록 울려 퍼지고, 드디어 기차가 플랫폼으로 들어서고 있었다. 그런데 정작 본격적인 혼란은 그때부터 시작되었다.

기차가 채 멈추기도 전에 승객들이 일제히 뛰기 시작했다. 그들은 대부분 지정 좌석표가 없는 일반 객실을 이용하는 서민들이었다. 서로 먼저 타려는 사람들의 경쟁으로 인해 플랫폼은 삽시간에 아수라장으로 변해버리고 말았다. 그것은 거대한 인간 소용돌이였다. 그런데 잠시 후 난데없이 고함과 호루라기 소리가 진동하기 시작했다. 누런 제복을 입고 검은 베레모를 쓴 건장한 체구의 공안들이 군중 속으로 뛰어들고 있었다. 그들은 기차 출입문에 몰려 있는 사람들을 긴 대나무 몽둥이로 조금의 망설임도 없이 있는 힘을 다해 내리치기 시작했다. 무차별 폭력이었다. 일종의 백색테러 같았다. 차마 눈 뜨고 볼 수 없는 폭력이 욕설과 비명과 아우성을 동반한 광풍처럼 휩쓸고 지나가자 극도의 혼란은 어쨌든 대략 일단락되었다. 그러나 처참했다. 참으로 얄궂은 일이었다. 하필이면 싯다르타가 깨달음을 얻은 곳으로 가는 길에 이런 광경을 만나다니.

그러나 암흑 속을 질주하는 밤기차의 침대에 누워 곰곰이 그 광경을 되씹어 생각해보니, 지금 내가 타고 있는 침대 객실 뒤편 일반 객실 어느 바닥에 상처를 깔고 고단하게 주저앉아 있을 가난한 인도 민중들의 모습이 곧 깨달음일지도 모른다는 깨달음이 느껴진다. 어찌 그 넓고도 심오한 무상정각의 경지를 추호라도 짐작이나 할까 보냐만은, 어쩌면 싯다르타는 이방의 미욱한 중생에게 그렇게 역설적으로 깨달음의 화두 하나를 던져준 것인지도 모른다.

맞은편에 앉은 청년 하나가 호기심 어린 시선으로 말을 건넨다. 자기는 힌두의 브라만이며 뉴델리공과대 학생인데, 가야에 있는 고향 집에 잠시 다니러 가는 중이라고 한다. 건장한 체구에 부리부리한 눈매며 다소 검은 편인 얼굴에 여덟 팔자로 기른 콧수염이 강인해 보이는 그는 어쩌면 고대 인도의 원주민과 정복자인 아리안족과의 혼혈일지도 몰랐다.

기원전 7세기경, 아리안족들은 갠지스의 중류 부근으로 진출하여 부족 연맹 성격의 도시 국가 형태를 이루어 나갔는데, 당시 두드러진 사회 현상 중의 하나가 혼혈의 성행이었다고 한다. 그리고 지금 내가 그 위대한 발자취를 찾아가는 석가모니는 당시 주요 왕국 중의 하나였던 마가다국의 태자였다. 보드가야에 가는 중이라는 내 말을 듣고 청년은 잠시 심각한 표정을 짓는다. 혼자서 그곳을 가는 것은 좀 위험하다는 것이다. 보드가야가 속해 있는 비하르주는 인도에서 문맹자들과 빈민층이 가장 많으며 범죄가 빈번한 곳이기 때문이란다.

은근히 걱정을 베고 누워 불안한 잠을 덜컹이다 보니 어느덧 기차가 보드가야의 관문인 가야역에 도착했다. 아침 8시경이었다. 대합실 밖으로 나오니 털실 모자를 쓰고 목도리를 두르고 온몸을 담요로 휘감은 릭샤왈라들이 와자하게 달려든다. 사철 더운 나라에서 저토록 추위에 떨고 있는 그들의 모습이 일면 의아스럽게 낯설다. 나를 에워싸고 서로 자기 릭샤를 타라고 호객행위를 하는 그들의 목소리가 마치 큰일이라도 난 듯 들끓는 것 같아서 정신이 없을 정도였다. 바로 그때였다. 누군가가 다가와 소리를 질렀다. 순간, 릭샤왈라들이 소리 없이 일제히 주춤 물러났다. 바로 그 청년이었다. 아무래도 마음이 놓이지 않아 따라왔다는 것이다.

청년은 주위를 둘러보더니 한 명의 릭샤왈라에게 손짓을 했다. 불려 나온 릭샤왈라는 마치 상전 앞의 종처럼 한마디 말도 없이 긴장된 표정이 역력했다. 청년은 자기 손바닥에 차량 번호를 적고 그의 얼굴에 들이대며 무엇인가 다짐을 받는 듯했다. 그리고 내 수첩에도 그의 차량 번호를 적어 건네주며 신신당부를 했다. 보드가야에 도착하면 반드시 그곳이 목적지가 맞는지 지나가는 사람들에게 물어 확인을 한 후, 정해진 대로 요금을 지불하라는 것이었다. 일종의 안전장치였다. 소문에 의하면 여행자를 상대로 한 강도 사건이 빈번하게 일어난다는 가야와 보드가야 사이의 10km 남짓한 그 위험한 길을 나는 청년의 호의 덕분에 다소 편안한 마음으로 무사히 이동할 수 있었다. 그러나 미안하게도 그가 가르쳐 준 안전 규칙을 다 준수하지는 못했다. 엄격한 계급 사회의 율법 앞에서 그렇게 주눅 들어 있던 오토릭샤왈라였건만, 목적지에 도착하자 팁을 달라고 조르며 그 본성을 감추지는 못했다. 나는 약간의 웃돈을 더 주었다. 카스트의 신분보다도 더 엄중한 것은 어쩌면 자본주의적 욕망일지도 모를 일이었다.

보리수 고목 그늘 아래 무념(無念)의 한나절
보드가야

보드가야라는
성지

현지에서는 부다가야라고도 부르는 보드가야에 대한 첫 인상은 소박하다 못해 허름했다. 몇 개의 숙소와 식당과 상점들이 양편으로 늘어선 도심 중앙의 거리에는 싸이클릭샤와 우마차와 자동차와 행인들이 한데 엉켜 무질서한 흐름을 연출하고 있었지만, 인도의 이름난 다른 도시들에 비하면 전반적으로는 한적한 편이었다. 그러나 길 양편으로 무성한 가지를 늘어뜨리고 있는 아름드리 보리수와 승복을 입은 각국 승려들의 행렬과 끊임없이 밀려드는 참배객들의 무리는 이곳이 범상치 않은 장소임을 암시해 주고 있었다.

이 외진 비하르주의 작은 도시를 유명하게 만든 장본인은 바로 석가모니이다. 지금으로부터 약 2600년 전, 현재는 네팔 남부 타라이 지방의 작은 도시인 룸비니에서 위대한 한 성인이 태어났다. 그곳은 석가^{Sakya, 釋迦}족의 공화국 수도였던 카필라바스투 동쪽 외곽의 꽃동산이었으며, 그는 카필라성의 태자였다. 당시 석가족은 마가다국의 변방에 있던 코살라 왕국의 자치령으로서 인구 약 100만 정도의 소국이었다. 그의 어머니인 마야 부인은 태자를 낳은 지 7일 만에 세상을 떠났으며, 부친인 숫도다

나왕이 지어준 본명은 산스크리트어로 고타마 싯다르타였다. 고타마는 성이며 싯다르타는 '모든 것을 성취한 자'라는 뜻이다.

남달리 비범한 소질을 가진 그는 궁궐의 동·서·남·북문에 놀러 나갔다가 사문유관四門遊觀, 즉 생로병사生老病死의 고통에 시달리고 있는 중생들의 모습을 목격하고 충격을 받는다. 그리고 일체개고一切皆苦, 즉 존재하는 모든 것이 고통임을 깨닫고 출가를 결심한다. 그는 이미 16세 때에 야쇼다라는 여인과 결혼하여 아들까지 얻었으나, 결국 삶과 죽음의 문제에 대한 근원적 고통에서 벗어날 수 있는 해답을 얻기 위해 세속의 쾌락을 버리기로 한 것이다. 이때 재미있는 것은 아들의 출생 소식을 들은 싯다르타가 "아! 장애가 생겼구나. 속박이 생겼구나"라는 말을 했다고 하여 아들의 이름이 장애라는 뜻의 라훌라가 되었다는 것이다. 이 일은 싯다르타가 출가하는 계기로 작용하지 않았을까 하는 추측을 낳게 하고 있다. 그는 29세에 출가한 후 6년간의 고행을 통해서도 깨달음을 얻지 못하자, 수행 방법을 바꿔 보리수나무 아래에서 좌선 명상에 잠긴 지 7일째에 드디어 큰 깨달음을 얻게 되었다. 그의 나이 35세였다. 그는 스스로를 '깨달음을 얻은 자'라는 의미의 부다Buddha라고 일컫고, 80세에 입멸하기까지 각지를 순례하며 설법을 했다. 우리가 흔히 일컫는 석가釋迦는 샤카Sakya라 불리던 부족의 총칭이며, 모니牟尼는 성자를 의

보리수 고목 그늘 아래 무념(無念)의 한나절
보드가야

미하는 무니^{muni}의 음사이다. 따라서 석가모니는 '석가족 출신의 성자'라는 의미이다.

이처럼 청년 싯다르타가 깨달음을 얻은 역사적인 장소가 바로 보드가야이다. 이곳은 탄생지인 룸비니, 최초 설법지인 사르나트, 입적지인 쿠시나가르와 더불어 4대 불교 성지의 하나이다. 이 유서 깊은 성지 보드가야를 둘러보는 일은 그 옛날 싯다르타의 행적을 더듬어 가는 여정과 다름없다. 그것은 그가 출가하여 고행하다가 명상을 통해 대각大覺에 이르는 과정과 일치한다.

전정각산前正覺山, 둥게스와리의 우울

도심에서 오토릭샤를 빌려 타고 북동쪽으로 한 시간여 남짓 상태가 고르지 못한 도로를 달렸다. 이어 한적하다 못해 폐허와도 같은 시골 마을의 좁은 골목길을 몇 굽이 돌아나가노라니 야트막한 산이 앞을 막아선다. 말 그대로 나무 한 그루 보이지 않는 황량한 돌산이다. 그러나 산비탈

전정각산 입구.
싯다르타가 고행했던 이 성지에서
순례자들을 가장 먼저 맞이하는 것은
마음을 고통스럽게 짓누르는 구걸 인파다.

을 오르는 입구에는 제법 많은 인파가 북적이고 있었다. 먼 길을
마다치 않고 찾아온 순례자들과 그들을 상대로 하여 구걸을 나

보리수 고목 그늘 아래 무념(無念)의 한나절
보드가야

온 동네 주민들이었다. 특히, 구걸하는 사람들 속에는 처참한 몰골을 한 어린아이들이 많아서 모른 체하고 그냥 산을 오르기에는 뒤통수가 가려울 듯했다. 그곳이 다른 곳도 아니고 싯다르타가 깨달음을 얻기 위해 처절한 고행을 했다는 성지 전정각산이 아니던가.

그런데 그때, 군중 속에서 붉은 가사를 걸친 스님 한 분이 지극히 현실적인 진리를 갈파하셨다. 절대로 구걸에 응하지 말라. 그것은 저들을 돕는 것이 아니라 오히려 해를 끼치는 일이다. 좀 황당하다면 그렇다 할 만한 일이었다. 아니, 온 누리에 자비를 베풀고 베풀어도 시원찮을 불제자께서 웬 심사가 그리 사납단 말인가? 알고 보니, 그분은 이곳에 수자따 아카데미를 지어 가난한 주민들을 상대로 병원과 학교를 무료로 운영하고 있는 우리나라 민간단체 '정토회' 소속 스님이었다. 그분이 들려준 사연인즉슨 이러했다. 여기에 구걸을 나온 아이들은 대부분 초등학교 학생들이다. 그런데 그들은 구걸을 위해 학교를 가지 않고 여기에 와 있는 것이다. 만약, 구걸에 성공한다면 그들은 계속 학교에 가지 않고 이 일에 매달리게 될 것이다. 따라서 진정한 보시는 그들에게 학교 교육을 받게 하여 궁극적으로 가난을 벗어날 수 있는 길을 열어주는 것이다. 참으로 조금도 나무랄 데 없는 혜안이요, 진리였다. 그러나 아무리 그렇다고는 하여도, 이는 필시 수양이 일천하기 그지없는 중생의 속된 마음이겠지만, 그들의 애처롭고 절박한 눈길을 애써 외면하고 산을 오르는 기분은 솔직히 그리 썩 개운하지는 않았다.

현지인들이 둥게스와리Dungeshwari라고 부르는 전정각산은 막상 올라 보니 보기와는 달리 제법 험하다. 저 멀리 사방에 야트막하게 펼쳐져 있는 중생들의 사바세계를 내려다보던 청년 싯다르타의 고뇌는 한층 깊었을 것이다. 가파르고 황량한 능선을 오르는 길에는 싯다르타가 홀로 앉아 수행했음 직한 작은 동굴들이 있어 발길을 멈추게 한다. 다시 얼마쯤 가노라니, 바람조차 보이지 않는 민둥산의 무채색 바위 능선 어디쯤이 일순간 환영처럼 흔들리는 듯하다. 고행을 통해 고통으로부터 벗어나고자 했던 그의 비원이 이제는 민중들의 해묵은 염원처럼 퇴색한 룽다로 남루하게 펄럭이고 있었다.

그해 여름이었을 것이다. 티베트 고원의 해발 5,220m 가쵸랍고개 정상에 세워진 초르텐에 자욱하게 매달려 수천 개의 꽃잎처럼 나부끼던 룽다들. 그 노랑, 빨강, 파랑, 초록의 원색 물결에 마음이 철렁하도록 싸하게 물들어 허공을 밟듯 휘청거리며 고원을 가로지르던 위태로운 시간을 다시 넘는 듯한 여운이 길게 매달렸다.

그렇게 한 시간여 남짓 능선을 넘노라니 발길은 점차 무거워

보리수 고목 그늘 아래 무념(無念)의 한나절
보드가야

황량한 전정각산 바위 능선에는
중생들의 해묵은 비원처럼
퇴색한 룽다가 남루하게
펄럭이고 있으며,
싯다르타가 고행의 장소로
이용했음 직한 동굴들이
군데군데 자리 잡고 있다.

지고 있었지만, 비례하여 마음은 왠지 조금씩 가벼워지고 있는 듯했다. 만약 그렇게 다 비울 수만 있다면야 누군들 부처가 되지 못할 리가 있겠는가. 그러나 그것도 잠시, 고행을 마치고 무사히 하산을 했다는 안도를 할 겨를도 없이, 아기를 안고 길가에 엎드려 구걸을 하고 있는 여인의 누더기 같이 야윈 손에 바짓가랑이를 잡히는 순간, 마음은 다시 천근만근 무거워지고 말았다. 아, 이 어리석은 중생은 잠시 망각하고 있었던 것이다. 바로 한 발짝 산 아래가 사바娑婆요, 지옥인 것을. 그것이 고통임을 알면서도 업보의 바다로 다시 내려올 수밖에 없는 운명이란 것을. 나무아미타불!

수자따 마을의
남루

돌아오는 길 중간에 나란자나강을 가로질러 놓인 긴 다리를 건너 드넓은 모래밭 기슭에 자리 잡은 시골 마을로 향했다. 건기라서 물은 바싹 말라버렸지만, 다리가 놓여 있는 것으로 보아 이곳이 강임을 짐작하게 한다. 극한의 고행으로 이미 뱃가죽이 등뼈

보리수 고목 그늘 아래 무념(無念)의 한나절
보드가야

에 붙게 될 정도로 여윈 싯다르타는 전정각산을 내려와 이곳 나란자나 언덕에서 장님 처녀 수자따가 공양한 우유죽을 받아 마심으로써 활력을 찾고, 수행의 태도를 좌선의 명상법으로 전환하는 계기를 맞이한다. 불가에서 전해지는 이 유명한 이야기의 무대가 바로 여기 수자따 마을인 것이다.

그러나 마을 입구에 들어섰을 때, 가장 먼저 나를 맞이한 것은 수자따의 정성도 싯다르타의 성스러움도 아니었다. 이미 거기에는 수자따도 싯다르타도 없는 것 같았다. 다만, 그 전설을 팔며 집요하게 기부금을 강요하는 마을 사람들과 구걸하는 아이들만이 남아 있을 뿐이었다. 신성과 세속의 경계는 민망할 정도로 허물어져 있었다. 그래도 불원천리하고 예까지 온 이상 수자따의 흔적 비슷한 것이라도 만나야 하지 않겠는가 싶어 사방을 기웃거리노라니, 드디어 뭔가가 눈에 들어온다. 수행 중인 싯다르타에게 공양을 하는 장면을 연출해 놓은 조각상인 듯했다. 그러나 시멘트로 조잡하게 만들어 놓은 조각상은 전혀 관리가 안 되고 있는 듯 색이 벗겨지고 금이 가고 조각이 떨어져 나간 채 방치되고 있어서 보기가 민망할 정도였다. 더구나 주위에는 각종 쓰레기가 널브러져 있고, 모래와 먼지가 오래된 가난처럼 켜켜이 쌓인 좌대는 마을 사람들과 아이들이 올라앉아 쉬거나 노는 장소로 점령당해 있었다. 신성神聖은 한 알의 모래 알갱이

수자타 마을의 부처상.
시멘트로 조잡하게 빚어놓은 부처상은
마을 사람들의 쉼터로 무단 점령당해 있었으나,
어쩌면 그것은 중생 속으로 낮게 내려온
실천적 신성인지도 모른다.

만큼도 없었다. 다른 곳에서 본 힌두와 이슬람 사원들의 엄격한
관리 상태와는 너무나 대조적인 모습이었다. 불교의 발상지에
서 천대받고 있는 인도 불교의 현실이 의아스럽기만 했다.

보리수 고목 그늘 아래 무념(無念)의 한나절
보드가야

그러나 다 생각하기 나름이 아니겠는가? 돌아오는 오토릭샤 위에서 무겁고 칙칙하게 비껴가는 마을들의 가난한 풍경을 바라보면서 생각을 바꿔보려고 애를 썼다. 겉으로 보이는 것은 본질이 아닐 것이다. 어쩌면 나는 관념적 신성이 아니라 실천적 신성을, 중생 위에 군림하는 신성이 아니라 중생 속으로 낮게 내려온 신성을 만난 것인지도 모른다. 오히려 그것을 신성에 대한 모독이나 파괴로 여기는 우매한 태도야말로 불경일지도 모른다. 자신을 버리고 중생제도衆生濟度를 실천하고자 했던 구도자 싯다르타가 마음의 눈을 뜨지 못한 이방의 속인에게 깨우쳐 주고자 했던 진정한 가르침은 바로 그것이었을지도 모른다. 그렇다면 기부금이라는 명목의 강탈을 막기 위해 혼자 방문하는 것을 삼가라는 가이드북의 친절한 안내를 무릅쓰고, 홀로 그들의 요구를 당당하게 뿌리치고 돌아온 자신을 대견하다고 해야 할 것인가, 아니면 부끄럽다고 해야 할 것인가. 아무리 궤변을 늘어놓아도 번뇌는 끝이 없고, 마음은 더한층 무거워진다.

마하보디 사원의
보리수 그늘

세속적 쾌락을 버리고 출가한 싯다르타는 극단적인 고행으로도
깨달음을 얻을 수 없게 되자, 명상을 하는 중도中道의 수행 방법
을 선택한다. 그리하여 나란자나강 가에 있는 우루베라 마을의
보리수나무 아래에서 좌선 명상에 잠긴 지 7일째 되는 날 새벽,
드디어 의심이 없는 확실한 경지, 즉 무상정각無上正覺의 경지에
이르게 된다. 그 역사적인 깨달음의 나무가 있는 곳을 찾아 다시
오토릭샤를 달렸다. 보드가야 중심가에 일직선으로 뻗어 있는
도로를 끼고 어수선하게 형성되어 있는 상업 구역이 끝나는 지
점에 세워져 있는 거대한 문 안으로 들어서자 비교적 말끔하게
정비가 되어 있는 사원 구역이 나타난다. 사원 정문 앞쪽으로 담
장을 끼고 나 있는 넓은 대로에는 아름드리 보리수 고목들이 열
지어 서서 그 밑을 지나가는 승려들과 참배객들을 말없이 굽어
보고 있었다. 잠시 시선을 사원 담장 안으로 돌리면 멀리서도 한
눈에 보일 만큼 거대한 탑이 우뚝 솟아 있는 것이 보인다. 여기
가 바로 붓다가 해탈의 경지에 이른 자리에 세워진 불교 성지 중
의 성지 마하보디 사원이다.

보리수 고목 그늘 아래 무념(無念)의 한나절
보드가야

보드가야 마하보디 사원의 입구 거리.
사원 담장을 따라 아름드리 보리수나무가 열지어 서서 지나가는 승려들과 참배객들을 굽어보고 있다.

보드가야 마하보디 사원 대탑.
높이가 무려 52m에 이르는 피라미드 모양의 이 탑은
보드가야에서 가장 높은 건물이다.
보수 중이었지만, 그 앞에 앉아 있는 승려들의 모습이
아름다운 꽃밭을 연상하게 한다.

　　입장료는 무료라고 하면서도 카메라 촬영권이라는 명목으로
사실상의 입장료를 징수하고 있었다. 인도의 유적지는 특이하
게도 대부분 입장료 말고도 카메라 촬영권이라는 명목의 이중
입장료를 따로 징수하는데, 때로는 어이없게도 이것이 더 비싼
곳도 있다. 자신들의 유적에 대한 자부심인지 노골화된 상업주
의인지 의아스럽기도 하지만, 여하튼 해마다 지나치게 높게 인
상되고 있는 입장료는 가난한 배낭여행자들을 부담스럽게 하고
있는 것이 사실이다.

　　기원전 250년경, 이곳을 찾은 아쇼카 대왕은 붓다가 득도한
보리수나무 옆에 마하보디 사원을 세우고, 그가 앉았던 자리에
는 금강좌를 조성하였다 한다. 그러나 현재의 사원은 당시의 것
이 아니라, 대략 5세기에서 7세기 사이 불교 문화가 융성했던 굽
타 왕조 시대에 다시 건립된 것으로 추정하고 있다. 이후 인도에

　　보리수 고목 그늘 아래 무념(無念)의 한나절
보드가야

서 불교가 쇠퇴하고 힌두교의 세력이 팽창하면서 한때는 힌두교 사원으로 변신하는 불운을 겪기도 했다. 12세기 중엽 회교도의 침입 당시에는 주변의 많은 것들이 잿더미로 변했는데도 불구하고, 당시 불자들이 흙으로 건물 전체를 파묻어 보호한 덕분에 유독 이 마하보디 사원만은 불타지 않고 남게 되었다고 한다. 그리고 이후에 미얀마의 왕과 네팔의 왕에 의하여 대대적으로 개수와 보수를 거듭한 끝에 오늘날의 모습을 갖추게 되었다. 현재 피라미드형으로 조성되어 있는 사원 밑바닥의 넓이는 200여 평이며, 밑 부분 한 면의 길이가 27m인 중앙 대탑의 높이는 약 52m에 달한다. 법당 안 서쪽 벽면 불단 위에는 싯다르타가 수행 중 악마의 항복을 받고 해탈에 이르던 모습을 나타낸 항마촉지인降魔觸地印을 하고 있는 높이 약 1.8m의 개금 불상이 모셔져 있는데, 9, 10세기경 팔라 왕조 시대에 조성된 것이라 한다.

한편, 사원 뒤편에는 붓다가 깨달음을 얻은 것과 관련이 있는 보리수나무가 있다. 물론, 상식적으로 그가 득도할 당시의 보리수가 아직 살아 있을 리 만무하지만, 현재 경내에 있는 나무는 같은 혈통의 성스러운 존재로 알려져 있다. 전하는 말에 의하면, 원래의 명맥을 이어오던 보리수는 1876년에 거대한 폭풍우를 견디지 못하고 쓰러져 죽어 버렸다고 한다. 그래서 약 2350여 년 전에 아쇼카 대왕의 공주가 스리랑카를 방문할 때 가져다 심

붓다가 깨달음을 얻었다는
마하보디 사원 보리수나무 아래에는
법문을 들으려는 승려와 순례자들이
항상 도처에서 모여든다.
부처의 경지에 이르고자 하는
필생의 숙원이 승려의 손에 든
보리수나무 잎에 담겨 있다.

보리수 고목 그늘 아래 무념(無念)의 한나절
보드가야

은 이곳의 원조 보리수나무 묘목을 다시 가져와 심은 것이라고 한다. 따라서 높이가 약 25~30m이며, 수령이 약 100년을 넘겼다는 현재의 보리수나무는 원래 나무의 손자뻘이 되는 셈이다. 그리고 붓다가 깨달음을 얻은 이 성스러운 보리수나무 바로 밑에는 금강석 같은 보배의 지혜를 얻은 자리라는 뜻의 유명한 금강보좌金剛寶座가 있다.

사원은 아침부터 많은 인파로 북적인다. 사원에서 행해지는 유명 고승들의 법문을 듣기 위해 몰려드는 각국 승려들의 행렬이 경내의 분위기를 한껏 엄숙하고 아름답게 물들인다. 각 종파의 수장인 고승이 거대한 보리수 아래 금강보좌에 앉아 근엄하고 낭랑한 목소리로 법문을 하는 동안, 수많은 승려가 그 앞 광장에 열을 지어 앉아 경청하느라 꼬박 한나절이 넘도록 미동도 하지 않는다. 그들이 입은 노란색과 붉은색 가사 장삼의 빛깔이 맑은 햇살에 눈부시게 빛나며 보리수나무 둘레는 마치 거대한 원색의 꽃밭을 연상케 한다. 간절한 불심이 아니고는 피워낼 수 없는 장관이다.

승려들이 앉아 있는 주변 외곽에는 일반 순례자들을 위한 자리가 마련되어 있다. 누구나 아무런 제한 없이 앉아 분위기에 동참할 수 있을 뿐만 아니라, 몇 명의 승려들이 주전자를 들고 사이사이를 누비며 김이 모락모락 나는 우유차를 보시해 준다. 아마도 장님 처녀 수자타가 싯다르타에게 우유죽을 공양한 일을 재현하는 상징이 아닐까 하는 생각이 들었다.

　나도 슬그머니 군중 속을 비집고 들어가 한 자리를 차지하고 앉긴 했지만, 솔직히 처음에는 좀 낯설고 겸연쩍었다. 개인적으로 불교 신자도 아닐 뿐만 아니라, 이런 일은 자주 있는 일이 아니어서 그랬을 것이다. 그러나 염려와는 달리 기분이 금방 평온해졌다. 주위는 도처에서 온 순례자들로 가득 차 있었지만, 그들의 마음만은 모두 하나로 모아져 있었기 때문이었는지도 모른다. 그들은 자신이 가지고 온 먹을거리에 간단한 인사말이나 온화한 미소를 얹어 주변 사람들에게 건네며 서로 행복한 표정을 나누고 있었다. 모래알 같이 많고 많은 사람들 중에 이 광대무변한 우주의 한 모퉁이에서 이렇게 만난 찰나의 인연이 결코 가볍지 않음을 모두 알고 있기나 하다는 듯이.

　따지고 보면 우리 모두는 고해苦海를 건너는 한배에 탄 연약한 중생일 뿐이니, 생의 근원적 고통에서 벗어나는 길을 모색하는 일에 어찌 너와 내가 다르고, 누가 누구를 차별할 수 있으랴. 낯선 언어로 확성기에서 쉬지 않고 구성지게 울려 퍼지는 법문의 내용을 구체적으로 알아들을 수는 없었으나, 그 간절한 인간의 목소리에 담긴 마음만은 다 알아들을 수 있을 것만 같았다. 법문은 내용으로 듣는 것이 아니라, 목소리로 듣는 것이다. 모든 것

보리수 고목 그늘 아래 무념(無念)의 한나절
보드가야

은 마음이다. 마음을 비우면 삼라만상이 다 들리나니. 이것이 내가 이곳에서 급조된 좌선 명상을 통해 얻은 최초의 얼치기 깨달음이었는지도 모른다.

어떻게 한나절이 지나갔는지 모른다. 아니, 그렇게 또 무념의 한나절이 꿈결처럼 서너 번 지나갔다. 그리고 미약한 바람결에도 날아갈 만큼 마음이 가벼워졌다고 느꼈을 때 비로소 다시 일어섰다. 어느 소설가가 "나그네는 길에서도 쉬지 않는다"고 했다지만, 종종 나그네는 길에서 쉬어야 한다고 정정해야 할 듯했다.

나는 그 깨달음의 나무 아래를 떠나기 전에 기념으로 잎을 한 개 간직하고 싶었다. 그러나 아무리 둘러보아도 하늘이 보이지 않을 정도로 무성하게 잎을 매달고 서 있는 거대한 나무 아래 그 어디에도 단 한 개의 낙엽도 보이지 않았다. 알고 보니 이 이상한 일의 내막은 바로 청소부와 관련이 있었다. 그는 떨어지는 잎을 모두 수거하여 한 개에 10루피라는 거금을 받고 판매하고 있었다. 물론, 우리 돈으로 250원 정도에 불과한 액수였지만, 나뭇잎을 돈을 주고 사 보기는 난생처음이었다. 어쨌거나 그 청소부는 붓다의 자비를 톡톡히 누리고 있는 셈이었다.

그런데 사원을 나서기 위해 일어섰을 때, 내가 목격한 마지막 풍경은 마음을 다시 무겁게 주저앉히고 말았다. 한눈에 보아도 도무지 조화가 될 수 없을 것 같은 연분홍 담장과 검은 손의 대

마하보디 사원의 구걸 인파.
연분홍 담장 안으로 들이민 검은 손들은 성역과 세속,
극락과 지옥이 불과 담장 하나 사이임을 깨우쳐 주고 있다.

열. 사원에 높게 둘러쳐진 담장의 뚫린 구멍마다 누군가의 자비
를 애걸하는 걸인들이 손을 들이밀고 흔들어 대고 있었다. 그들
은 야위고 검은 손에 대부분 저마다 자그마한 그릇을 들고는 돈
이나 먹을 것을 달라고 애원하고 있었다. 그리고 행여 누군가가

보리수 고목 그늘 아래 무념(無念)의 한나절
보드가야

가까이 다가오는 기척이라도 나면, 그쪽을 향해 우르르 몰려들곤 했다. 한마디로 처참한 광경이었다. 여전히 경내에서는 법문 소리가 그치지 않고 있었지만, 한참을 살펴보아도 그들에게 자비를 베푸는 사람은 아무도 없었다. 나는 보리수나무 잎을 산 것이 못내 마음에 걸렸다. 절대적인 진리를 얻겠다고 저렇게 수선을 떨고 있는 중생들은 어리석게도 가장 낮은 진리조차도 아직 깨닫지 못하고 있는 것 같았다. 성역과 세속, 극락과 지옥은 불과 담장 하나 사이인 것을. 나는 영원히 떠나지 못할 보리수나무 한 그루를 마음속에 심은 채 무거워진 발길을 속세로 되돌려야만 했다.

인도의
모든 곳

델
리

NEW DELHI

델리의 두 거리,
빠하르간지와 코넛 플레이스

여러 곳을 방랑하다가 다시 델리로 돌아왔다. 이곳을 보지 않고 어찌 인도를 보았다 할 것인가. 인도라는 거대한 대륙이 거느린 수많은 도시 중의 도시. 인도의 대표 얼굴. 인도의 심장. 인도의 상징. 델리를 일컫는 다양한 수식어만큼이나 델리의 이미지는 확고해 보인다. 그러나 그 속을 세세히 들여다보면, 그리 단순하지가 않다. 참으로 묘하고도 복잡하다.

일단 여행자 거리로 소문난 빠하르간지를 중심으로 한 구도심으로 들어서는 순간, 당장 몇 가지 당황스러운 난관에 봉착하게 된다. 그중에서도 가장 먼저 피부에 와 닿는 것은 숨쉬기 어려울 정도로 탁한 공기 질이다. 단적으로 거의 가스실 수준이라는 자조적인 말이 나돌 정도여서 세계보건기구가 선정한 세계 최악의 오염 도시라는 불명예를 떠안은 적도 있다 한다. 좀 더

구체적으로 살펴보면 델리 거주 어린이의 약 절반에 육박하는 인원이 회복 불가의 폐 손상을 입었으며, 델리 시민들의 수명이 평균 10년 정도 줄어든다는 연구 결과도 있다고 하니, 그 심각성이 어떤 수준인지 짐작이 가고도 남음이 있다. 여하튼 이런 지경에 이르고 보니 인도 정부도 나름대로의 해결책을 강구하고 있다고 한다. 그 하나로 나무를 많이 심기 시작해서 델리가 나무가 많은 도시 순위 상위를 차지하게 되었다는 반가운 소식도 들린다. 그리고 전기 릭샤나 천연가스 릭샤의 운행을 늘리고 있다고도 한다. 어쨌든 문제의식을 느끼고 해결 의지를 보이고 있다는 점에서 일단은 박수갈채를 보내고 싶다.

그런데 이것뿐이 아니다. 여행자들을 당황하게 하는 또 하나의 현상으로는 통행이 어려울 정도로 혼잡한 거리의 무질서를 빼놓을 수가 없다. 도로는 도로대로 차선을 무시하다시피 뒤엉켜 질주하며 시커먼 매연을 마구 내뿜는 각종 차량의 행렬이 정신을 쏙 빼놓을 기세다. 극심한 대기오염의 주범 중 주범이 바로 이 차량 매연이라고 한다. 또한 골목은 골목대로 오가는 인파와 노점상들과 소떼들과 릭샤들의 행렬이 발 디딜 틈도 없을 듯이 뒤엉겨 마치 출근 시간대의 만원 전철 안을 연상시킬 만큼 극심한 혼란의 소용돌이를 연출하고 있다. 설령 질서를 지키고 싶어도 지킬 수 없는 불가항력적 상황인 듯싶었다.

그러나 질서는 절대적인 개념이나 관념이 아닌 듯도 싶었다. 질서가 없어 보이는 이곳에도 나름의 질서가 분명히 존재하고 있는 듯했기 때문이다. 이 정도의 극한 상황이라면 거리 곳곳에서 마찰이 생겨 분쟁이 이어지고 사람들의 표정이 짜증으로 일그러져 있을 법도 하건만, 예상 밖으로 대부분 너무나 태연하고 자연스럽게 삶을 영위하고 있는 듯 보였다. 생명체가 지닌 가장 위대한 능력은 적응력인 것 같았다. 바로 그 적응력이 질서라면 질서인 듯했다. 그런데 원주민들이야 그렇다 하더라도 정작 경이로운 것은 이방인 여행자들의 신속한 적응력이다. 제아무리 공기가 탁하고 거리가 무질서하다고 한들, 그것 때문에 인도 여행을 마다했다는 소문은 들어보지 못했다. 솔직히 나도 정작 델리 여행 중에는 이런 상황들에 대해 아주 심각한 문제의식을 느끼지는 못했던 것 같다. 그곳에는 그런 부정적 이미지를 상쇄하고도 남을 만한 강한 매력이 넘쳐나고 있기 때문이다. 한마디로 그곳은 오로지 그곳에서만 체험할 수 있는 이색적인 것들이 곳곳에 널려 있는 호기심 천국이자 유혹의 블랙홀이었다.

그런데 인도라는 거대한 대륙에는, 그 중심지인 델리에는 델리만 있는 것이 아니다. 이곳에는 상반된 이미지의 두 거리가 공존하고 있었다. 일반적으로 델리라 불리는 올드델리 지역과 신도시 격인 뉴델리 지역으로 양분되어 있는 것이다.

델리 지역은 오랫동안 여러 왕조의 수도였던 유서 깊은 곳이다. 이와 달리 뉴델리 지역은 20세기 초에 영국의 식민지 정부가 새로 조성한 계획도시다. 인구가 조밀한 경제 중심지가 올드델리라면, 상대적으로 부유층이 주로 거주하고 있는 행정 중심지가 뉴델리이다. 그런데 이 두 지역의 차이는 한 번 보는 것만으로도 굳이 설명이 필요 없을 정도로 확연하다. 복잡함과 한적함, 지저분함과 깨끗함의 차이가 너무나 즉각적이고 이질적으로 다가오기 때문이다.

나는 인도를 세상의 모든 곳이라 부르기로 했다. 시쳇말로 없는 것 빼고는 모든 것이 다 있는 곳이며, 볼 수 없는 것 빼고는 모든 볼거리가 다 있는 곳이기 때문이다. 그리고 그중에서도 델리의 여행자 거리로 소문난 빠하르간지를 인도의 모든 곳이자 그 중심이라 부르기로 했다. 이곳에 배낭을 내려놓는 순간, 왜 이곳이 인도 여행의 출발점이고, 왜 인도 여행자들이 끊임없이 몰려드는 메카인지를 알게 된다. 왜 이곳을 배낭여행자들의 성지라고 하는지도 말이다.

그런데 당장은 이곳이 아니면 어디서도 쉽사리 체험하기 힘들 극한의 혼잡에 적응하는 것이 여행의 선결 과제다. 더불어 소매치기나 강도 같은 범죄에 대한 두려움 때문에 긴장감을 늦출 수 없게 되는 것도 사실이다. 더구나 인도 여행의 후일담처

델리의 여행자 거리로
유명한 빠하르간지.
당황스러울 정도로 혼잡
한 모습을 연출하고 있
지만, 그 안에는 여행자
를 위한 각종 편의 시설
이 잘 갖춰져 있다.

럼 회자되고 있는 괴담을 들은 적이 있는 여행자라면 그 불안은 더욱 클 수밖에 없을 것이다. 대표적인 예로 거론되고 있는 것이 성폭행 사건이나 테러 사건 등이다.

그러나 그런 사건은 어디서나 일어날 수 있는 것이기 때문에 알아서 조심해야 한다는 의견도 있다. 가령, 몇 대도시를 제외하고는 열악한 전력 사정 등으로 밤문화가 거의 없는 인도에서는 적어도 해가 지기 전까지는 식사를 마치고 숙소에 들어가 머물러야 한다거나, 특히 인적이 드물거나 후미진 골목을 함부로 배회하는 것은 삼가야 한다는 식이다. 여행자가 귀중품이나 돈을 많이 소지하고 있는 것 같은 낌새가 보이면 그것을 탈취할 기회가 생길 때까지 2박 3일이라도 쫓아온다는 인도 불량배들의 이야기는 이미 널리 알려진 괴담 중의 하나이다. 이런 종류의 소문을 다 믿을 것도 아니지만, 그렇다고 다 무시할 것도 아니다. 조심하고 또 조심해야 하는 것은 낯선 곳을 떠도는 여행의 법칙 제1장 제1조임을 잊어서는 안 된다.

빠하르간지에 있는 어느 음식점에서 한국인 주인과 나눈 대화가 쉽사리 잊히지 않았다. 인도에서는 가끔 테러 사건이 일어나지만, 그렇다고 너무 두려워할 필요는 없다는 것이다. 인구 비례로 봤을 때 인도에서 테러로 사망할 확률은 한국에서 인도로 걸어가다가 돌진해 온 차량에 치여 사망할 확률보다도 낮다는

남루하면서도 풍요로워 보이기도 하는 빠하르간지의 노점상.
노랗게 잘 익은 파파야는 콜럼버스가 천사의 열매라고 극찬했을 만큼
부드럽고 달콤한 맛을 자랑하는 열대 과일이다.

논리였다. 그렇게 믿으면 믿고 사는 것이고 안 믿으면 믿지 못하고 사는 것이긴 한데, 솔직히 흔쾌히 받아들이기에는 뭔가 좀 꺼림칙했다. 역시 인도는 단순한 곳이 아니다. 말도 많고, 탈도 많은 곳이다. 결국 조심해서 손해 볼 건 없다는 정도로 보수적인 결론을 맺을 수밖에 없을 듯했다.

인도의 모든 곳
델리

그렇다고 어렵게 나선 여행길에 너무 위축될 필요는 없다. 미로처럼 뻗어 있는 골목마다 밀려다니다시피 하는 인파로 넘쳐나는 빠하르간지의 복잡한 거리에는 저렴한 식당과 낭만적인 카페와 숙소와 기념품점과 여행사 등등 여행자를 위한 각종 시설이 밀집해 있다. 어느 곳을 들어서더라도 호기심이 넘치고, 거리에서 만난 대부분의 인도인들은 밝고 친절하고 다정다감했다. 단순한 기념품 하나를 사거나 카페에서 차나 맥주 한 잔을 마셔도, 거리에서 릭샤를 한 번 타도 그 과정에 재미가 넘친다.

인디아 게이트와 라즈 파트.
올드델리 지역의 혼잡하고 너저분한 모습과는 달리
뉴델리 지역의 거리는 널찍하고 깨끗하게 정비되어 있다.

말 그대로 모든 것이 다 인도스럽다. 혼란 속에서도 긴장감과 함께 설렘을 만끽할 수 있는 것이 인도스러움의 매력이라면 매력일 것이다. 인도스러운 것 치고 호기심을 자극하지 않는 것도 없고, 재미가 없는 것도 없으니까. 결론적으로 빠하르간지야말로 여행자들의 진정한 델리다.

인도의 모든 곳
델리

한편, 올드델리 지역을 떠나 뉴델리 지역에 들어서면 완연히 딴 세상을 만날 수 있다. 상대적으로 "이럴 수가!"라는 탄식이 절로 나오게 될지도 모른다. 올드델리 지역과는 여러 면에서 상반된 모습을 간직하고 있기 때문이다.

영국이 식민지 시절 본격적으로 개발하기 시작한 뉴델리 지역의 시작점은 바로 '라지브 초크'라는 공식적인 이름을 가진 코넛 플레이스Connaught Place이다. 영국 당국자들은 동심원 형태로 원형 건물 블록을 만들고 그로부터 길들이 뻗어 나가게 만들어 거리를 구획하려는 야심 찬 계획을 세웠다. 물론 애초의 계획대로 다 조성하지는 못했지만, 인도 기업들의 본사와 각종 유명 프랜차이즈, 관공서들이 들어섬으로써 명실상부한 쇼핑과 관광의 메카로 자리 잡게 되었다. 이곳에서는 유명 브랜드의 커피점이나 햄버거 가게 앞에 차례를 기다리며 말쑥한 차림으로 줄을 서 있는 사람들의 모습이 일상의 풍경이다. 또 다른 인도가 그렇게 세력 확장을 시도하고 있는 것이다.

이 밖에 뉴델리 지역에서 나름대로 이름난 유명 건축물을 꼽는다면 인디아 게이트India Gate 정도가 될 것이다. 이것은 제1차 세계 대전을 비롯한 전쟁에 참전했다 전사한 9만여 명의 인도군 병사를 추모하기 위한 위령탑이자 개선문이다. 파리 개선문을 본떠 1931년에 지은 이 문은 높이가 42m인데, 전사한 군인들의 이름이 일일이 새겨져 있다. 참고로 1911년 영국 조지 5세와 메리 여왕의 인도 방문을 기념하기 위해 뭄바이 꼴라바 지역에 세워진 게이트웨이 오브 인디아Gateway of India와 이름은 유사하지만, 그 내력이 다르므로 혼동하지 않도록 유의해야 한다.

그리고 이 문에서 인도 대통령 관저인 라슈트라파티 바반에 이르는 대로를 '왕의 길'이란 뜻의 라즈 파트Raj Path라고 부른다. 이 대로 주변에는 인도 국회의사당과 정부 부처들이 밀집해 있어 뉴델리의 얼굴과 같은 핵심 지역으로 꼽히고 있다. 따라서 거리의 조경이나 그 관리 상태가 남다를 수밖에 없는데, 올드델리 지역과는 너무나도 다른 모습에 어리둥절할 지경이다.

델리의 두 인물, 후마윤과 간디

델리에는 특히 눈여겨보아야 하는 두 인물과 그들과 연관된 유명한 유적이 있다. 후마윤과 간디. 이들을 빼놓고 인도와 델리를 이야기할 수는 없을 것 같다.

페르시아 지방을 정복한 몽골 칭기즈칸의 후손들이 건설한 티무르 제국이 분열하면서 인도 쪽에 세운 나라가 무굴 제국이다. 무굴이란 말은 인도어로 몽골이란 뜻이라 한다.

1508년에 태어난 무굴 제국의 제2대 황제 후마윤은 부친인 바부르 황제로부터 22살이라는 젊은 나이에 권좌를 이어받아 약 11년간(1530~1540) 재위했다. 그러나 시대의 풍운아라 불릴 만큼 그의 재위 기간은 순탄하지 않았다. 자신의 권좌를 노리는 형제들과의 갈등이 이어지고, 북인도의 패권을 다투던 인근 왕조와의 전쟁에서 대패하자 멀리 페르시아에서 오랜 망명 생활까지 감내해야만 했다. 그럼에도 불구하고 그는 역경을 이겨내고 마침내 1555년 델리를 수복하고 강성한 무굴 제국을 재건한다. 그러나 그의 운명은 참으로 얄궂고도 허망한 것이었다. 강성 제국의 영광을 미처 누릴 기회도 없이, 그 이듬해 책을 품 안에 안고 도서관 계단에서 실족사하는 불행한 최후를 맞게 되었기 때문이다. 전해지는 이야기에 따르면 그의 조부도 비둘기를 구경하려다가 실족사했다고 하니 정말로 그 비극적인 내력이 어이없다고 할 수밖에 없다.

무굴 제국 황제들의 무덤 중 가장 보존이 잘된 것 중 하나로 꼽히는 것이 바로 후마윤 영묘이다. 후마윤이 사망하자 그의 아내 베가 베굼 황후는 슬픔을 달래기 위해 여생을 남편의 묘지 조성에 바치기로 결심하고, 1565년에 착공해 1572년에 이슬람 양

후마윤 영묘 건물.
작은 타지마할이라 불릴 정도로 정원 조성 방식이나 돔의 형태 등이
그와 유사하다. 유네스코 세계문화유산에 등재됐을 정도로
건축학적으로나 미학적으로도 아름다운 건축물로 꼽힌다.

식의 정원식 무덤을 완공시켰다. 전체가 대부분 붉은 사암과 대리석으로 만들어진 이 무덤은 작은 타지마할이라 불릴 정도로 후에 그 원형이 되었다고 한다.

이 영묘의 첫 번째 관문을 통과하면 돔과 첨탑이 살짝 보이고, 두 번째 관문을 통과하면 비로소 웅장한 무덤 건물 전체가 보인

인도의 모든 곳
델리

다. 후마윤 황제뿐만 아니라 무굴 제국 통치자들의 유해 약 150구가 안치되어 있다고 한다. 초반부터 쉽게 보이지 않도록 한 것은 황제의 위엄을 존중하려는 의도가 아니었을까 생각된다.

애초부터 정확한 미학적 계산을 바탕으로 건설한 이 무덤은 건축학적으로도 많은 관심의 대상이 되고 있다. 물길에 따라 정원을 동서남북 네 방향으로 구획하여 좌우대칭으로 조성한 뒤 그 전면에 무덤을 축조하였는데, 이는 타지마할과 유사한 형태이다. 이슬람 건축 문화에서는 좌우대칭을 중시하고, 물이 모이는 곳을 바로 천국의 상징으로 여긴다는 것이다.

한편 오래된 유적은 아니지만, 델리에서 지나칠 수 없는 곳이 있다. 바로 마하트마 간디의 유적이다. 간디는 인도 민족운동의 정신적 지도자이자 독립과 건국의 아버지로 칭송받는 영웅이다. '마하트마'는 '위대한 영혼'이라는 뜻인데, 그가 주창하고 이끈 비폭력 저항운동은 세계적인 반향을 불러일으켜 인도를 넘어 인류 역사상의 위대한 위인으로 존경받고 있다. 그런데 파란만장했던 후마윤 못지않게 간디의 운명도 전혀 순탄하지 않았다. 자신은 힌두교도였지만, 독립 조국 인도를 양분하다시피 한 힌두교와 이슬람교 양대 종교의 갈등을 포용력 있게 해결하고자 앞장섰던 그가 독립 이듬해인 1948년 힌두교 원리주의자에 의해 암살을 당하는 아이러니한 사건이 발생한 것이다. 신을 모독했다는 구실을 내세운 극단주의가 불러온 어이없는 비극의 희생양이 된 것이다.

어쨌든 우선은 간디 슴리띠GANDHI SMRITI로 불리는 간디 기념관을 둘러볼 필요가 있다. 간디가 거주했던 저택을 박물관으로 개조해 무료로 개방하고 있는 내부에는 그가 사용했던 각종 물레, 피살 당시의 피 묻은 옷, 당시의 사건을 보도한 신문 등이 전시되어 있다. 어떤 이들은 특별한 볼거리가 없는 곳이라고 평하기도 하지만, 위대한 역사적 인물의 발자취를 찾아 그 현장을 직접 둘러보는 것만으로도 그 의미는 충분하다. 진정한 볼거리는 단순히 눈을 만족시키는 것보다는 마음에 진한 감동을 채워 주는 것이다. 참다운 여행은 단순한 볼거리 관광과는 달라야 한다는 것이 평소의 지론이다.

그리고 라즈가트Raj Ghat라 불리는 곳은 1948년 1월 간디의 유해를 화장했던 장소이자 묘역이다. 이곳에 들어서는 순간, 당장 여행자들을 놀라게 하는 것은 눈에 들어오는 장소의 외관이다. 역시, 간디는 간디구나! 그 이유를 축약하여 표현하자면 그럴 것이다. 인도의 그 어떤 곳에서도 이렇게 조경에 온 정성을 다 바쳐 가꿔 놓은 것을 보지는 못할 것이다. 단적으로 간디라는 위인에 대한 국가의 존경심과 그 위상이 얼마나 높은지를 극명하게 보여 주는 상징적 장소인 셈이다. 더불어 역사적인 삶의 의미

간디 박물관 외부와 내부.
간디가 평소 사용하던 집기 중 여러 종류의 물레가
전시되어 있는 것이 인상적이다.

마하트마 간디 유적인 라즈가트 입구와 화장터(묘소).
전면에 새겨진 힌디어는 "오, 신이여!"라고 한다.
인도에서는 보기 드물게 조경이 잘 되어 있는 이곳은 인도인들뿐만 아니라,
세계의 많은 여행자들이 참배를 위해 찾는 유적 명소이다.

인도의 모든 곳
델리

와 가치에 대해, 그에 대한 역사적 평가의 엄중함에 대해 새삼
많은 것을 느끼게 하는 곳이기도 했다. 굳이 더 부연하자면, 우
리 역사의 도처에서 불거지고 있는 부끄러운 평가와 그로 인한
갈등이 속히 해소되고 역사가 더 건강하고 당당해지기를 소망
해보는 계기도 되었으니, 의도치 않게 내심 숙연해지지 않을 도
리가 없었다.

건축왕의 마지막 역작,
붉은 성

올드델리의 중심에는 유서 깊고 아름다운 건축물이 있다. 힌디
어로 붉은 성을 뜻하는 '랄 낄라Lal Qila'로 통용되는 레드 포트가
그곳이다. 얼핏 여러 면에서 아그라성과 유사한 느낌이 있으나,
일단 그 규모 면에서 더 웅장한 느낌을 준다.

이곳은 무굴 제국의 지도자 중 건축광이라고 불리는 샤 자한
황제가 1638년부터 1648년에 걸쳐 붉은 사암으로 건설한 요새
인데, 그의 마지막 작품으로 알려져 있다. 이 성을 축조하면서
국고를 탕진했다고 아들 아우랑제브에게 폐위를 당하고 아그라

성에 감금 당하는 비운의 신세가 되었기 때문이다. 아우랑제브 황제 이후로 무굴 제국은 국력이 쇠퇴하기 시작하였고, 그와 궤를 같이하여 이 성도 예전의 위상을 잃고 만다. 19세기에 이르러 영국의 식민지 시대에는 점령군의 군부대로 전락하면서 내부의 장식물들 대부분이 약탈 당하는 비운의 터전이 되고 만다. 그러나 이곳은 인도인들의 가슴속에는 자신들의 역사와 전통에 대한 자부심을 상기시켜 주는 상징적인 장소로 각인되어 있다. 그런 연유에서 매년 독립기념일에는 총리의 기념 연설이 바로 이곳에서 행해지고 있다고 한다.

이곳은 성 밖에서 웅장한 성벽과 그 위에 왕관처럼 얹혀 있는 아름다운 돔들의 모습을 감상하는 것만으로도 감탄을 자아낼 만큼 인상적이다. 그러다가 내부를 보고 싶어지면, 내국인에 비해 10배 이상 비싼 외국인 입장권을 사고, 길게 늘어선 인파를 따라 라호르문Lahore Gate을 들어서면 된다. 문의 방향이 분리 독립을 한 파키스탄의 도시 라호르를 향하고 있어 이런 이름을 붙였다고 알려진 거대한 정문이다. 그런데 2008년 뭄바이 테러 이후부터는 검문검색이 강화되어 여행자로서는 어느 정도의 불편을 감수할 수밖에 없게 되었다. 유적지에 입장할 때는 말할 것도 없고, 기차나 메트로를 탈 때, 심지어 극장이나 스타벅스에 입장할 때도 몸수색을 당하고 엑스레이로 소지품 검사를 받아야만 한다.

인도의 모든 곳
델리

델리의 붉은 성.
전면의 규모만 해도 한 화면에 다 들어가지 않을 만큼
웅장한 델리의 대표적인 유적이다.
또한 붉은 사암으로 축조한 성벽의 모양과 빛깔이
이곳에 대한 인도인들의 자긍심처럼
고색창연하면서도 강건해 보인다.

붉은 성 정문인 라호르문.
엄청난 높이와 규모를 자랑하는 웅장한 성문이다.

거대한 라호르문을 들어서면 일종의 아치형 아케이드인 짜따
촉Chatta Chowk을 지나게 되는데, 이를 통과하면 비로소 성안의 여
러 시설과 건물이 보이기 시작한다. 그러한 것들은 인도의 여느

인도의 모든 곳
델리

붉은 사암의 기둥과 아치 장식들이 아름다운 디와니암과
상감 기법으로 만들어진 벽과 기둥의 보석 돌 장식이 아름다운 디와니카스.

성에서 보았던 것들과 명칭이나 모양이 크게 다르지는 않다.

정교한 대리석 상감과 귀한 보석 장식 일부가 남아 있는 왕의 공식 접견실 디와니암은 웅장한 기둥들과 아치 장식이 아름다운 곳이다. 또한 흰 대리석 기둥과 벽면이 상감 기법의 보석돌로 장식된 왕의 집무 공간 디와니카스도 무척 아름다운 건물이다. 특히 이곳 중앙에는 순금과 보석으로 장식된 공작 모양의 아름다운 왕좌가 있었다고 한다. 그런데 아쉽게도 지금의 이란 지역에 세워졌던 사파비 왕조의 장군으로서 전쟁 영웅이라는 칭송을 받는 나디르 샤가 1739년에 약탈해 갔다고 한다.

이 밖에도 성안에는 많은 건물이 있는데, 나름대로 유유자적 거닐며 둘러볼 만한 곳들이다. 음악가들이 왕족과 손님들을 위해 연주하던 공간으로서 '드럼의 집'이라는 뜻의 나우바뜨 카나, 왕의 부인이 머물던 공간으로서 '색채의 궁전'이라는 뜻의 랑 마할, 왕의 개인 공간으로서 침실과 기도실 등이 있던 카스 마할, 샤 자한 황제의 개인 집무실로서 이곳에서 흐르는 물이 왕실 목욕탕 등으로 이어지도록 설계되어 있다는 샤히 부르즈 등이 명소로 꼽히는 건물이다.

정복의 기념탑,
꾸뜹 미나르

놀라운 일이다. 그렇지만 사실은 그리 놀랄 일은 아니다. 만약 인도가 아니었다면 말이다. 몇 년 만에 다시 찾은 인도는 크게 변화된 모습을 보여 주고 있었다. 델리의 지하철이 바로 그 상징이라는 생각이 들었다. 처음에는 그냥 아무 데나 대고 셔터를 누르면 다 작품이라는 말이 나올 정도로 거리에는 고풍스런(사실은 거의 새로 정비가 되지 않아 낡을 대로 낡은) 건물들과 전통 복장인 원색의 사리를 입은 여인들이 즐비했다. 그러나 각종 오물이 방치되어 발 디디기가 불편했던 거리에 청소차가 다니기 시작했고, 편리한 서구식 티셔츠와 청바지를 입은 사람들이 늘어나기 시작했다. 그렇다고 인도만은 옛 모습 그대로 영원히 변치 말아야 한다는 뜻은 절대 아니지만, 뭔가 인도다움이 소멸하고 있는 것 같아 여행자로서는 솔직히 아쉽다는 생각도 든다. 그러나 어쨌든 이런 변화의 모습들이 발전이라면 발전이고, 그 모든 것이 다 인도의 얼굴이 아니겠는가.

사이클 릭샤에서 메트로로! 어쩌면 공항보다도 더 엄격한 보안 검색을 마치고서야 탈 수 있었던 지하철 안은 골목 못지않게 어느 역에서나 만원이었다. 세계 최고의 인구 대국 인도의 현실이 피부로 느껴지는 순간이었다. 그런데 재미있는 것이 승차용 토큰이다. 플라스틱으로 제작한, 어찌 보면 좀 조잡한 것 같은 이것이 눈길을 끄는 점이 하나 있다. 델리 지하철이라는 글자가 새겨진 뒷면의 그림 때문인데, 그것은 꾸뜹 미나르였다. 우리의 동전에 새겨진 다보탑처럼 국가를 대표할 만한 상징적인 유적 이라는 의미였다.

꾸뜹 미나르는 이슬람 세력이 인도를 정복한 기념으로 1215 년에 완공한 첨탑이다. 주로 붉은 사암을 재료로 하여 세운 이 탑은 높이가 약 73m이고 꼭대기에 이르기까지 379개의 계단이 조성되어 있는데, 다울라따바드에 있는 승전탑 찬드 미나르보 다 더 높아 그 위용이 자못 당당하다. 탑신은 위로 갈수록 좁아 지면서 총 5층 형태의 구조를 이루고 있는데, 각 층의 벽면마다 정교한 조각 장식과 코란 경구가 아름답게 조각되어 있다. 같은 구역 내에는 수백 년 전에 세운 철기둥을 비롯하여 여러 건물이 산재해 있어 하나의 유적군을 이루고 있다. 그런데 일부의 건물 은 인도의 역사적 격변을 증언이라도 하듯 힌디 양식과 이슬람 양식이 혼재된 상태를 보여주고 있다. 뿌리 깊은 두 종파의 분쟁 이 남겨 놓은 상흔을 보는 듯했다. 그런 예는 이슬람 양식과 고 딕 양식이 혼합되어 있는 스페인 세비야 대성당의 히랄다탑에 서도 찾아볼 수 있다. 스페인이 이슬람 세력의 지배하에 있을 때

구뜹 미나르.
델리를 상징하는 유명한 유적으로서 그 웅장함이 압도적이기도 하거니와
탑신의 정교하고 아름다운 조각 장식이 인상적이다.

지어진 모스크의 미나르를 그 지배에서 벗어난 후에 가톨릭 성
당의 종탑으로 개조하는 과정에서 일부의 원형이 그대로 남겨져
두 양식이 혼합된 건축물로 남게 된 것이다. 아무 이념도 없는 건
물을 애꿎게도 인간들이 자신의 신념을 과시하려는 방편으로 삼
기 위해 남긴 흔적을 보는 마음이 그리 썩 유쾌하지는 않았다.
　나는 꾸뜹 미나르를 둘러보고 나서 지나가는 오토릭샤를 잡

아탔다. 꼭 가보고 싶은 곳이 아직 남아 있었기 때문이다. 무릇 한 국가의 현재를 알고 싶으면 시장을 둘러보고, 과거를 알고 싶으면 박물관이나 미술관을 둘러보면 된다. 델리에는 5천 년 인도의 역사와 문화의 정수를 볼 수 있는 곳이 있다. 바로 국립박물관이다. 내 여행 신조 중의 하나는 가능한 한 여행 국가의 시장과 미술관과 박물관은 꼭 보아야 한다는 것이다.

릭샤 왈라는 꽤 나이가 있어 보이는 노인 축의 사람이었다. 그런데 도착 예상 시간이 훨씬 지났는데도 목적지는 나타나지 않았다. 얼마나 남았는지를 확인할 때마다 "노 프러블럼"만을 내뱉으며 계속 달린다. 그렇게 얼마쯤 달리던 그가 길가에 차를 멈추고 다른 릭샤 운전사에게 무언가를 묻는다. 그러고 보니 그는 길을 정확히 모르고 있는 듯했다. 나는 그때까지의 차비를 계산해주고 내렸다. 그는 초조한 표정을 지으며 계속 자기 차를 타라고 재촉했으나, 나는 단호하게 거절했다. 시간이 많지 않아 더 이상 헤맬 수 없다고 판단하고 다른 차로 갈아타려는 속셈이었다.

그때였다. 옆에 있던 다른 릭샤 운전사가 자기 차를 타라고 재빨리 나를 잡아끌었다. 자기는 길을 잘 안다고 했다. 나는 믿음이 가는 그 릭샤로 갈아탔다. 그런데 그 릭샤는 출발한 지 채 1분도 안 돼 모퉁이를 돌자마자 멈춰 섰다. 다 왔다는 것이다. 맞았다. 바로 거기가 박물관 정문이었다. 나는 너무나 어이가 없었다. 나는 인상을 찡그리고 그를 쏘아보았으나, 그는 태연하게 빙글빙글 웃으며 손을 내밀며 외쳤다. 원 헌드레드 루피! 얄팍한 상술에 농락당한 자신을 책망하는 수밖에 없었다. 그 짧은 순간도 참지 못한 내 조급증의 대가를 톡톡히 치른 셈이었다. 비록 길은 좀 서툴지만 우직한 릭샤 운전사를 믿지 못하고, 약삭빠른 잔머리꾼에게 속다니. 그렇게 제대로 한 방 먹고 나자 한동안 미안함과 분노가 교차했다.

그런데 거기서 끝난 게 아니었다. 설상가상이라 했던가. 때마침 독립기념일인 '공화국의 날' 기간이라서 박물관이 휴관이라는 것이다. 그 자리에 주저앉고 싶었다. 인도의 하늘이 다시 흐려 보였다. 그런데 얼마나 멍하니 서 있었는가 싶었을 때였다. 누군가 내 옆구리를 꾹꾹 찌르는 기적을 느꼈다. 세상에! 그였다. 다시 자기 릭샤를 타라고 했다. 원하는 목적지까지 데려다주지 못해 미안하다며 다른 데까지 그냥 태워다 주겠다고 한다. 그는 건너편에서 좀전의 일을 다 지켜보고 있었던 것이다. 자기는 나이가 많고 릭샤를 몬 지가 얼마 되지 않아 길을 잘 모른다는 거였다. 민망했다. 이 머나먼 곳에까지 와서도 조급증을 떨쳐 내지 못하고 속물근성을 무겁게 매달고 있었던 것이다. 머리를 몇 번 좌우로 흔들고 나자 겨우 인도의 하늘이 다시 맑아지는 듯했다.

인도의 모든 곳
델리

　　나는 아쉬운 마음을 뒤로 하고, 그 릭샤 왈라가 추천하는 곳
으로 갔다. 우선 도착한 곳은 바하이교의 사원으로 알려진 연꽃
사원Lotus Temple이었다. 1986년 완공된 건축물로 그리 오래된 유
적은 아니지만, 27개의 하얀 대리석 꽃잎들이 세 겹으로 감싼 것
처럼 꾸민 외형이 아름다웠다. 바하 울라에 의해 창시된 바하이

델리의 올드 포트라 불리는 뿌라나 낄라.
허물어진 성채를 복원한 흔적이 많이 보인다.
성의 내부보다도 보트장 유원지가 있는 밖에서 바라보는
고색창연한 전경이 운치가 있다.

교는 세계의 모든 종교 통합과 인류의 통일이라는 색다른 교리
를 내세우고 있다. 그런데 이 종교는 이미 1921년에 우리나라에
도 전해졌으며, 한국 본부가 있는 서울을 비롯하여 전국 300여
개의 시·읍·면에 약 2만 명의 신도가 있다고 한다.

　계속해서 그를 동반자 삼아 둘러본 곳은 국립현대미술관과

인도의 모든 곳
델리

'올드 포트'라 불리는 뿌라나 낄라Purana Qila 등지였다. 헤어지면
서 사양하는 그에게 서운하지 않을 만큼의 사례를 했다. 낯선 길
에서 가장 큰 행운은 좋은 사람을 만나는 일이라는 것을 다시금
되새기면서.

어렵게 데리고 온
낙타 한 마리

시작이 있으니 끝도 있는 법이다. 이제 이번 여행길도 일단은 마
무리해야 할 시점이 다가왔다. 그 어느 곳에서도 느끼지 못했던
강렬한 인상에 흠뻑 젖어 잡았던 인도의 손목을 벌써 놓아야 한
다니. 아쉬운 이별의 감정을 달래 줄 기념품 하나 정도라도 챙겨
야겠다는 생각이 들었다.

　인도에서 보기 드물게 정찰제로 운영한다는 델리의 정부 직
영 기념품점으로 가기 위해 오토릭샤를 잡아탔다. 젊은 릭샤 왈
라가 다 왔다고 요금을 요구한다. 뭔가 미심쩍어 잠깐 기다리라
해놓고 안에 들어가 확인해보니, 간판은 유사하나 내가 찾는 곳
은 아니었다. 항의하는 내게 그는 여기가 더 좋은 기념품점이라

고 응수한다. 그래도 이젠 속지 않는다. 이렇게 당한 것이 어디 한두 번인가. 많은 수의 릭샤 운전사들은 소개료를 챙기기 위해서 자기가 거래하는 곳으로 여행자들을 데리고 간다. 그러고는 여기가 삼촌, 아저씨, 친구가 운영하는 곳인데, 가장 좋은 곳이라고 꼬인다. 영악하지 못한 초보 여행자들은 눈 뜨고도 코 베일 수 있는 상황이다.

그곳의 물건들은 무언가 다 마땅치가 않았다. 천천히 길을 걸어 구시가지의 기념품 상가 거리를 걷다가 문득 눈에 띈 그를 발견하기 전까지는. 한 번 보자마자 망설임 없이 선택한 대상은 바로 낙타였다. 사막을 건너는 나그네들의 팍팍한 발길에 넉넉한 꽃받침이 되어 주던 낙타! 그를 데려가자고 결심했다.

그런데 낙타를 데려오는 일은 막상 그리 쉽지 않았다. 내가 그 물건을 맘에 들어 한다는 것을 눈치챈 주인은 인도 상인 특유의 집요하고도 끈질긴 승부사 기질을 발휘하기 시작했다. 처음엔 100달러를 부른다. 비싸다고 하니, 95달러로 할인해 주겠다고 손바닥에 숫자를 써서 내민다. 그런 식으로 5달러씩 낮추며 몇 번 제시하더니, 어느 시점부터는 1달러씩 낮춰 부르기 시작한다. 그의 손바닥은 어느새 더 이상 숫자를 쓸 공간이 거의 없을 지경이 되었다. 은근히 짜증이 났다. 그런 식으로 하다가는 승부가 나려면 하루해도 짧을 것만 같은 생각이 들었다. 나는 포기하고 가게를 나섰다. 얻으려는 즐거움보다 과정의 피로가 더 클 것 같았기 때문이었다.

그런데 다음 날이 되니 다시 아쉬운 생각 들었다. 다른 것이라도 하나 사보자는 마음으로 어제의 그 거리를 향했다. 그런데 얼마쯤 가다 보니 누군가 뒤에서 내 어깨를 톡톡 치는 것이었다. 돌아보니, 바로 그였다. 어제 들렀던 가게의 주인은 마치 내가 다시 그곳에 올 것을 알고 있었던 듯 기다리고 있었다. 그리고 가게 안으로 나를 데리고 들어간 그는 어제에 이어 다시 할인 가격을 제시하기 시작했다. 에누리 없이 1달러씩이었다. 그의 손바닥 계산기는 또다시 용량 초과 직전까지 숫자로 메워지고 있었다. 나는 다시 가게를 나섰다. 정말 포기하려고 마음먹은 것이다. 그러나 결국 나는 그의 적수가 되지 못했다.

한 100여 미터쯤이나 그곳을 벗어났다 싶은 순간, 누군가 다시 내 어깨를 콕콕 찔러댔다. 다시 그였다. 나는 이미 승부를 포기한 듯 다시 가게 안으로 이끌려 들어갔다. 그는 다시 손바닥 계산기를 꺼내 들고 승부를 내려는 끈덕진 집념을 내보였다. 나는 더 이상 버티지 못하고 적당한 선에서 타협을 선언했다. 아니, 항복을 선언한 것이나 마찬가지였다. 돈을 받은 그는 만면에 미소를 머금고는 양손을 가슴에 교차하면서 외쳤다. 아임 베리 해피. 아유 해피? 그는 내가 이것을 꼭 사게 될 것이란 걸 알고

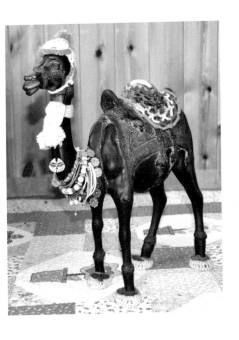

인도에서 데려온 청동 낙타.
일상의 발걸음이 무거워질 때마다
지친 마음을 벗어 훌쩍 얹으면,
그는 인도의 추억을 이끌고
팍팍한 세월을 뚜벅뚜벅
건네줄 것이다.

있었다고 능글거렸다. 이쯤 되면 그냥 웃을 수밖에 없었다. 어쨌든 그렇게 이틀 동안의 흥정 끝에 어렵사리 낙타 한 마리를 데려올 수 있었다. 다시 회귀한 일상에서 발걸음이 너무 무거워질 때면 지친 마음을 벗어 훌쩍 얹고 팍팍한 세월을 건널 청동 낙타는 인도와 더불어 내 마음의 동반자 같은 위안으로 길이 남아 있게 되었다.

출국을 기다리는 델리의 인디라 간디 국제공항 대합실에서는 여행을 끝내고 돌아가다 잠시 만난 노 교수와 젊은 여대생 사이에 팽팽한 언쟁이 펼쳐지고 있었다. 도대체 인도가 왜 그렇게 좋으냐? 구체적으로 무엇이 그렇게 매력적이라는 것인가? 단순히 낭만적 충동과 막연한 동경심에 사로잡혀 있는 것은 아닌가? 부모 세대가 떨쳐내기 위해 몸서리치던 가난을 구경하기 위해 그 후손들이 애써 고생을 감내하고 돈을 들여가며 이 머나먼 인도 땅에 와서 그것을 신기해하는 것은 아닌가? 몰라요. 그런 건 아니에요. 그냥 좋아요. 긴 추궁 같은 질문과 항변 같은 짧은 대답이었다.

돈을 내고 가난을 구경하러 인도에 온다? 어쩌면 맞는 말씀이기도 할 것 같고, 틀린 말씀이기도 할 것 같았다. 다만 가난한 현재만 보고, 가난하지 않은 미래는 못 보고 있는 우리들의 마음이 가난한 것은 아닐는지…. 그러나 그 가난마저도 신비하게 보이는 이유에 대해서는 끝내 밝혀내지 못한 채 탑승 시간이 다가오고 말았다. 그렇지만 진정 그 누가 알랴. 인도는 그렇게 각자의 마음속에 각자의 형상으로 감광되고 있는, 천의 얼굴을 지닌 존재인 것을.

그런데 정작 그 해답을 모르는 이는 그들뿐만이 아니었다. 나는 왜 인도를 만나러 왔던 것일까? 굳이 대답해야 한다면, 그냥 좀 궤변 투로, 아직 깨닫지도 못한 화두 같은 모호한 대답이 아니

델리 인디라 간디 국제공항의 화장실 표시.
남녀 화장실의 구분을 사진으로 표시해놓은 발상이
인도답게 창의적이다

면 동문서답하듯 적당히 얼버무릴 수밖에 없을 것 같았다. 인도
는 모르면서도 아는 것 같고, 알면서도 모르는 것 같은 곳이다.

　출국 항공기 에어인디아의 좌석에 앉았지만, 민중들이 생존
을 위해 피워 올리는 먼지가 자욱하게 풀썩이던 인도의 골목을

아직도 빠져나오지 못한 것처럼 답답한 속이 쉽게 가라앉지 않았다. 15세기 부유했던 나라 중의 하나였던 인도가 유럽과 영국의 수탈로 가난한 빈국으로 전락한 뼈아픈 역사의 현장을 둘러보고 떠나려는 발길이 가볍지는 않았던 것이다. 그러나 분명한 것은, 강인한 풀처럼 역사는 쓰러져도 다시 일어서는 복원력을 지니고 있다는 사실이다. 그늘이 깊을수록 다시 떠오른 태양은 더 눈부시게 빛나는 법이다. 인도는 가난하지 않았으며, 결코 가난하지 않을 것이다. 대륙 인도의 미래에 주저함 없이 마음을 투자하겠다고 다짐하면서, 부푼 풍선처럼 마냥 눈부시게 피어오르는 흰 구름 위를 날아올라 그곳을 떠나왔다. 한 시절 한 번쯤이라도 인도라는 매력적인 세계에 발길과 마음을 내려놓을 수 있었던 것은 내 생애 큰 행운이었음을 감사하면서.